龙舟划语

主　编：孔庆涛　吕少群
副主编：时　霖　俞钧善
　　　　迟焕祺　沈庆会

人民体育出版社

序

　　端午节赛龙舟是中华民族最具传统的节庆民俗活动，它让许多人能参与其中，并体会到龙舟竞渡所带来的愉悦和喜庆。几千年来，龙舟楫击江河湖海，遍传南北西东，谱写了一部悲壮的爱国主义情怀史。今天，龙舟运动因其厚重的历史积淀、丰富的文化内涵、鲜明的民族特色和独特的运动魅力深受广大人民群众的喜爱。

　　在今天，世界上的许多国家和地区我们都可以看到赛龙舟，参加者有华侨华人，他们把划龙舟认同为对炎黄子孙的精神寄托；更有其他国家的国民，他们认为这是中华民族的文化，也是世界人类的文明。就龙舟竞赛活动的影响和被认可程度，龙舟运动拥有世界上最多参赛选手和观众人数的体育项目记录，可以说在那么多的中华民族体育项目中龙舟是被传承和开发最成功的一项。龙舟在比赛中表现出的团队精神及洋溢出来的亲和力与喜庆感，是中华民族人文精神在体育上的一个最佳反映，也是我国传统文化对世界的一个重大贡献。

　　自1976年香港首次举办国际龙舟邀请赛以来，龙舟运动在国内外呈现出迅速发展的大趋势。作为中华民族传统体育项目的龙舟比赛，今天除了大型龙舟单项赛事以外，还进入了世界运动会、亚洲运动会、亚洲沙滩运动会、东亚运动会、东南亚运动会、泛美运动会和地中海运动会等综合性体育赛会。龙舟运动从农村传到城市，从我国的南方传到北方，从中国传到世界，已经成为一项国际体育赛事与文化活动。

　　上海在几百年以前就有在黄浦江里划龙舟的记载，在青浦、松江、宝山等区县的农村乡间，都有端午节划龙舟的习俗。新中国成立以后，特别是改革开放以来，上海的母亲河——苏州河得到了完善的治理，许多景观水域也相继建成，迎来了龙舟运动蓬勃发展的大好机遇。现在上海有青浦、松江、浦东、金山、崇明等多个区县开展龙舟运动，每年有几百支龙舟队伍、几万人参与的上百次龙舟活动，形势大好，盛况空前。

我们要弘扬龙舟精神,传承龙舟文化,推动龙舟运动的发展,离不开理论研究的支撑,欣闻由上海海洋大学孔庆涛博士和上海海事大学吕少群副教授组织的团队合作编写了《龙舟新语》一书,是以为序,希望该书为上海市乃至全国龙舟运动的普及和发展提供有力的帮助!

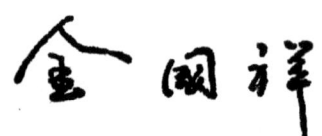

中国龙舟协会副主席

上海市龙舟协会主席

二〇〇五年一月

前　言

在中国，龙文化有着重要的地位和影响。从七千多年前的新石器时代先民们对龙图腾的崇拜，直到今天我们仍然可以看到用带有"龙"字的成语和典故来形容生活中的许多美好事物。上下几千年来，龙一直是中华民族和华人的象征，也是中国传统文化的代表，龙已渗透到中国社会的各个方面，它是一种文化的凝聚和积淀。自从原国家体委决定将龙舟列为全国正式体育比赛项目以来，龙舟运动得到了迅猛的发展与大力推广，今天中国龙舟运动的蓬勃发展也带动了龙舟运动在全球各地的开展和推介。古老的民间划龙舟活动作为一个传统水上体育运动项目在我国得到普及与提高的同时，现正在不断地向科学化和规范化的方向发展。划龙舟可以是普通老百姓，也可以是专业运动员，它不受限制，不拘于形式，可以说是一个男女老少皆宜的体育运动项目。在我国，龙舟运动目前的竞技水平正处于由民间化转向专业化、职业化方向发展阶段，各地区无论从龙舟运动的发展状况和队伍的训练水平，还是从教练员的管理水平来看可以说参差不齐，正是由于这些原因使得龙舟运动在各地的发展水平也不一。从当前的龙舟运动发展情况看，划龙舟运动既需要草根教练员，也需要专业的高级教练员；需要普通老百姓的划手，也需要专业水平的运动员划手。现在我国的龙舟教练员中虽然有些是科班出身，但有很多还是属于转型的龙舟教练员。其中有的是从小就会划龙舟，敲鼓、操舵都会的草根教练，他们自身有着丰富经验，虽然自己都会划，但缺少科学训练的理论知识、安全意识和规范的教学方法及管理能力等，优秀、全能型的专业级龙舟教练员非常少。

在撰写此书前我们意识到那些直接从事划龙舟工作的基层教练员和龙舟爱好者及从事竞技的专业人士，需要划龙舟的一些相关的运动训练、运动医学及管理知识等参考资料来充实自己。有鉴于此，为了让更多的划龙舟爱好者在练习划龙舟时少走弯路，从而能将划龙舟的理想变为现实，进一步适应国内外龙舟运动快速发展的需要，也为划龙舟的人们提供一本更适合于自学的书，正确掌握划龙舟的理论依据，规范划龙舟技术，更快地学会划龙舟，从而在训练和比赛中使龙舟技术和技能更趋完善、合理，并以此为基础将中国的龙舟运动发扬光大，我们组织编撰了这本《龙舟新语》一书供大家参考。本书的写作主要是针对目前龙舟技术和训练的发展趋势，突出实用的特点，同时也注重实际的需要。本书编写图文并茂，划龙舟的各种技术都有图解，可为学习者带来最直观的感受。

希望此书能让人通俗易懂，成为人们通过划龙舟进行相互沟通与交流的一座桥梁，并能为所有划龙舟的爱好者和管理者们带来帮助，为广大的龙舟工作者提供实用的指导，此书亦可用于公共体育课的教学教材。

本书书名"龙舟新语"由原国家体育总局副局长、中国奥委会副主席、国际龙舟联合会荣誉主席张发强亲笔书写。该书在撰写和出版的过程中得到了上海市龙舟协会的关心与大力支持；中国龙舟协会竞赛与裁判委员会主任、龙舟国际级裁判魏伟对龙舟赛事组织与管理中的内容给予鼎力支持；许多同行们无私相助；上海海洋大学体育部时霖、迟焕祺、沈庆会老师，上海海事大学体育部俞钧善老师积极参与。该书中的相关内容等引用了中国龙舟竞赛规则和裁判法、中国龙舟公开赛赛事指南等相关参考文献，在此谨向所有参与《龙舟新语》一书出版协作工作的人员和对此书的写作做出了许多献言献策的相关人士以及参考文献的作者一并深表谢意。

本书每人负责撰写部分——孔庆涛：第三章世界龙舟运动的发展概况，第十章龙舟赛事的组织与管理。吕少群：第四章龙舟的种类、配件和搬运、保养、运动员的装备，第五章水上安全保障，第六章龙舟教学，第八章龙舟运动损伤的预防和处理（第一节~第二节）。时霖：第八章龙舟运动损伤的预防和处理（第三节~第四节），第九章龙舟运动员的膳食营养。俞钧善：第一章龙舟运动史与价值（第四节~第六节），第二章中国龙舟运动的发展概况。迟焕祺：第七章龙舟训练。沈庆会：第一章龙舟运动史与价值（第一节~第三节）。全书由吕少群、孔庆涛负责统编、定稿。

在此祝愿所有龙舟的爱好者、教练员、运动员及相关人员等在运用此书所介绍的知识取得成功，参加龙舟锻炼的运动员身体健康和安全。由于此书的编写过程中难免存在不足之处，也望读者批评指正。

作　者

2014年12月

目 录

序 …………………………………………………………………………… （1）

前言 ………………………………………………………………………… （1）

第一章　龙舟运动史及其价值 ………………………………………… （1）

　　第一节　龙舟的起源 ………………………………………………… （1）
　　第二节　赛龙舟的发展史 …………………………………………… （7）
　　第三节　端午节划龙舟的习俗 ……………………………………… （12）
　　第四节　龙舟运动的文化与教育价值 ……………………………… （17）
　　第五节　龙舟运动的社会价值 ……………………………………… （20）
　　第六节　龙舟运动的经济价值 ……………………………………… （22）

第二章　中国龙舟运动的发展概况 …………………………………… （28）

　　第一节　民间龙舟与竞技龙舟 ……………………………………… （29）
　　第二节　中国龙舟运动发展概况 …………………………………… （33）
　　第三节　民间、传统比赛逐步转向专业、职业化比赛 …………… （44）
　　第四节　中国龙舟运动的主要赛事 ………………………………… （46）

第三章　世界龙舟运动的发展概况 …………………………………… （49）

　　第一节　国际龙舟运动的发端与发展 ……………………………… （49）
　　第二节　各大洲龙舟运动的发展概况 ……………………………… （59）
　　第三节　世界龙舟运动的主要赛事 ………………………………… （73）

第四章　龙舟的种类、配件和搬运、保养和运动员的装备 ………… （75）

　　第一节　龙舟的种类 ………………………………………………… （75）

第二节　龙舟的配件 …………………………………………（85）
第三节　龙舟的搬运和保养 …………………………………（98）
第四节　运动员的装备 ………………………………………（103）

第五章　水上安全保障 …………………………………………（115）

第一节　划龙舟的安全常识 …………………………………（115）
第二节　训练和比赛中的救护 ………………………………（120）

第六章　龙舟教学 ………………………………………………（123）

第一节　龙舟技术 ……………………………………………（124）
第二节　划手如何排位，鼓手和锣手、舵手的临场配合 …（141）
第三节　如何参加比赛 ………………………………………（143）

第七章　龙舟训练 ………………………………………………（146）

第一节　龙舟的技术训练 ……………………………………（146）
第二节　龙舟战术配合训练 …………………………………（158）
第三节　龙舟队员的体能训练 ………………………………（160）
第四节　龙舟运动员赛前心理训练 …………………………（183）
第五节　常用训练方法和训练计划 …………………………（190）

第八章　龙舟运动损伤的预防和处理 …………………………（197）

第一节　龙舟运动损伤的预防 ………………………………（198）
第二节　龙舟运动损伤的处理 ………………………………（200）
第三节　龙舟训练和比赛中的医务监督 ……………………（202）
第四节　龙舟训练和赛后的身体恢复 ………………………（212）

第九章　龙舟运动员的膳食营养 ………………………………（218）

第一节　赛前饮食 ……………………………………………（218）
第二节　赛中饮食 ……………………………………………（223）
第三节　赛后饮食 ……………………………………………（224）
第四节　龙舟运动反兴奋剂 …………………………………（229）

第十章　龙舟赛事的组织与管理 (234)

第一节　龙舟赛事的申办 (234)
第二节　龙舟赛事的竞赛组织与管理 (238)
第三节　竞赛场地与竞赛系统 (243)
第四节　裁判工作职责与设备用具 (253)
第五节　竞赛保障与服务 (259)

参考文献 (262)

第一章 龙舟运动史及其价值

龙舟竞渡俗称"划龙船",是我国乃至华人世界颇为风行的一项民间体育运动,它也是我国端午节的一项重要活动,广泛流行于中国的长江中下游地区及西南各少数民族地区,端午节赛龙舟活动现已被正式列入到我国国家级非物质文化遗产名录,这项水上运动项目现在也是世界上风行的时尚体育项目。

龙作为中华民族的图腾,在新石器时代就已受到了古人的崇拜,而龙喜水、会飞、兴云布雨的特性使其具有了司水、理水的神职,同时也是人们心目中祥瑞的象征,这些崇拜意识以后逐渐转化成为了具体的行为,其行为包括祭神、娱神和拟神等。赛龙舟作为华夏龙文化传播的方式之一被传承下来,其最大程度表现了"龙的传人"对于龙文化的崇拜与敬意,中国的龙舟文化随着古代历史而产生,并伴随着现代社会的不断进步而得以发展。

第一节 龙舟的起源

赛龙舟最早起源于古越族人的祭祀水神和龙神活动,其起源可以追溯到原始社会的末期。在我国的西北,黄土高原是龙的故里,中华龙文化的发源地,在河南安阳出土的甲骨文中有"龙耒氏羌",这是有关龙起源的最早文字记载。众所周知,世界上本没有龙,龙是中国老百姓用自己的聪明和智慧创造出的人文生物,形象威武,雄壮,是中国人的吉祥物。

传说在很久以前,西岸没有河流,只有一条水沟。某一天,一位渔夫从这条水沟里捕捞到了一条小蛇。这条蛇的尾部有九片闪耀着的鳞片,当这位渔夫将手摸向蛇的鳞片时,蛇的眼里闪现出哀求的眼光,渔夫顿时产生了恻隐之心,他轻抚了一下蛇的鳞片就把它放回了水沟,就在放下的那一瞬间突然蛇的那九片鳞片瞬间就掉落下来,然后化作成一条龙。原来这是一条天上的神龙,因触犯天条受到了玉皇的处罚从而变成今天这副模样。它的尾巴被加上了九把锁,即尾上那九片闪耀的鳞片,玉皇曾预言要打开这锁必须得到人的阳气,而这个渔夫却在无意中打开了小龙身上的千年枷锁。这条小龙为感谢渔夫帮忙打开枷锁，就在水沟里不停地翻动，并从口里不断的喷出水灌注在水沟里。慢慢地水沟就变成了大河，也就是现在的西岸河，满满的河水为西岸带来了五谷丰登。俗语说："河水澄清满满，会给生活带来幸福。"人们为了纪念这条神龙，就在神龙升天的这一天举行赛龙舟以示庆贺。在过去每逢举行赛龙舟活动时，就像一次盛大节日的来临，参加活动的船只都会打扮得色彩绚丽，形态各异，十分好看（图1-1）。在古籍文献中，"龙舟"一词最早出现在古代典籍《穆天子传》中，其记载曰："癸亥，天子乘鸟舟龙卒浮于大沼。"①晋代郭璞为本句作注："沼，池。龙下有舟字。舟皆以龙、鸟为形制。"也就是说，周穆王曾经乘坐鸟舟、龙舟。古代那些真龙天子之称的帝王将相们，行走水路都是要乘坐龙舟的。皇帝乘坐的龙舟高大宽敞，雄伟奢华，舟上楼阁巍峨，舟身精雕细刻，彩绘金饰，豪华非凡（图1-2）。

图 1-1 古代盛装的龙舟

图 1-2 古代皇帝乘坐的龙舟

---

① 齐豫生，夏于全. 中华文学名著百部·穆天子传之卷五. 新疆青少年出版社，2000.4.

屈原的诗中也多次写到龙舟，如《九歌·湘君》中写到"驾飞龙兮北征，邅吾道兮洞庭。"《淮南子·本经训》也有"龙舟鹢首，浮吹以娱"的记载。因此，以前人们在进行龙舟活动时通常会将船只"装饰成龙形状，具有龙头和龙尾，并在船身画上鱼鳞，以五彩颜色来装饰参加活动的船舟。"①

龙舟竞渡的起源目前在学术界和民间的说法不一，众说纷纭，通过对大量的历史文献进行研究、分析和梳理，总结归纳出了三种较为合理的说法，它们分别是宗教祭祀说、英雄崇拜说、魂舟送葬习俗说。

一、宗教祭祀说

由于古时的民众生产力水平较低下，天气的好坏直接关系到生产耕作的丰收与否，通常是靠天吃饭。民众在改造自然的时候，常常会感到自身力量的渺小和微弱，面对自然界而产生无知与恐惧。为了改变这种状况，古时的民众就将美好的愿望寄托在宗教上，通过进行各种祭神仪式来表达自己的虔诚之心，同时也希望借助宗教的神力，借助超自然力量达到自身的愿望与渴求。这就是中国最早宗教祭祀仪式的雏形，一批与宗教祭祀有关的活动也应运而生。

在古越族以及南部的中国水居民族多以龙蛇为图腾，他们将龙作为自己的祖先和保护神来加以崇祀，龙舟竞渡便是祭祀龙图腾的一种仪式。人们把船建造成龙形，船的周身画上龙纹鳞片，然后放在江河中竞游表示龙行于水，通过龙舟竞渡的方式来表达对龙的尊敬和崇祀。通常在竞渡之前，各民族还均要举行许多隆重的祭龙船仪式，这种仪式实际上就是现今的祭龙仪式。这种与龙舟竞渡相联系的祭祀活动延至明清都有文字记载。如嘉庆《宁波府志》中："八月各乡祠庙为会祀神，以龙舟竞渡为之报赛。"初民认为，龙是主管雨水的，因而图腾龙又逐渐衍生出雨水之神的神格属性。龙舟竞渡也是初民求雨，求晴的祈仪。祈雨或止雨巫术的目的是为了风调雨顺和五谷丰登，求得生活幸福安定，所以龙舟竞渡又是初民祈愿丰收的一种表现。人们通过操纵龙神（龙舟）和龙舟竞渡的这种方式来实现农作物的丰收、农耕祈愿和生产性欲求，这种仪式曲折地透射出借龙祈福可以风调雨顺，丰收增产的原始文化信息。

竞渡活动中的"龙舟"，实际上是人们在崇龙祭仪活动中关于龙图腾的符号化、经验化的具象物，是龙图腾世俗化与实物化的一种存在，龙舟竞渡是先民一

---

① 张明军. 硕士论文《龙舟历史文化与发展现状研究》，2010.

种崇拜祭祀龙图腾的仪式，具有降神祭神、娱神的功能。

二、英雄崇拜说

在中国民间还有许多关于龙舟运动起源的传说，在不同的地域传说也不尽相同，但这些传说无一例外都表达了对英雄的崇拜。如"越地说"认为是为了纪念复仇雪恨的越王勾践，据《越地传》中载："竞渡之事起于越王勾践，今龙舟也。""吴地说"认为是为了纪念开国拓地的忠臣伍子胥，在《荆楚岁时记》中有这样的相关文字记载："邯郸淳《曹娥碑》云：五月五日，始迎伍君，迎涛而上，为水所淹。斯又东吴之俗，事在子胥，不关屈平也。"《会稽典录》中载："女子曹娥，会稽上虞人，父能弦歌为巫。汉安帝二年五月五日于县江朔涛迎波神溺死，不得尸骸。娥女十四，乃沿江号哭，尽夜不绝声七日，遂投江而死。"这里则是为了纪念曹娥。《后汉书·周处传》中记载了龙舟运动起源于介子推，纪念其宁死不屈的精神，这一传说主要流传于山西等地。另外，湘西苗族是为了纪念祖先般木瓠；黔东南清水江苗族是为了纪念烧死恶龙的民族英雄保；傣、白、布依、水等民族也都有各自的说法。①上述种种传说仅仅局限于一地，影响有限。

古往今来，无论是民间还是文献典籍，以龙舟运动起源于屈原这一说法流传最为广泛，影响也最大，被民众广泛认可。据《史记》"屈原贾生列传"记载，屈原，春秋时期楚怀王的大臣，他倡导举贤授能，富国强兵，主张联齐抗秦，遭到了贵族子兰等人的强烈反对，遭谗言去职被赶出都城，流放到沅、湘流域。《荆楚岁时记》中记载为："按五月五日竞渡，俗为屈原投汨罗日，伤其死，故并命舟楫以拯之。"《隋书·地理志》《划龙舟乐府》以及《武陵竞渡略》等诸多古籍都记载了龙舟竞渡是为了纪念为国捐躯的屈原。屈原满怀报国之志，却报国无门，最终以身殉国。他那份深厚的爱国主义精神名垂青史，影响深远。那种"长太息以掩涕兮，哀民生之多艰"的情怀，虽九死其犹未悔的爱国精神令人动容。中国著名学者王国维先生对屈原给予了很高的评价："三代以下之诗人，无过于屈子、渊明、子美、子瞻者。此四子者，苟无文学之天才，其人格亦自足千古。"屈原勇敢直面的人文精神，崇高的爱国情怀，高洁的人格，在不同的时代和不同的社会都具有强烈的感染力，民众也极为认同，而作为纪念屈原的龙舟竞

---

① 韦晓康. 壮民族传统体育文化研究. 北京：中央民族大学出版社,2004.

渡也将屈原的精神吸纳进自身的文化之中。

三、魂舟送葬习俗说

有关龙舟竞渡的宗教祭祀说以及英雄崇拜说是两种较为主流的说法，其实在我国南方部分地区，还有民众认为龙舟运动起源于当地的以舟送葬的习俗，这种送葬的舟被称之为魂舟。魂舟两头翘起，外形与龙舟接近，魂舟上击鼓者与划桨者各司其职。在古时南方水乡多以舟楫代步，人们相信在人死后，其灵魂将会回到云水之间的"雁鹅村"，故而需要有迎魂之舟渡之。久而久之便形成一种迎魂舟与迎魂鸟的葬俗，即鸾鸟祖母将在人死时派鸾鸟使节——迎魂鸟迎接人的灵魂去"雁鹅村"，而迎魂舟的角色就只有委屈龙去充当了。随着时间的推移龙舟的原始角色逐渐演化变成相当于今天殡仪馆的灵车，专司运送亡灵升天的神圣使命。西汉贾谊曾在长沙作《服鸟赋》，写的便是这一风俗。1949 年出土于湖南长沙陈家大山一座战国楚墓中的《龙凤仕女图》（图 1-3），画中描写了一位端庄高髻的妇女侧身而立，双手合掌，细腰，袖口宽松，长裙曳地，体态优美，妇女的上方画一只展翅飞舞的凤和一条蜿蜒向上升腾的龙。作品的主题是表现招魂和升天，包含了楚人由崇凤转向崇龙化的深层文化内涵。出土于长沙楚墓的《人物御龙图》帛画（图 1-4），实际上应该是"亡灵升天图"，其中一幅可见鼓翼舞爪的鸾凤神气地指挥着龙驾牵引亡灵之舟前行。另一幅中则是亡灵坐着龙舟向天国进发，而鸾凤则站在龙尾上充当舵手，驾驭那龙舟前进。还有一种说法，指这张图是河

图 1-3 《龙凤仕女图》

图 1-4 人物御龙图

伯出游的神话故事，图中显示一位战国时代官员装束的男子驾驭着一条巨龙。西汉马王堆古墓中的飞衣帛画（图1-5），所描绘的是亡灵正骑着双龙上升天界，而那鸟灵则悠闲地监护双龙升天。这也反映出当时人们的一种"坐死"风俗，即老人临终之前，由家人移至中堂，坐在一匹象征龙（迎魂舟）的白布上，白布从屋顶伸出，寓意上天之路。

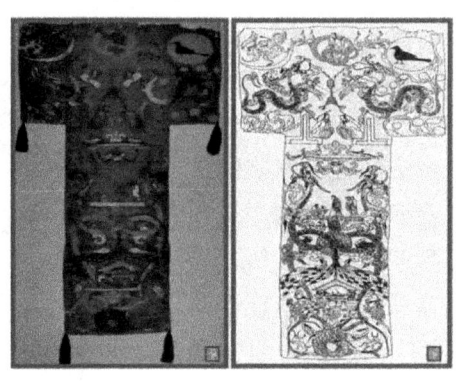

图1-5 飞衣帛画

以上所讲述的几种龙舟起源说都是有祭神祈福之意，或是纪念英雄人物或是其他等等，而细究龙舟竞渡之所以深受广大民众喜爱并流传广泛的重要原因，主要还是缘于其是老百姓日常生活中重要的生产与交通工具，在生活休闲之时作为娱乐的物具。贵州苗族有一首龙舟歌，歌词如此写道："苗岭山青青，沐浴着阳光，清水江流水，翻腾着金浪，龙舟佳节啊，过得真舒畅。翠柳把手招，禾苗点头笑，龙舟节过后，应该把心收。种田得丰收，年年都欢笑。"从这一歌词中我们可以看出，龙舟竞渡实际上还是一种农民休闲时的娱乐活动。在紧张的春插之后，农民利用禾苗返青的时间，开展龙舟竞渡进行娱乐，放松一下劳累的身体，然后再精力充沛地投入生产，争取农业丰收，这表明从以前单纯求神禳灾祈福进入到依靠自身努力了。祭神娱神不过是人们一种对心灵的慰藉和生活向往，实质上是普通民众自己能够得到切身体验的休闲娱乐。而作为农民休闲时间的娱乐活动，龙舟竞渡不仅是龙舟上参赛者直接参与的运动，而且沿江傍河的广大观众也共同参与其中，并深受感染和鼓舞。《隋书·地理志》上提到南郡襄阳地方龙舟竞渡时"喧振水陆，观者如云。"《杭州府志》上曾记载："五月端阳，各至河干湖上观竞渡，岸上人如蚁。"当时的这种沉醉于龙舟竞渡的现象，就像今日世界上风行的"足球热"。当然,龙舟竞渡形式的热烈豪放,参赛者们的搏风击浪和急流勇进,表现出参与者们的奋争拼搏,勇敢顽强的精神,鼓舞人们要奋发向上,团结拼搏的信念,这些都促使龙舟竞渡成为广大百姓在休闲时的一项重要娱乐活动项目。早期的龙舟竞渡融合了宗教、祭祀娱乐、体育竞技为一体,其宗教性、娱神性较强,但在社会的逐渐发展中它那单一的民间化、世俗化,尤其是其中的体育竞技性、游戏性、娱乐性、民俗性、历史性不断得到增强,逐渐置换和遮蔽了最初的宗教蕴涵。

第二节　赛龙舟的发展史

中国是龙舟的故乡,赛龙舟运动是由祭祀天龙与河神等民间习俗发展而来的。不同的地方其赛龙舟的习俗和传说都有所不同,但是都与当地的自然崇拜息息相关,这些分布在不同地方,不同形式的赛龙舟习俗经过发展融合形成了现今的赛龙舟运动,特别是它和纪念伟大爱国诗人屈原结合之后,就更加体现出其诱人的魅力。有着几千年历史的龙舟竞渡,经过不断的发展,已经深受广大百姓喜爱,具有广泛群众性的、并形成传统的文化体育娱乐活动。

第一时期:先秦时期

关于龙舟活动的起源有各种说法,或是为了纪念历史上的忠臣而给予的附会,或是因竞渡流行的区域与历史上某位名人相结合,但实际上龙舟活动的起源远比这些记载或传说要早得多,追根溯源其起始与我国南方多水的自然环境有关。岭南的百越,远在原始社会就居住在水网地区,过着以渔猎为主的经济生活。百越族的生活习惯特点有:凿齿,断发纹身,契臂为盟自称龙子,特别善于驾驭小舟。可以说,划舟捕鱼一类的活动,在这种地区的居民生活中占有重要的地位,而进行竞渡只不过是他们水上生活的演习而已。最初,竞渡之舟所用的只是一般的小舟。直到西周,开始出现了舟与龙神崇拜结合的产物——龙舟。当时人们将龙的形象装饰在船上,是为了娱神、祭神和祈求神的保佑,而龙舟竞渡活动形成的契机也是出于娱神和禳灾,亦龙神崇拜。

春秋战国期间,战事繁兴,尤其是吴、越、楚三国,地处江南水乡,水战是其征战的主要形式之一。而当地居民也习惯于"以船为车,以楫为马"这对龙舟竞渡的发展起了很大的推动作用。如在我国西南地区和东南亚各国发现的时代约为战国中期至东汉的石寨山式铜鼓,其多数上面都饰有竞渡纹(图1-6)。在这些饰纹中,船的首尾往往饰有鸟的形象,船上的人皆头戴羽冠,前后排成一行,作相同的划船动作,场面隆重而又热烈,反映出当时的竞渡活动已相当普及了。

图1-6 石寨山式铜鼓

龙舟竞渡在战国时期就已经广为人们喜爱,《荆楚岁时记》就记载道:"五月五日,四民并蹋百草,又有斗百草之戏。……是日,竞渡,竞采杂药。""舸舟取其轻利谓之飞凫,一直以为水车,一直以为水马。州将及士人悉临水而观之。"可见那时的龙舟竞渡就已经很流行并具有了一定的规模。

先秦时期即龙舟历史文化的起源阶段,在这一时期龙舟开始逐渐兴起,大部分民族或族群都开始有了自己特色的龙舟竞渡,并在发展中逐渐和本民族、本区域的历史英雄人物联系在一起,同时还被赋予了爱国忧民、自强奋发的传统思想。无论哪一个和龙舟联系的英雄人物,他们的高尚品格及爱国情怀,反映的正是龙舟所具有的中华民族龙文化的思想。从诸多的历史记载中我们也可感受到龙舟从最初的起源就具有浓厚的集体主义、爱国主义色彩,并带有强烈的民族责任认同意识。先秦时期作为龙舟竞渡的起源时期,还不具有专门赛事的规模,也还没有比赛规则的形成,但是对以后的各个朝代以及我们现代的人们都产生了深远的影响。

第二时期:秦汉魏晋时期

秦朝时期龙舟有了长足的发展,广东省梅州市大埔县高陂镇有着丰富的龙舟传统文化的传承和发展,据说高陂镇在韩江边上赛龙舟的历史已很悠久了,最早是在秦朝时期客家人从中原迁徙而来的,以后传承了原来的龙舟传统文化,一直沿袭至今。

到汉朝时期的民间竞渡活动就更加兴盛了，由军事水战及某些宫廷中的水嬉活动就可见一斑。如汉武帝做昆明池以习水军，就有划船比赛项目。汉昭帝与宫人采莲划船，泛波戏水，说明船已在宫中作为水嬉的工具被广泛使用。"竞渡"一词大概在晋朝时候开始出现，周处《风土记》中："端午烹鹜角黍……竞渡"，可能是对"竞渡"的最早记载。[1]南朝梁代的吴均在《续齐谐记》中写道："楚大夫屈原遭谗不用，是日（五月五日）投汨罗江死，楚人哀之，乃以舟楫拯救。端阳竞渡，乃遗俗也。"魏晋南北朝时期龙舟开始有了对于竞渡的最早记录，龙舟活动的形式开始发生了变化，竞渡也具有了一定的规模，为以后龙舟竞渡规则的形成与完善奠定了基础，也说明了这一时期的龙舟竞渡已经逐渐繁荣起来。

第三时期：唐宋元时期

隋唐时期赛龙舟的活动被皇帝大臣及平民百姓广泛热爱，赛龙舟已经成为重大节日的观赏性项目，不仅民间经常自发组织赛龙舟活动，皇帝在端午以及元宵节和重大庆典的时候也会亲自观赏龙舟竞渡，而且出行选用的交通工具即是龙舟。耗资巨大而建成的龙舟气势恢宏，很好地呈现出帝王的气派。唐朝杜宝著的《大业杂记》就有这样的记载："大业六年……车驾幸江都宫。……御龙舟，其高四十五尺，阔四十五尺，长二百尺。四重，上一重，有正殿、内殿、东西朝堂，中二层，有一百六十房，……下一重，长秋、内侍及乘舟水手，以青丝大绦绳六条，两岸引进。"足见当时皇室龙舟的发展程度，如此豪华的龙舟也只有皇帝才能负担得起（图1-7）。

图1-7 皇室龙舟

---

[1]曹美琴. 浅析端午龙舟文化及其现状. 四川教育学院学报，2008. 3.

整个隋唐时期水上竞渡活动一般是水乡人民自动组织起来进行的。《旧唐书·杜亚传》说:"江南风俗,春中有竞渡之戏,方舟并进,以急趋疾进者为胜。"比赛时,岸上挤满了观众,喝彩声、号子声、锣鼓声响成一片,声震云霄。而每当龙舟竞渡之时,又有千千万万百姓争睹盛况,两岸如云似蚁,万头攒集的观众,人声鼎沸,助威鼓劲,肺肠为之沸渭。诚可谓心潮逐浪,万众欢腾,加以锣鼓鞭炮喧天,更是盛况非常,蔚为壮观。唐朝诗歌繁盛,很多诗作都生动描述了当时的龙舟活动情况。在唐代时已经普遍将龙舟竞渡当作祭奠屈原了,这时候的龙舟竞渡和今天的赛龙舟的形式和内涵基本相同了。

到了五代,竞渡之风愈盛,不但民间组织,官方也大力提倡。其时各郡、县、村社每年都组织龙舟竞渡活动,而一到端午日,官府还赐给竞渡组织绫罗绸缎,并为龙舟比赛设置了锦标。竞渡时在终点设一根竹竿,竿头上悬锦彩,竞渡优胜者夺到锦彩就称为夺标。龙舟竞渡活动就成为了一项激烈争夺、扣人心弦的体育比赛,而这种夺标赛就是以后体育比赛中"锦标"称呼的由来。

宋朝时期的龙舟竞渡场面十分宏大,一些帝王为练水军和进行娱乐也鼓励划船,例如宋咸平三年(1000年)真宗在金明池,观水戏看龙舟竞渡,其中就有划船竞赛,有彩船、画舱等,还有长达四十丈的大龙船。各类船只列队布阵争标竞渡,最后优胜者还有奖励。在《东京梦华录》中就有这样的描述:"一军校执一竿,上挂以银锦银碗之类,谓之标杆竿,插在近殿水中。又见旗招之,则两行舟鸣鼓并进,捷者得标,则山呼拜舞。"其中可知当时龙舟竞渡不仅场面大还有了一定的规则。宋画家张择端所绘《金明池夺锦图》(图1-8)及元人王振鹏的《龙舟竞渡图》,都对宋元时期都城的龙舟竞渡活动作了形象生动的描绘,也

图1-8 宋朝《金明池夺锦图》

让我们了解到当时民间龙舟与其他吹打、杂耍等民间技艺相结合，形成了一幅幅热闹场景的水上娱乐项目。唐宋元时期的龙舟竞渡从皇室到民间已是十分流行，龙舟制作的规模也越来越大和精致，从隋朝开始已出现了"竞渡之戏"，龙舟不再仅仅是祈神拜祭的精神慰藉与寄托，而逐渐向一种民族传统体育娱乐活动进行演变，并开始有了一定规则以及专门的划龙舟选手。由此可以见到龙舟运动逐渐进入了有规范化发展的阶段。

第四时期：明清时期

明、清时期的龙舟竞渡活动相比唐宋时期有过之而无不及，从皇宫到民间都如火如荼地开展，每年的龙舟竞渡活动以南方水乡为最盛。明人王济撰《君子堂曰询手镜》一书对当时的龙舟竞渡活动做了这样的描述：每年农历五月初一，竞渡活动就开始了，一直持续到初五日端午节。每次活动参加的船队有15条之多，参赛之船一般长七八丈，首尾刻画有龙形。这样的龙舟每船有队员53人，他们皆穿红衣，罩绿衫，下着短裙。其中有敲钲鼓数人，举旗一人，其余皆用船桨击水。比赛过程中，但见舟行如飞，旗舞鼓鸣，最后以最先至达终点者为胜。像这样大规模的竞渡活动，在当时的桂林、梧州等地每年都按例举行。明清的宫廷也效仿这一习俗在西苑搞龙舟赛。明朝张岱在《陶庵梦忆》中记载："瓜州龙船一二十只，刻画龙头尾，取其怒；傍坐二十人持大楫，取其悍；中用彩篷，前后旌幢绣伞，取其绚……金山上人团簇，隔江望之，蚁附蜂屯，蠢蠢欲望。晚则万馀齐开，两岸杳杳然而沸。"明清时期的一些府县志中多有赛龙舟的记载，龙舟活动在当时县中都已是比较流行的。以上的这些历史记载说明，早期的龙舟竞渡为现今的龙舟运动发展起了极好的铺垫作用。

在清代，由于统治者是满族人，对于汉族文化以及赛龙舟文化不是非常了解，其理解的角度和层面与以前时代的统治者也不尽相同，但是赛龙舟的热闹和激烈的场面却得到清皇室的喜爱，从顺治皇帝、康熙皇帝、乾隆皇帝到后来的慈禧太后都有皇帝亲自在皇城甚至到蓬莱、杭州等地专门观看赛龙舟的记录，此时赛龙舟不仅仅是一种比赛，也有游船之娱，清道光年间就有相关记载。在那时候三五个好友乘龙舟游玩，在龙舟上划船游览，喝酒划拳，或者自行组织几个小型的队伍进行比赛，此时龙舟运动已然是一种集民间运动与娱乐为一体的项目了，这与今天的赛龙舟运动已经没有什么很大差别了。

作为一种传统的娱乐项目，龙舟竞渡起初是在南方水域开展较普遍的一种水上活动，后来随着发展逐渐流传广泛扩展到黄河流域，并蔓延至东南亚各国，以后又逐渐传到了世界各地。到了今天，作为一种传统体育项目，赛龙舟受到了国家政府的极大重视，作为一种传统文化的继承，赛龙舟在 80 年代被列为了全国比赛项目，至今我们的传统民俗运动——赛龙舟已经发展成为了一项国际上的重大赛事，这也是古老的中华传统文化魅力的体现。

第三节　端午节划龙舟的习俗

端午，这个中国的传统节日是祖辈灿烂文化遗产中的一颗璀璨珍珠，历经千年，却依然散发出夺目的光芒。由于历史文化等诸多方面的原因，中国的传统节日习惯上是按农历计算的，即每年的农历五月初五是我国民间的传统节日——端午节。端午亦称端五，"端"的意思和"初"相同，"端五"也就是"初五"；端五的"五"字又与"午"相通，按地支顺序推算，五月正是"午"月。又因午时为"阳辰"，所以端五也叫"端阳"。此外，端午还有许多别称，如：夏节、浴兰节、女儿节、天中节、地腊、诗人节等等。端午节是我国一个很重要的传统节日，与春节、中秋一并称为中华民族之三大民间节日。端午节对民间之影响有很悠久的历史，尤其是从端午节之发祥更可看出其深厚的历史文化背景，每年的这个时候我国各地都会举行各种各样的庆祝活动，此外还有许多丰富多彩的民间习俗。端午节这一包含民俗文化在内的中华文化，辉煌灿烂，它曾经深刻影响到周边的许多国家，如朝鲜半岛、日本、越南等等。

一、端午节的由来

关于端午节的由来说法颇多，各地、各民族差异很大。梳理概括各种传说，主要有这样几种：

（一）夏至说

持这一看法的刘德谦在《"端午"始源又一说》和《中国传统节日趣谈》中，提出三个主要理由：（1）权威性的岁时著作《荆楚岁时记》并未提到五月初五日要吃粽子的节日风俗，却把吃粽子写在夏至节中。至于竞渡，隋代杜台卿所作的《玉烛宝典》把它划入夏至日的娱乐活动，可见不一定就是为了打捞投江的伟大诗人屈原。（2）端午节风俗中的一些内容，如"踏百草"、"斗百草"、"采杂药"等，实际上与屈原无关。（3）《岁时风物华纪丽》对端午节的第一个解释是："日叶正阳，时当中即端午节正是夏季之中，故端午节又可称为天中节。由此可见端午节的最早起源当系夏至。

（二）恶日说

在我国上古，向有五月为恶月、不祥之月之说，《夏小正》记："此月蓄药，以蠲毒气"；《吕氏春秋·十二纪》视五月为毒月、恶月、死月。五月既为恶月，那么五月五日就更是灾日了，五月五日端午充满着恶气恶疫。在南北朝以前，夏至所在的五月份，确曾被人们公认为有"恶"与"不祥"的鲜明性质，并因此有了端午为"恶日"的说法，故许多端午习俗是为镇妖辟邪的。据《史记》记载，孟尝君田文生于五月初五，其父曾令其母遗弃田文，理由是这一日生的孩子要害父。东汉《风俗通义》也有"五月五日生子，男害父，女害母"的说法。东晋大将王镇恶五月初五生，其祖父便给他取名为"镇恶"。宋徽宗赵佶五月初五生，从小寄养在宫外。可见，古代以五月初五为恶日，是普遍现象。这样，在此日插菖蒲、艾叶以驱鬼，薰苍术、白芷和喝雄黄酒以避疫，就是顺理成章的事。因此，端午节也就具有浓郁的送灾和驱逐不祥的性质。

（三）龙的节日说

这种说法来自闻一多的《端午考》和《端午的历史教育》。考证"端午为持龙图腾崇拜民族的祭祖日"，认为五月五原是古代吴越地区龙部落进行图腾祭祀的日子，当初有五个以龙为图腾的部落一起择定吉日，以五月的第五个日子为祭祀日。其主要理由是：

（1）端午节两个最主要的活动吃粽子和竞渡，都与龙相关。粽子投入水里常被蛟龙所窃，而竞渡则用的是龙舟。

（2）竞渡与古代吴越地方的关系尤深，况且吴越百姓还有断发纹身"以像龙子"的习俗。

（3）古代五月初五日有用"五彩丝系臂"的民间风俗，这应当是"像龙子"的纹身习俗的遗迹。

(四) 纪念英雄说

主要就是前已所述及的纪念人物如孝女曹娥、伍子胥和屈原。纪念曹娥说出自东汉《曹娥碑》。孝女曹娥之墓，在今浙江绍兴，后传曹娥碑为晋王义所书。后人为纪念曹娥的孝节，在曹娥投江之处兴建曹娥庙，她所居住的村镇改名为曹娥镇，曹娥殉父之处定名为曹娥江。

伍子胥名员，楚国人，父兄均为楚王所杀，后来子胥弃暗投明，奔向吴国，助吴伐楚，五战而入楚都郢城。当时楚平王已死，子胥掘墓鞭尸三百，以报杀父兄之仇。吴王阖庐死后，其子夫差继位，吴军士气高昂，百战百胜，越国大败，越王勾践请和，夫差许之。子胥建议，应彻底消灭越国，夫差不听，吴国大宰，受越国贿赂，谗言陷害子胥，夫差信之，赐子胥宝剑，子胥以此死。子胥本为忠良，视死如归，在死前对邻舍人说："我死后，将我眼睛挖出悬挂在吴京之东门上，以看越国军队入城灭吴"，便自刎而死，夫差闻言大怒，令取子胥之尸体装在皮革里于五月五日投入大江，因此相传端午节亦为纪念伍子胥之日。春秋时吴国忠臣伍子胥含冤而死之后，化为涛神，世人哀而祭之，故有端午节。

伟大的爱国诗人屈原在流放途中写下了忧国忧民的《离骚》《天问》《九歌》等影响深远的不朽诗篇，由此端午节又称"诗人节"。公元前278年的五月五日，屈原眼看秦军攻破自己的楚国京都，写下了绝笔作《怀沙》，之后抱石投汨罗江而死。传说屈原死后，楚国百姓哀痛异常，纷纷涌到汨罗江边去凭吊屈原。渔夫们划起船只，在江上来回打捞他的真身，龙舟竞渡风俗便是由此演化而来。以后每年的这一天，人们就用竹筒装上米，投到江中纪念屈原，但多为蛟龙所食，后屈原报梦给百姓提示他们蛟龙害怕楝叶和彩丝，所以用楝叶把米包好，再用五彩丝缠好。因此，人们就用楝叶和彩丝来包，还包好多尖角的形状，使蛟龙不敢吃。传说挂艾蒲是招屈原之魂，吃粽子是祭屈原之尸，竞龙舟是拯屈原之体。以后，在每年的五月初五，就有了龙舟竞渡、吃粽子、喝雄黄酒的风俗，以此来纪念爱国诗人屈原。

有关端午节的起源，从历史的角度看，各源同时并存，否一不可，但它们最初都带有一定的地域性和局限性，后来随着时间的推移和历史的抉择而渐渐沉寂，而流传最广的俗说则是纪念春秋时期投江而死的爱国诗人屈原。由于屈原是一名爱国诗人，他所写的诗作充满了爱国主义精神，他那种眷顾君国的精神、忠诚峻洁的品格，以及那种不屈不挠地与邪恶污秽作斗争的意志，是我们中华民族需要并崇尚的。至六朝时，吃粽子的风俗和传说由楚地推及全国，江南古老的龙舟竞渡风俗也被善良的人民附会到拯救屈原身上，人们也愿意接受这样的传说，并沿袭了这些习俗，于是人间自此有了一个传之恒久的纪念性民间节日。

二、端午节的重要习俗——划龙舟

端午节有吃粽子、挂菖蒲、蒿草、艾叶，薰苍术、白芷，喝雄黄酒等习俗，而赛龙舟虽然成为端午节习俗的时间相对较晚，但却是端午节极具民俗特征的一项重要活动，其社会影响力却远远超过前几种节日活动。

众所周知，我们的民族是尊龙、奉龙的，在我们的娱乐生活中经常都能遇到"龙"。正月十五舞龙，三月清明放龙风筝，五月初五端午划龙舟就都具有浓厚的"龙味"。尤其是端午划龙舟，其历史之久远，流行范围之广早已为世人所知，划龙舟可以说是一项最具民族特色的传统性活动。每年在民间举行的龙舟竞渡活动，在唐以前还没有统一的日子，有的在四月，有的在八月。虽然早先赛龙舟不一定是在端午时节举行，但大约自唐以后大部分都统一于五月端午前后举行，从这一点就可以看出赛龙舟缘于纪念屈原一说在民间中的影响广泛。

龙舟竞渡的场面，常常是但见龙舟劈波斩浪，个个健儿抢前争先，观众呐喊声欢呼声雷动，场面热闹非凡。《罗定州志》中记载："自朔至五，结彩莲船，以观竞渡，至未夜，鸣金击鼓，迎神逐疫"；《五杂俎》卷二记载："竞渡吾闽亦喜为之，可以驱疫，有司禁之不能也"；《武陵竞渡略》记载："是日划船，悉顶巫师符篆及黄赤小旗，取鹭鸶毛，插鬓间，厌胜物也。"唐代张建封《竞渡歌》更对龙舟竞渡描写的煞有气势："五月五日天晴明……两岸罗衣破晕香，银钗照日如霜刃。鼓声三下红旗开，两龙跃出浮水来。棹影斡波飞万剑，鼓声劈浪鸣千雷。鼓声渐急标将近，两龙望标目如瞬。坡上人呼霹雳惊，竿头彩挂虹霓晕。前船抢水已得标，后船失势空挥桡。疮眉血首争不定，输岸一朋心似烧。只将输赢分罚赏，两岸十舟五来往……"宋朝时期民间的端午竞渡也十分活跃，时人黄公绍在《端午竞渡櫂歌十首》中，为我们勾画了一副生动的龙舟比赛图："看龙舟、看龙舟，西堤未计水悠悠。一片笙歌催啼晚，忽然鼓櫂起中流。""櫂如飞、櫂如飞，水中万鼓起潜螭，最是玉莲堂上好，跃来夺锦看吴儿。"明代万历间宫中太监刘若愚在他所著的《明宫史》中，曾记载有五月端午日皇帝临西苑，参加"斗龙舟、划船"活动的情形。清宫沿袭明宫旧事，仍于西苑龙舟竞渡，"中流九龙舟，谁肯相参差"的诗句，就是清高宗在观看西苑龙舟竞渡之后留下的著名咏唱。

在南方，每年一度的端午节时都有所谓的"起龙船"仪式，起龙舟、请龙仪式完毕后再进行划龙舟活动，这些仪式在南方很多具有传统文化特色的农村区域现在依然被完好地保存和承续下来（图1-9）。

图1-9 "起龙船"仪式

在台湾地区，端午这一天，人们肩扛龙船沿街游行，赛龙船前，还要举行拜龙船仪式以迎祭龙神，这与龙舟竞渡以逐疫是一脉相承的。龙舟竞渡不只是一种简单的节日体育游戏，而是有其神秘的实用目的，那就是驱邪逐疫，祛病消灾。古人在驱鬼逐疫，拔攘邪祟时，主要是借助神灵、巫师和灵物的力量，龙舟竞渡的拔除逐疫功能主要是通过龙神和龙舟（灵物）的作用来实现的，是先民运用超自然力的表现。华夏民族是一个龙图腾的崇拜者，中国古代在五月江河中的水经常会泛滥，人们就希望寻求一种外力来解决这一问题，而龙是主管雨水，因此人们就将希望寄托在龙的身上，祈祷一年能风调雨顺和行舟安全。

随着时代的进程，端午节逐渐发展成为我国传统的节日，在端午划龙舟继而成为了一种节日文化。"这种观念也确是中华民族的民族感情，经过历史的积淀，蕴蓄储藏得越久，也就越炽烈，历久而不衰息。"[①]端午节日里的龙舟赛事伴随着其他的民间习俗活动，将中国这一传统的节日文化呈现的淋漓尽致，通过这些活动对于龙舟文化的传播起了很重要的作用，龙舟运动也在华美的游动中传播

[①]惠西成，石子编. 中国民俗大观，广州：广东旅游出版社，1988.

着中华民族的传统文化之美。

第四节 龙舟运动的文化与教育价值

龙舟作为一项民族传统体育项目和传统文化，它要服从和服务于体育事业发展的需要，并满足普通老百姓对日益增长的体育文化需求。当今的龙舟运动已不再是一个单纯的划龙舟范畴，其内在的体育、历史、文化和经济属性，形成了龙舟独有的特性与内涵，同时也彰显出龙舟运动那富有吸引力的魅力。划龙舟是我国劳动人民在长期求生存的环境中逐步形成的，并在日常生活和劳动中不断加以改进和发展从而形成了现在的龙舟运动，划龙舟突出反映出过去的龙舟作为人们生产、生活和交通工具及闲暇休息时的娱乐活动对一代代人所带来的影响。今天的研究发现，龙舟运动的价值在于人们通过划龙舟这种专门的身体活动，来满足身体发展和休闲时的精神需求，它体现出的是一种特殊价值，是一种社会文化现象。该项运动充分体现出中国独特的民族特点和广泛的群众基础，它集文化、娱乐和竞技于一身，创造了世界上独一无二的高品质体育项目，它对增进人们的友谊和团结，展示人类良好的体魄和竞争水平，国际间的交流有着深远的历史意义和现实意义。随着我国生产力的不断提高和社会经济的发展，人民生活水平的提高，高水平与高质量的龙舟竞赛促进了龙舟文化与物质的交流结合，特别是在进入到改革开放的年代，众多的龙舟赛事使龙舟的社会效益和经济效益获得了巨大的丰收，今天的龙舟运动进一步的展现出它的社会意义和文化价值。

我们常常说民族传统文化的传承和创新是一个民族得以生存与发展的根基，人们通过龙舟活动满足了自身锻炼，社会和他人物质及精神的需要，其所做出的贡献和承担的社会责任体现了龙舟运动所传承的传统文化。众所周知，龙舟运动是由古代劳动人民在生产、生活与劳动过程中逐渐形成的一种民俗和民族传统娱乐活动，在这漫长的历史文化演变过程中，这一民族传统文化特色并没有消失，它依然被完好的保留下来，特别是其文化的融合性所带来的民族认同感和它展现出来的人文精神。现今，在端午节期间，我们可以看到全国有许多城市都会举办龙舟赛事和与之相关的活动，可以说从南到北，自东向西，参与龙舟活动的运动员和观众有超过千万人，其规模之大，范围之广，社会影响力之大，早已超出了体育范畴，成为民族体育文化传承与发展的一个典范。在当今社会中如何继承和弘扬中华民族优秀的传统文化，打造民族传统体育品牌，提高和宣扬我国文化力方面，龙舟运动发挥出了极大的作用。它在这历史发展的过程中继承了传统民俗文化，同时又被利用和开发、发展，它蕴涵了特定的、民俗历史和深厚的文化内涵。

一、龙舟的文化价值

龙舟运动作为国家传统文化的实力支撑，是我国在改革开放时期重视经济建设的同时，注意国家文化建设的结果，在发展我国社会经济时期鼓励我国的优秀传统民族文化的传播与发展。由于经济的全球化，受世界各国文化多元化趋势的影响，西方的流行文化，街头文化等在我国迅速传播，不断深入到我国社会的各个领域，侵蚀着我们的传统文化。如何保持我国传统文化的独立性，吸收和借鉴优秀的外来文化，推动我国民族体育文化的建设与发展，龙舟项目为我们带了一个好头。在广东的佛山，龙舟文化一直是传统文化里最亮眼的一笔。佛山龙舟至今已有 2000 多年的历史，在每年端午前后，除去龙舟赛、起龙船、吃龙舟饭等，佛山各区和各镇街、村民年年都会传承举办传统民俗活动。这些年来，佛山各地都纷纷将传统的龙舟习俗当作一个文化品牌来打造，诸如龙舟大赛、龙舟主题公园、龙舟基地等计划或想法层出不穷，当地各级政府均打起借力龙舟的牌子以其促进城市提升的算盘，可以说龙舟文化或许是传统文化在现代社会之所以能够生存和发展的一个缩影。当前，全国各地许多的赛龙舟运动给我们树立了一个非常好的典范，围绕龙舟文化、端午文化、健身休闲等，设置出一系列精彩活动，让广大老百姓享受到一场真正的文化盛宴，它也启迪我们中国龙舟文化不仅可以热遍祖国大地，也能传播到世界各地，成为中国文化的象征，被世界所接受。

大家都知道，龙舟运动是一个有据可依的社会活动，它能够将有利于社会的行为、风俗习惯系统地灌输给青少年，令他们在日后能够适应社会和贡献社会。赛龙舟运动是一个社会互动的场所，人与人之间都会有很多地接触、交流，当然也会有磨擦，通过这一活动可以给更多年青一辈学习处理人际关系，建立社交圈子的机会等等。举行赛龙舟活动可以推动龙舟运动的普及和发展，是宣扬我们龙文化的一个重要平台，也是传播全民健身理念，推进普通百姓享受健康和幸福生活方式的一个重要载体。龙文化的传统内涵具有教育和感染众人热爱祖国，热爱人民，乐观向上和勇往直前的那种人文精神。龙舟竞渡从古时对屈原爱国主义精神的凭吊至今，其最能体现出的就是人们融合在集体之间的同心同德、团结奋进的集体主义精神。开展龙舟运动不仅陶冶人们对传统文化的情操，也丰富和充实了具有社会属性的传统文化，这些对传承我们中华民族的龙舟文化具有极重要的作用。随着古代文化和长江中游的交流结合，增添了许多的纪念寓意，尤为突出的是习俗间的世代相传，经久不衰，并赋予了热爱家乡，祈求平安的美好愿望。龙舟文化中所折射出的顽强意志品质，团结拼搏与勇往直前的精神，对于中华民族的影响都是十分深远的。我们华夏儿女许多的崇高理想和先进观念，积极态度以及良好习惯都在这一文化中被集中体现出来。龙舟是一项需要众人合力划桨，齐心协力推动龙舟前进，才能营造出百舸争流的场面，这充分展示了体育竞技的无穷魅力，也深深体现出龙舟文化的价值。

二、龙舟运动的教育价值

龙舟运动是一项参与人数较多、比赛场面气势恢宏的水上集体运动项目，在从事龙舟活动时人们要自觉地遵从拟定的共同规则，并以最大程度去发挥每个人的潜力。由于龙舟项目具有高度的团结协作和凝聚力，更易培养人去克服困难、勇往直前的优良品质。胜不骄败不馁，顽强拼搏的龙舟精神，是划龙舟者往往要追求的卓越和成功，对于锻炼和培养人的超越意识具有积极的作用。龙舟活动作为社会和学校道德教育的载体充分展示了其巨大的优势，通过赛龙舟可以扩大社会青少年和学校学生间的相互交流，为社会和学校的德育教育开拓提供一个良好的平台。龙舟运动在遵循各民族风俗和习惯的基础上，强调了一种教育作用和社会的整合作用，通过形式多样和民族性很强的娱乐活动，在德、智、体和美育等方面发挥出巨大的教育潜能，特别是对民族精神的培养，进行爱国主义、集体主义教育，树立民族自豪感和自信心都起到了催化的作用。龙舟竞渡产生于中华民族的特定社会，它的生存空间表现出人们在不同时期和不同民族人们的生活方式与价值观念，体现了人们的善良愿望和拼搏精神以及对礼仪庆典、宗教观念的基本态度。龙舟运动实则上就是一种文化活动，参与者与旁观者在这一过程中就是被社会化的过程，人们在参与中自然而然地将精神愉悦当作目标，无论是运动员还是观众都能从龙舟活动中得到直接或间接的情绪宣泄，人们参与龙舟活动对增进社会和谐，提高文明素质具有重要意义。

第五节　龙舟运动的社会价值

　　人们在运动中可以通过活动和学习了解社会，使自己和集体成为一个协调的角色，随着社会的发展和物质条件的改善，许多民众乐意抽出闲暇时间、精力、资金投入到发展完善自我表现的体育运动中。龙舟活动作为节日文化丰富了老百姓的生活，为我国的社会主义建设、精神文明建设和物质文明建设做出了贡献。龙舟运动目前已成为国际流行的体育竞赛项目之一，越来越多的国家和地区开展了龙舟运动。它的对抗性非常激烈，在龙舟活动中人们加强了集体的信赖感和安全感，同时也在道德规范和约束下，遵从公开、公平有序的规则进行公正竞赛。龙舟运动除竞技对抗之外，还适合于大众的健身和娱乐消遣活动，它对培养人的顽强意志品质，团结协作和勇往直前等有着积极的社会意义，由此而产生的感召力和吸引力不被人们遗忘。龙舟运动将力量与技巧、速度和整齐划一的那种优美气势体现到了极致，也赋予了人们无限的启示和动力。

一、龙舟运动具有的民族认同价值

　　由于龙舟运动具有鲜明的民族特性，其参与人数众多，相互接触交流频繁，很容易形成人们对划龙舟的自豪感和亲切感，参与者和旁观者相互间也很容易进行情感上的交流，通过交流增进相互了解和理解，这对民族认同感和民族精神的培养以及自信心的树立都起到了催化的作用。划龙舟可以作为一种特殊的"精神黏合剂"，把中华儿女与祖国的繁荣富强紧密联系在一起，从而产生强大的凝聚力和向心力。在民族传统体育文化的长期影响下，我国这些年来的龙舟运动发展可以说是卓有成效。目前通过划龙舟来达到健身已成为休闲体育的一个时尚，老百姓对龙舟的健身和健心价值的认识存在高度的趋同性，尤其是当前人类"文明病"频发，日常生活中的身体活动越来越少，追求身心健康则代表了现代人的一种主动选择，而具有独特健身和娱乐价值的龙舟运动当然受到了人们的普遍欢迎，也得到了大力推广。尤其是当前正在逐渐推出的家庭式龙舟，在保证龙舟原来的竞技性基础上增加了趣味性和娱乐性，更突出了亲子亲情等家庭元素，受到了普通老百姓的广泛欢迎和参与（图1-10）。

图 1-10 家庭式龙舟

我们知道，民族认同的价值在于他们对本民族的风俗习惯和生活方式的特点已经深入人心，一旦赋予他们强力的民族感情，它就会升华为民族的文化标志，它主要体现了本民族的社会成员在价值理想、价值取向和价值标准等方面的一致性和统一性，在保持民族共同体中有着不可比拟的作用。

二、龙舟运动具有促进社会和谐的价值

龙舟竞渡比的是集体智慧、速度、力量与耐力，它是一种团结与和谐的运动，需要全体队员在比赛场上的团结协作，齐心协力的划桨，其场面极为激烈。作为现代社会的大众传媒工具还能将比赛的实时画面通过荧屏及时的转播出来，使现场的观众都能够感受到比赛场面的紧张和热烈的气氛，大家也都能参加到互动中。但凡到过龙舟赛场的人们都会有这样的感受，即比赛所带来的激烈和对抗性。当龙舟的鼓点声在比赛中敲响时，观摩的人都会不由自主地产生精神亢奋，同时也会情不自禁地为比赛加油，不管你是参与比赛的运动员还是观看者，都会在比赛的过程中得到直接或间接的情感宣泄，这种人们现场的参与感和意识的加强都是人们社会化的实现过程，因此人们所进行的龙舟活动对增进社会的和谐和稳定，以及提高人们的文明素质具有很重要的意义。划龙舟由于参与者众多，现场又极具观赏性，所以非常容易进行情感上的交流，水中参与者和岸上观众遥相呼应，随时互动。通过参与这项运动，加强了人与人之间的交流，同时在交流的过程中也可以消除人们之间的分歧，这对构建和谐社会都起到

了积极的促进作用。

目前，龙舟运动已从国内走向国际，在世界这个大运动场上的竞争是无情的，但无论是胜利者还是失败者，对于取得的成绩大家都应耐心的给与支持和鼓励，共同增强民族的认同感，因为大家追求的目标都是全世界的团结、进步、和平和友谊。

第六节　龙舟运动的经济价值

举办一次竞赛如果单从经济学角度看它是一种消费，但它对拉动举办地的经济发展作用是不容低估的，其意义已经不局限于体育竞赛本身，而应该从经济、文化甚至国家战略方面去考虑。比如2010年广州亚运会花费1200亿元的人民币进行城市基础设施建设、城市交通道路的改造、干道的建设、桥梁和地铁的建设、环境综合整治、公益性河道治理等等，通过举办大赛这个契机，集中完善了城市的基础设施。据有关专家测算，2010年广州亚运会的举办为广州带来大约8000亿元的"GDP大礼"，这绝对是件利民利国的好事。长期以来龙舟赛事一直是以公益性的面貌出现在公众的视野中，龙舟赛事的无形资产被长期闲置和搁置流失，没有得到很好地利用与开发，其社会经济价值也未被充分利用，现实价值被浪费，巨大的商业潜力被埋没。随着我国生产力和经济水平的快速发展，人民生活水平的不断提高，使人们意识到举办高档次的龙舟竞赛，促进了龙舟文化与物质交流的结合。通过举办大型龙舟赛事促进了消费，使举办地社会效益和经济效益得到了双丰收，而众多的龙舟赛事反过来又促进了龙舟文化的推广和传播。大型的龙舟活动不仅借助电视广播、新闻媒体的言行进行宣传，沟通了龙舟这个商品的流通渠道，还有各大公司、企业在承办龙舟活动时而大搞广告和物资交易会、招商引资等更是获得了明显的经济效益。从广泛的意义上来说，龙舟赛事的举办具有繁荣举办地社会经济的功能。这些年来商品文化日益浓重，通过以龙舟为媒，促进旅游资源的综合利用和开发，取得举办地的社会和经济效益，这也是龙舟文化在新的历史条件发展下的必然结果。龙舟赛事的组织、举办涉及到社会的各方面，它必然会引起社会的普遍关注和重视。而围绕龙舟赛事产生的消费虽然要花费巨额钱财，但这种消费对于产生也是一种良性刺激。一场高水平和高质量的龙舟活动，可以吸引成千上万的人前来观看，使旅游业兴旺发达，运动场馆和配套设施、器材、服装等等都得到有利的开发和生产。社会企业通过对赛事的赞助，体现了企业的社会责任感，同时也提升了企业的社会形象，这比花费巨资打造广告效果还要好。例如广州亚运会期间各赞助商达到53家，赞助金额超过30亿元人民币，广州亚运会的赞助商数量和赞助金额都创下了历届亚运会之最，赞助金额是多哈亚运会的5倍、韩国釜山亚运会的3.5倍。

一、龙舟运动与经济的有机结合

以龙舟为媒，以文化促经贸，龙舟搭台，经贸唱戏，这是目前举办龙舟赛事的最大特点，它昭示了龙舟运动商品文化的价值。龙舟运动这项具有广大群众基础的竞赛项目，在举办时对于聚集人气和商气，扩大招商引资和经贸活动，聚拢厂商企业赞助和广告资源及新闻媒体都具有独特作用，它作为一个平台为商家"搭桥"，可以创造商机并带来财富的收入。例如陕西省安康市的"龙舟节"就极具经济价值和效应，他们借助"龙舟节"汉水文化的特色，集中、凸显安康地域文化，打造"龙舟节"的文化品牌项目。以龙舟节为龙头，点面结合，牵动诸如"油菜花节、桃花节、茶文化节"等其他项目协同参与，将当地的汉文化、鬼谷子文化、女娲文化、太极文化、南宫生态文化、茶文化等地域民俗文化等等都吸引进来，将富于安康文化特色的文化因子融入到"龙舟节"中，发挥文化品牌和文化资源整合作用，通过"龙舟节"的市场化和社会化运作，促进和拉动文化产业化的发展，以"龙舟节"为制度化，形成一种稳定的时常需求。再比如2012年中华龙舟大赛（江西鄱阳湖站），在赛事举行期间召开了2012年中华龙舟文化论坛，以"龙年、龙舟、龙文化"为主题探讨促进长江流域的湿地保护与旅游文化的协调发展，同时引入国内外众多大型企业集团共同参加，围绕工业、商贸、旅游等产业进行招商引资，在大赛期间还举行鄱阳湖生态渔业产品经贸展销会。以上这些都是充分利用了龙舟赛事在市场经济中的活力，以赛事为发展龙头，加快龙舟运动的市场化、产业化的进程。近些年，通过以中央电视台为主的媒体多次实况转播、直播龙舟赛事，对扩大龙舟运动传统文化，推广企业品牌都带来了无穷效益。众所周知的原因，在举办龙舟大赛期间往往都会提高当地城市的知名度，给主办地带来了更多文化产业、体育产业发展的运作空间以及文化旅游、体育产业融合发展的拓展空间。因此高水平和高质量的龙舟赛事对增加城市经济、社会、文化等方面的影响力巨大。

近年来，龙舟赛事和活动的形式都已在悄悄地发生变化，中华龙舟大赛、中国龙舟公开赛等一系列的高规格竞技比赛竞相出炉，各地方组织的集体活动——

如社团、旅游景区的特色活动项目、企业的拓展培训等都将划龙舟内容包含在内。此外，龙舟赛举办的时间也不再局限于端午节或其他节庆日，夏天、冬天都有举办赛事，从南方到北方，这些赛事的举行都与经济有机的结合，并发挥出巨大的效果。"龙舟节"通常都是由政府主导，并进行社会化运作，其发展趋势是项目管理和产业化运作，而作为文化产业活动和经济活动的"龙舟节"，其产生的经济价值显而易见。由于该节日具有举事、聚人、促销等功能，可以促进和带动整个第三产业，尤其是生态、休闲和旅游产业的发展。虽然这方面是短期的集聚效应，但它可以在短期内迅速形成人流、物流、资金流、信息流等时空集聚，带来直接的经济和社会价值。"龙舟节"具有长期的告知，能吸引和提高投资效益。它不仅提供了区域特色产品的贸易平台，而且还可以集聚项目、发挥招商引资的效应。据有关资料显示，在陕西省安康，自2000年起已办了七届龙舟赛，其间接签约各种经济项目有板有眼的361个，总金额达30亿元人民币，商贸交易额达3.7亿元人民币，通过举办这些活动使该区域的城市基础设施建设得到了良好的改善。还有2014年广东省顺德华侨城在端午佳节期间举办的欢乐龙舟文化节，就显示出十足的人气。据统计，在欢乐龙舟文化节期间共吸引超过百万的普通百姓和游客参与，来自英国、美国、德国等20多个国家的1000多名外国游客，通过顺德接触了这项传统体育运动，感受到了顺德龙舟文化的魅力。这个文化活动一经推出就获得了巨大的成功，其精彩的活动设置和活动组织，也受到了社会的广泛赞誉。

所以通过组织龙舟运动员参加高水平的竞技龙舟赛事，可以为公众提供一种具有特殊观赏价值服务的产品而会受到社会各界的普遍关注。另外还必须注意到龙舟赛事它所具有的不可复制性和唯一性、极强的时效性特点，要重视龙舟赛事所拥有的巨大无形资产和它那极具商业价值、媒体价值的效益。如竞赛的冠名权、广告的发布权、电视转播权、各类标志的特殊使用权等等都有特定的时限，龙舟赛事的经营者必须对赛事进行及早的开发、安排、策划与准备。高水平和高规格的龙舟赛事不仅可以推动当地的知名度，提升举办城市品位，城市品牌的知名度和美誉度，通常在举办龙舟赛的同时，还会举办各种其他活动。如文化展、文艺晚会、民俗活动、水上表演、书画、摄影展等活动，使龙舟赛事参与的主体更丰富，通过政府的支持，各路媒体有针对性的强大宣传，对举办地都会带来深远影响。这种龙舟赛其间的各种招商引资等经贸活动，有效地拉动了城乡的经济消费，带动了当地旅游业，促进了举办地政府、旅游经营者及当地民众的热情和积极性。所以说龙舟运动和竞赛与经济是一种很好的结合。

二、现代媒体技术推动高水平龙舟赛事的发展

如何将龙舟运动推向世界，需要策略和多元化的融入，才能为龙舟运动的推广带来积极的动力。借鉴其他国家民族体育项目的发展和向世界推动的成功模式，努力发展我国的传统文化，让龙舟运动在世界范围得到发展，我国于2011年4月推出中华龙舟大赛，这意味着一项奖金额和赛事级别最高的中国龙舟赛事正式诞生。该项赛事由国家体育总局社会体育指导中心、中国龙舟协会和中央电视台体育频道共同主办，中视体育娱乐有限公司和各赛事举办地政府承办。央视体育频道采用国际赛事转播标准，对全部比赛进行实况直播，让全体中国老百姓都能看到龙舟比赛。央视这种用现代媒体技术，以龙舟运动为媒介，进一步加大了对举办地的宣传，向外进行交流和合作力度，将一个更现代、更开放、更和谐的赛事举办地推向全国、推向世界。为了达到宣传，使受众终端最大化，在每一站赛事都集中了国内主流媒体进行宣传。其精致的宣传模式，还吸引了外国媒体的广泛关注。各种平面媒体、网络视频媒体、电视媒体等，这些主流媒体为中华龙舟大赛构建了立体化宣传模式，使得龙舟这一民族、民俗传统体育项目真正地深入到千家万户，这种将商业运营、电视播出和媒体推广发力，为龙舟运动注入了全新的动力。国际龙舟联合会主席麦克·哈斯勒姆在首次现场观看中华龙舟大赛时说，"赛事留给他非常深刻的印象，让全世界看到中国龙舟文化与体育赛事的完美结合，非常感谢中央电视台所做的巨大贡献"。由于主流媒体和央视的介入，加上现代传媒技术的使用，使得我国龙舟赛事办赛水平越来越高，竞争也越来越激烈，比赛的场面也越来越好看。现今，人们只要打开央视体育频道，就经常能够看到中华龙舟大赛的角逐。

自2014年起，中视体育与智美集团联合对中华龙舟大赛进行商业运作，每年在一线城市举办7站分站与1站总决赛，并首次直播在我国福建举办的首届国际龙舟联合会世界杯赛。双方合作共同打造具有国际影响力的体育文化盛事，从民族体育竞技、大宗娱乐和旅游推广等方面更好的宣传城市形象，知名企业搭建优秀的体育营销平台。由央视和中国龙舟协会全力推出的中华龙舟大赛，不仅给地方带来了许多文化产业的发展空间、体育产业运作空间、文化旅游产业发展的拓展空间。从2013年起在国家体育总局社体中心、中央电视台、地方政府三方的鼎立支持和推动下，渐进升级的龙舟赛事和大幅提升的成绩，各参赛队日趋激

烈的竞争，得到弘扬的中国传统文化和越来越成熟的市场等，使大赛呈现出一派繁荣景象。纵观中华龙舟大赛通过近几年的运作完成了在江、河、湖、海4种公开水域赛龙舟的壮举，充分体现了中国数千年龙舟文化的厚实底蕴。2014年，首届世界杯龙舟赛落户中国，举办世界杯无论对于中华龙舟大赛还是中国龙舟运动都有着重要的意义。

三、促进城市改造，改善环境污染

近年来，国家为促进城市改造，切实改善人居环境，不断加强城市基础设施和生态环境的建设，努力构建资源节约、环境友好的社会主义和谐社会。高度重视和推动城市人居环境的改造建设，从环境、生态、大气、水质、绿化、河流、交通等多方面为老百姓提供良好的生活环境。随着龙舟运动项目和旅游文化产业的开发与发展，为城市化的改造提供了先机。近年来，许多河流被污染、淤塞和退化，严重影响了龙舟赛的举办，也使得许多地方在开展龙舟活动时受阻，这严重影响了龙舟运动的开展与推广。随着城市化改造，借助举办龙舟大赛得以将那些河流中的污染、淤塞和退化了的河道加以整治，使得河流变得清晰起来，这些举措促进了许多城市在有效的治理后举办龙舟赛。例如温州史上规模最大、范围最广、投资最多的河道整治工程（温瑞塘河），通过十余年的努力，塘河面容逐渐向清新靠近，2012年塘河龙舟拉力赛交出了令人较为满意的答卷。温瑞塘河位于瓯江以南、飞云江以北的温瑞平原，是温州市境内十分重要的河道水系，一场龙舟赛，见证了温州一条河流的改变；而一条河流的改变，诉说的恰恰是一个城市生态环境的变迁。在深圳的龙华新区，说起龙舟，都会提起有上百余年历史的"观澜河"龙舟赛，对此人们都不会陌生。然而谁又会知道，在龙舟赛举行的背后，治理"观澜河"污染问题，花费了多少时间与精力。最近十年间"观澜河"的污染情况日益恶化，人们面对这条日益浑浊、恶臭泛滥的河，其场景无疑让人感到痛心。这条被本地居民亲切地称为"母亲河"的观澜河，它承载着一段记录深圳变迁的历史。2012年龙华新区"观澜杯"龙舟赛在"观澜河"举行，当一条崭新的景观河呈现在大家的面前时，大家看到了"观澜河"的所发生的巨大变化，经过多年的治理，河水逐渐变清了，臭味也渐渐消除了，被污染的河流也重获"新生"，现在"观澜河"已经成为一道优美的生态风景线，人们又一次看到了龙舟赛。观澜河的复苏提出了一种希望，是一种百姓对政府寄予的希望，更是对未来美好生活环境的期望，这就是社会的进步。龙舟运动所具备的低炭化特点，代表了一种健康文明城市的生活方式和城市发展方向，它也提醒人们打造生态旅游环境，发展生态旅游产业，提倡举办低碳化的环保体育赛事。

四、开发龙舟产业，弘扬龙舟精神

龙舟运动的发展和特色品牌的创建，离不开龙舟制造业的发展。龙舟产业主要包括了龙舟的制造业、龙舟的工艺品，龙舟食品和饮品、龙舟模型和纪念品；还有涉及龙舟文化产业的方方面面，诸如龙舟酒店和饭店、龙舟品牌服装、龙舟训练基地、龙舟游乐项目、龙舟旅游等等，围绕龙舟大力开发其产业，进行规模化生产、推广、销售等，将龙舟优势转变为产业优势。在当今全民健身发展中，龙舟项目可以说是大有可为，因为它结合了丰富的文化内涵、地方特色、旅游景观，文化教育等多种元素，在如今的道路上正向外延发展，并正走向多元化发展之路。比如在具有良好的水域环境地区，龙舟文化产业可以侧重在龙舟文化场馆建设，促进龙舟文化旅游产业，让游客亲身体验划龙舟的乐趣；建设旅游观光、休闲度假、民俗风情为一体的龙舟文化产业园和产业带。沈阳，作为东北地区的中心城市，它是"南舟北移"的先行者，通过每年举办赛龙舟，在短短几年内，举办了龙舟市级比赛、国际邀请赛和全国锦标赛，使得沈阳龙舟大赛的规格不断跃上新台阶。这种把自己打造成北方"龙舟之都"的实际行动，让沈阳在东北地区真正地昂起龙头，从而带动了其他行业和地区都向龙头看齐，你追我赶奋勇争先，搅活了东北的改革大潮，营造出千帆竞渡、百舸争流的局面，就是看中了这项运动背后巨大的品牌价值和产业发展。凭借高起点、快发展的战略构想，创造了令人震惊的"沈阳速度"，沈阳人以敢于天下先的勇气和智慧，利用城市品牌的影响，成为国内各路龙舟高手青睐的新兴龙舟城市，龙舟成为拉动社会效益和经济效益的纽带。眼下，龙舟产业的发展可以说是一个阳光产业，龙舟运动的文化附加值在不断升高，它不仅满足了老百姓的精神需求和娱乐需求，还带动了地方文化、旅游、教育等多种产业的发展，中国龙舟运动已经走上社会大产业大发展的全新舞台，这是一个有目共睹的一个事实。开展龙舟旅游、龙舟拓展训练，培育一批新产业，体育旅游等已成为人们户外活动的新时尚，龙舟竞渡这场文化盛宴带动了社会多层面的产业发展，也活跃了市场经济。举办龙舟赛，既是弘扬爱国、合作奋进和友谊时代精神的体育文化活动，又是营造商机、拓展市场、发展经济的广阔舞台，更是可以让世界了解和走向世界的重要桥梁。

第二章　中国龙舟运动的发展概况

中国龙舟竞赛规则为龙舟运动作了这样的定义——以划桨为动力,集竞技、健身、娱乐、祭祀等于一身,通过鼓手、锣手、划手、舵手同心协力的方式进行的体育运动。[①]

龙舟运动是一项增强人们体质的重要锻炼手段之一,经常从事龙舟运动可以促进身体的新陈代谢,改善和提高人体各器官的机能。龙舟运动是我国的一个重要的传统体育比赛项目,通过龙舟运动的比赛和训练可以全面和有效地发展身体素质和促进运动技能,它可以促进人与人之间的相互团结和沟通,培养人们良好的组织纪律性和协调配合,以及勇于拼搏和克服困难的良好品质。龙舟运动的一大特点是锻炼形式多样化,练习时也不受年龄、性别、人数、时间和季节等的限制,是一个上手容易又便于开展的体育项目。由于龙舟运动通常都是在江、河、湖、海中进行,室外阳光充足,空气新鲜,身体可以经受到大自然条件的锻炼。龙舟运动作为一种普通大众的娱乐活动在场地要求上不是很严格,一般的划龙舟活动对场地、设备和器材的要求也比较简单,但作为竞技比赛活动的场地则要求非常严格,必须是静水,且对水域面积也有一定要求。划龙舟活动可以是几个人,也可以是十几个人、几十个人甚至上百人划龙舟,比赛通常以船到达终点时间的快慢来确定胜负。

1985年中国龙舟协会在湖北省的宜昌市宣告成立,总部设在北京市。它是中华全国体育总会下辖的单项运动协会之一,也是中国龙舟运动的全国性群众组织。协会下设有会员代表大会、常务委员会、裁判委员会、技术委员会、文史资料委员会等机构。其宗旨是:宣传和指导全国龙舟活动,审定竞赛规则和裁判法,组织全国性竞赛和运动员、裁判员的培训工作,考核、审批国家级裁判员,审定竞赛器材标准,参加或举办国际比赛等等,我国是国际龙舟联合会创始国之一。

赛龙舟可以说是中国一项历史非常悠久和有鲜明特色的传统水上体育运动项目,这一运动项目不仅根据古老的传说和想象塑造出了栩栩如生的中国龙形象,重要的是它突出体现了"龙的传人"那种同舟共济、奋力拼搏、勇往直前的豪迈

[①]《中国龙舟竞赛规则和裁判法》2014年4月.

气质。凡是观看过龙舟竞渡的人，都会被比赛时的那种锣鼓喧天、划手们奋勇争先的场景所感染和鼓舞。随着中国社会的发展和进步，赛龙舟从古代一直延续到了今天，而且始终都保持了中国原有的民族特色和风格。在我国现代社会的发展过程中，源于中国的龙舟运动可以说目前正处于方兴未艾的时代，它今天的兴旺是伴随了许多致力于龙舟运动推广与发展的有志之士们的不懈努力，才使得今天的龙舟运动在全世界得到了令人惊叹的发展与普及。近年来，我国各地兴起的各种龙舟比赛，已悄然成为发扬传统文化和民族体育融合的一个体育与文化的民俗盛宴。这项兴起于草根、盛行在民间的传统水上体育项目迎来了历史上最好的发展时期，正一步一步的"划"向世界。有华人的地方就有划龙舟，这是当今世界龙舟运动的一个最显著特征。

第一节 民间龙舟与竞技龙舟

龙舟竞渡是我国民间的一种传统水上体育娱乐项目，在民间又叫赛龙舟或划龙船，深受老百姓的喜爱。划龙船早在我国的古越先民时期就已经有了，先民们在日常生活中主要是将龙舟作为一种重要的生产和生活用的交通运输工具，闲暇时间里人们也经常划龙舟来进行娱乐。在以前，划龙舟活动大多是在祭祀和固定节日期间举行。根据史书的记载，早先赛龙舟人们只是为了祭祀庆典，祈福农业丰收，祝愿风调雨顺和去邪祟、攘灾异，祝愿事事如意和保佑划船平安。以后人们又将赛龙舟逐渐转移到为纪念爱国诗人屈原和名人当中，通过赛龙舟活动来表达人们内心里的良好愿望，并对美好心愿进行展示，可以说赛龙舟最初的形式只是一种民间的仪式活动。赛龙舟的表现形式主要是通过夺标获取胜利，比的是速度，这也是赛龙舟最具有代表性的。除了举行龙舟竞速外，划龙舟活动还有诸如划龙舟游乡、划龙舟聚会、划龙舟表演和展示等（图2-1）。

图 2-1 龙舟展示

在以前龙舟竞渡有很多都是民间自发举行的活动，组织和管理也比较松散，当然也有一些龙舟活动是由政府、企业等牵头组织的比赛，还有街坊邻居、村镇之间的小规模比赛和活动等，可以说民间的龙舟交流活动在当时是非常活跃的，形式内容也非常的丰富。有些地方举办赛龙舟活动是为了纪念历史上的名人（如湖北秭归划龙舟纪念大诗人屈原；在江苏高淳区东坝镇胥河两岸的魏姓村民，每年选在农历五月十三划龙舟，却是为纪念三国名将关羽的生日，这一传统从明朝至今已延续了近 500 年；贵州省水江一带苗族在农历五月十四日至二十六日的龙舟节，是为纪念苗族古代一位潜入水中与毒龙搏斗而牺牲的老人；云南傣族人民端午节划龙舟，是纪念他们前代英雄严红窝；浙江绍兴人划龙舟则是纪念曹娥等等），也有些地方是通过赛龙舟来相互交流情感，有些则是以赛龙舟来展现青壮年干力气活的实力，龙舟赛的活动形式有很多，不拘一格。

举行赛龙舟通常都是一种比较大型的群体活动，它参与的人员众多，观摩的老百姓也非常多。龙舟赛时的场面常常是听闻江中鼓声如雷，划手们吼声震天，两岸人山人海，民众扶老携幼驻足观看，尽揽群龙逐浪的胜景。一般在赛龙舟活动时还会结合搞许多观众的互动活动。比如举办包粽子的民俗活动，舞龙舞狮活动，中华龙文化展示，龙文化收藏，美食嘉年华以及其他的文娱活动等，举办这样的赛龙舟活动时参与的龙舟多了，观众和游客人数也就会有许多，整个赛事活动的气氛就非常热烈，而赛龙舟活动一个最大的影响就是能够聚集人气，同时还可以为举办地带来许多的机遇。一般进行龙舟活动时对水域没有很高的要求，比如像划龙舟游乡，就是在龙舟竞渡时划着龙舟到附近熟悉的村庄游玩、聚会等。还有划龙舟目的是为展示龙舟活动，如在贵州省的黔东南和湖南省西北部的湘西一带苗族同胞的"龙船节"上，他们所做的龙船不是为了竞赛，主要是为了乘坐龙船游村串寨和会亲访友。然而将龙舟作为竞渡时，其选择的河流则需要那种河道不太大和不太弯曲的，要在便于老百姓观看的地方进行。有些地方在组织龙舟活动中会要求划手们使用各种各样的花式划法来吸引观众的眼球。例如在花式的划法中，划手将桨叶插入水中用力将水往空中挑起，使得水珠飞溅，如同下雨似地纷纷落下（图 2-2）。

图 2-2 水花飞溅

还有人站在船头或船尾上使劲和有节奏地顿足压船，让龙船在行使中上下起伏宛如游龙戏水一样。其方法是用力将龙尾踩低，使龙头高高翘起，这样在船的划行过程中就会使船头的急浪从龙嘴中喷吐出来，宛如一条巨龙在吞吐云雨一般，人们通过划龙舟尽可能展示各自的龙船风采，不过这些活动通常都只具有表演的含义。

另外，过去在民间还有一条规定就是只许男人才可以参加划龙舟，女人是不可以划龙舟的旧传统习俗，妇女参加划龙舟被认为是一件很不吉利的事情。这是因为舟船的样子是被做成龙的形状，是至高无上的龙爷，按照迷信的说法女人是不可以坐在龙身上，这样会有亵渎玷污神明的意思，所以划龙舟在过去只是男人们的专利。新中国成立后，尤其是在改革开放的这些年代，人们的思想解放了，破除了过去的那些封建旧习俗，使得各地区的许多妇女也都可以划龙船了，如今在全国各地涌现出了许多的女子龙舟队，英姿飒爽的妇女们与男人们一样在各种龙舟赛上全力比拼，争夺第一，她们划龙舟的态势丝毫都不弱于须眉男儿。比如广东南海的蒙娜丽莎女子龙舟队（前身是广东南海西樵女子龙舟队），从成立起至今一直是我国女子龙舟的霸主之一，曾先后获得过几十项全国和国际性比赛冠军，并代表国家争战世界龙舟大赛屡建奇功，她们也是一支世界级的强队。

我国赛龙舟的距离有长也有短，长的可以达十几公里、几十公里（如长江拉力赛76公里，被列入吉尼斯世界纪录），民间划龙舟有时候是从这个乡村划到那个乡村，当然短距离的比赛会更刺激好看，也更能吸引老百姓来观看。我国民间赛龙舟在经过一段时间的发展后，逐渐统一定格在端午赛龙舟这一民俗时间上，即"纪念屈原"这个具有凝聚力的主题。由于历史的原因，龙舟竞渡过去主要是扎根在中国广大的农村，所以中国民间的龙舟活动一直是非常活跃，也开展的极为普遍。

龙舟竞渡在早期虽然说是一种民间的竞技活动，但它也是有一定竞赛规则和胜负标准的。应该说古时的竞渡规则和现今的比赛规则差不多，都是以龙船到达终点的先后来确定胜负的，即比的是速度。虽说龙船比速度是一种标准，但也还有其他的比赛方式，比如"抢标"，就是在浮标上系上红锦缎，划着龙舟抢夺红锦缎，此亦称锦标（图2-3）。比赛时看谁先抢得锦标即为胜方，赛龙夺锦，据说锦标赛一词就是从此而出。还有诸如抢"鸭标"，即用鸭子作为"标"，每条龙船上选一个水性好的去夺标，虽然难度会比较大，但是场面会更好看、激烈，抢标的人还需要有很好的游泳技巧（图2-4）。

图2-3 夺标

图2-4 夺"鸭"标

作为一项水上运动项目,现代竞技龙舟融合了民族特色和竞技精神于一体,竞技龙舟可以说是在我国民间龙舟竞渡的基础上,经过现代转型发展演变过来的。新中国建立初期,我国各地区就有一些地方先后组织了龙舟竞渡,比如广州从1953年就已开始举办龙舟比赛了,四川省五通桥在1954年也举办了龙舟竞渡活动。以后全国各地的龙舟活动时断时续,一直到"文化大革命",很多地方基本上都停止了龙舟竞渡活动。"文化大革命"以后,尤其是在我国社会进入到改革开放的年代,龙舟活动才又逐渐得到了恢复和发展。四川省五通桥在1979年就恢复了龙舟竞渡活动。1984年我国举办了首届全国性的龙舟比赛——"屈原杯"龙舟赛,使龙舟竞赛向正规比赛迈出了一大步。

在我国,竞技龙舟被列入到正式赛事中来是中国龙舟协会和各方人士经过多年努力打造出来的一项传统体育竞技运动项目。在20世纪70年代,香港旅游局通过决定筹办香港龙舟节来推动当地的旅游和发展,而这项赛事已被全世界的龙舟人视为竞技龙舟运动新时代的开始,以后香港国际龙舟赛的影响力逐渐扩大,也逐渐被世界所知。1976年香港在筲箕湾的避风塘举办了首次国际龙舟邀请赛,从而掀开了龙舟活动的竞技现代化、国际化和规范化的序幕。以后龙舟竞赛先后传入日本、越南、英国等国家,并且得到了这些国家的积极参与。1985年香港举行了首次国际女子龙舟锦标赛,也藉此将龙舟这个水上运动项目推广到了女性运动员。从1983年我国第一次举办正式龙舟比赛以来,每年都要举行"屈原杯"全国龙舟比赛,2004年更名为"屈原杯"全国龙舟锦标赛。1991年6月16日(农历五月初五),在屈原的第二故乡中国湖南岳阳市,举行了首届国际龙舟节。自2011年起中国龙舟协会推出了中国龙舟公开赛和中华龙舟大赛这两项国内的顶级赛事,使我国的龙舟赛事在规范化和国际化方面又向前迈进了一大步。我们在追述龙舟竞渡的历史时会发现龙舟运动起源于民间,它的推进和发展也都是来自于民间。划龙舟既是一项体育运动也是一种民俗文化，经过千百年来无数普通老百姓的参与，使得这项运动经久不衰而得以保存下来，它是千千万万平民百姓赋予了龙舟运动生命和力量，从而使得这项古老的龙舟运动深深扎根在广大的老百姓生活中，无数热爱龙舟运动的普通百姓滋养着龙舟运动一直走到了现在，在经过众多热爱龙舟运动的领导者和实践者的提炼与推广普及下，才有了现代竞技龙舟运动蓬勃发展的今天。现今，随着龙舟赛事的日益增多，过去的民间竞渡已逐步发展成现在的竞技龙舟的模式，这已成为目前龙舟运动发展的一个必然趋势。竞技龙舟的蓬勃发展，让龙舟运动有了一个更新、更高的目标。许多普通百姓通过参加龙舟运动带来巨大的精神享受与乐趣，也丰富了日常的生活内容，竞技龙舟的出现也为中国龙舟运动向世界推广起到了推波助澜的作用，正所谓竞技龙舟与传统龙舟两条腿一起走，两者共同发展，造就了我国当前龙舟运动的新局面。

目前龙舟运动的发展速度是越来越快，世界尤其是欧洲的许多国家对推动这项运动的普及和加快发展速度都倾注了很大的力气，龙舟运动的竞技性也越来越国际化，参与的不仅仅局限于华人和亚洲。在第七届世界龙舟锦标赛上欧洲就有11个国家派队参加比赛，而亚洲只有5个国家，美洲是2个国家，单是加拿大一个国家就派出了16支队伍参赛。首届国际龙舟联合会世界杯于2014年6月9—13日在福建省福州市仓山区举行，来自全世界12个国家和地区的队伍参加了比赛，龙舟世界杯首次落户中国，重回它的发源地。

龙舟运动在国外特别是欧洲被许多人视为划桨运动，类同于皮划艇运动，国外有许多原来从事水上运动项目的运动员如今也都纷纷转行，转投到划龙舟的行列中来，由于这些专业运动员的加入，使得龙舟运动更具有了专业竞技的味道，并在较短的时间内迅速提升了龙舟的竞技水平。

第二节　中国龙舟运动发展概况

中国龙舟竞渡在过去大多流行于南方各地的乡间农村，但就现在看来，随着时间的推移，龙舟运动早已经从过去的乡间农村划向了大城市，由普通百姓、农民划龙舟转向了厂矿企业、公司白领、部队士兵、中学生、大学生和专业运动员等各方人士广泛的参与，现在划龙舟的人员无论在群体结构还是知识结构上都和以前有了极大的变化。划龙舟在中国可以说是在具有广泛群众性基础上自然而然的发展起来的，正是它的广泛发展促使了民间龙舟向竞技龙舟迈进了一大步，中国各地龙舟运动的发展现在已经形成了由南方向北方城市推进发展的状况。

从龙舟竞渡在我国开展的地理分布状况看，华南、中南、西南与华东的广大地区开展龙舟运动历史最悠久，而且都形成了自己的地域特色，如湖南、湖北、江西、广东、浙江等省的龙舟竞渡之风最盛行，各种龙舟赛事极其普遍。而龙舟运动发展上的佼佼者当属南方省市的队伍，比如在广东珠三角划龙舟可以说是相当的普及，那里乡村间河流遍布，许多人在乡村其生产用和生活出行的交通工具就是划船，久而久之人们就将划船作为茶余饭后的一种娱乐活动。在广东划龙舟开展的比较火热的地方如顺德、东莞麻涌、南海九江等地经常进行龙舟比赛。近些年来由于龙舟赛事的增多，划龙舟的竞技水平也越来越高，出现了一些高水平的龙舟队，像广东南海九江、顺德等由于竞技水平高，不断代表广东省和中国参加世界龙舟锦标赛、世界龙舟俱乐部比赛、亚运会、东亚运动会、亚洲沙滩运动会龙舟赛等，取得了许多金牌，广东南海也成为我国的首批"全国龙舟之乡""全国龙舟名镇""全国龙舟基地"。在湖北宜昌、秭归，湖南岳阳、汨罗等地长江流域一带的划龙舟都带有着深厚的怀旧情绪色彩，这些地区的划龙舟运动都拥有自己厚实的群众基础，他们经常举行划龙舟比赛，以及通过划龙舟所进行的祈福和祭祀等活动。湖南、湖北、广东、广西、福建等地的龙舟运动在全国范围内开展相对较好，他们代表了我国龙舟运动的先进水平。目前中国各城市、地区龙舟运动发展迅速，南方的广东是一支领头龙，各地都在迅速跟上，划龙舟的竞技程度也越来越激烈，可以说我国的划龙舟竞技水平一直走在世界的前沿。

2005年由中国龙舟协会推出的首届全国"龙舟月"活动应该说是一个很好的创意和想法，对普及和推动我国的龙舟运动产生了极为广泛的影响，波及到的地区不仅是在南方龙舟开展普遍的地方，在北方龙舟活动开展少的地区也都产生了深刻的影响。在我国的北方，龙舟活动开展比较活跃的地区中当属天津地区，其龙舟活动开展要比其他的北方地区早许多。天津每年举办的海河龙舟赛也是全国知名的龙舟赛事之一。北方的沈阳，虽然它没有像南方那种城市的传统龙舟文化，但在当地政府的积极支持下，连续举办了两届全国的大型龙舟比赛，极大地推动了沈阳当地的龙舟运动开展。在山东的高唐、滨州等地也都先后在2006年首次举行了全国龙舟比赛。我们还欣喜地看到，由于龙舟运动向北方的推移，造就和培育出了诸如东北电力、山东聊城、吉林北华大学龙舟队等几支高水平队伍，奠定了北方龙舟基地的地位，也奠定了北方龙舟是一支不可忽视的力量。尽管北方的龙舟活动缺少南方那样的文化底蕴，也不具有南方那么有强烈的人文色彩，但北方龙舟自有它的大气，其蓬勃发展的趋势不得不让人引起注意。1984年5月16日，中华人民共和国体育运动委员会将龙舟竞渡列为全国正式比赛项目，尤其是中国龙舟协会宣布成立后中国龙舟运动的发展从此开始了一个新的里程。1994年国家体育总局社会体育指导中心成立后，龙舟活动由原来的群体司农村处划归到社体中心管理，从那时起社体中心开始着手对龙舟运动的发展进行了市场经济运作。可以说中国龙舟协会成立后，在各方人士的关心、不断努力下，龙舟运动在全国的普及和推广不断地发展壮大，影响力也越来越大，龙舟比赛得到了各方面的广泛认可，现在全国各省市和地区基本上都有自己的龙舟队伍。目前龙舟运动在各省市得到开展的地区有：广东、广西、江西、四川、湖南、湖北、吉林、黑龙江、辽宁、山东、天津、北京、内蒙古、江苏、上海、浙江、福建、宁夏、陕西、山西、甘肃、新疆、云南、贵州、海南岛以及香港、澳门、台湾地区等，除了青海、西藏以外可以说全国的大部分地区基本上常年都开展了龙舟运动，很多的省市还相继成立了自己的龙舟协会。而由中国龙舟协会主办的全国比赛和国际性龙舟邀请赛现在每年多达几十起，全年的龙舟比赛可以说接连不断，各类比赛遍布了我国大江南北。比如在北方的吉林省有冬季划龙舟比赛，在湖南、湖北龙舟的发源地有长江拉力赛和传统龙舟赛；在江浙沪地区的长三角经济区一带有长三角城市龙舟邀请赛、上海世界华人龙舟邀请赛等；在福建厦门有两岸四地龙舟邀请赛；在广东珠三角有国际龙舟邀请赛；在我国的香港、澳门、台湾地区有国际龙舟邀请赛等等，而目前在中国最具有影响力的比赛则应该是中华龙舟大赛和中国龙舟公开赛。作为全民健身中最为靓丽一环的龙舟，在那些有河、有湖、有海的地方，龙舟所体现出的那种团结协作的龙舟精神以及全民参与的节日氛围使得龙舟运动在新时期、新区域焕发出勃勃的生机与活力。

一、广东龙舟

龙舟运动在广东省一直都开展比较普遍，广东省也是龙舟运动基础比较雄厚的地区。广东龙舟竞渡的地理分布区域比较广，开展最早的要数广州，由于广州地处珠江水道，河网交织，举行龙舟活动具有得天独厚的地理条件，赛龙舟也就成为了广州一大民间习俗。追溯龙舟竞渡在广州至少有上千年的历史，每年端午节都要举办赛龙舟的活动,广东可以说是中国乃至世界龙舟竞渡水平最高、龙文化保存最完整的地区。尤其是新中国成立后,从 1953 年起广州每年都有组织龙舟比赛或表演,它一直是珠江三角洲盛大的娱乐活动之一(图 2-5)。

广东龙舟

世界最长龙舟亮相广东东莞麻涌

图 2-5 广东划龙舟

在 80 年代以后,广州的端午划龙舟活动有了更新的蓬勃发展,也开创了将体育、经贸、文化、娱乐及旅游活动相结合的先河。1994 年广州市政府正式把"广州端午节"定为"广州龙舟节",以后每年在珠江流经市区的河段举办"广州国际龙舟邀请赛",使赛龙舟成为了广州市民欢度民间节庆的一个新热点,广州国际龙舟邀请赛也被打造成了中国传统体育运动的知名赛事,也被誉为世界上最好的龙舟赛事之一。

划龙舟在佛山市的顺德地区可以说是一项最具有地方特色的传统体育项目,也是顺德体育的一个龙头品牌。顺德区域内绝大部分是江河冲积成的平原,地处岭南水乡,域内河涌交错,素有出门登舟之称,所以说顺德龙舟竞渡的习俗由来已久。自我国改革开放以来顺德的龙舟发展可谓迅速,并且始终走在了全国发展的前列。早在 1983 年,顺德龙舟队成立并开始问鼎国际赛事,至今在全国和国际性重大比赛中,共获得 81 项冠军、30 项亚军和 7 项季军称号。顺德人喜爱龙舟运动,突出表现了"龙的传人"那种同舟共济,奋勇拼搏,勇往直前的豪迈气质,2005 年中国龙舟协会授予了顺德区为"中国龙舟之乡"的称号。广东南海九江人谈划龙舟就有如巴西人在谈足球那样,引用九江龙舟队队员的话说,龙舟运动也可以说已经融入到佛山市南海九江人的血液当中。在南海九江地区,河网密布有如江南的水乡小镇,由于陆路的交通不方便,南海九江人出行有很多都是以划小艇为主要交通工具的。据史料记载,在明弘治年间,划龙舟就已经在九江兴盛。划龙舟对于南海九江人来说已经与他们的生活紧密联系在一起了,龙舟比赛亦是闲暇时的娱乐运动,这种特殊的情感也一直延续到了那些漂洋过海、闯荡四方的许多南海九江华侨和乡亲(如曾荫权,祖籍广东省佛山市南海区九江镇,2005年起出任香港特别行政区行政长官,都曾亲临现场为家乡的龙舟队伍加油、颁奖)。九江人每年还要举办"传统龙舟、五人龙舟、四人凤艇、三人农艇"等多种形式的竞技和斗艳比赛。南海九江全镇村村有龙舟,百姓家家爱看划龙舟,划龙舟在九江应该是有着深厚的群众基础。2007年9月29日南海九江被中国龙舟协会授予了首个"中国龙舟名镇"称号,2010年九江龙舟队代表中国征战亚运会,为九江争得了荣誉,南海九江也是中国文革后最早恢复龙舟比赛的地区之一,自1978年"文革"后又重新开展起了龙舟运动。

就如同我国社会的迅猛发展一样,广东各地区的龙舟运动也是跟随着我国的改革开放得到了迅速发展,过去在广东主要只有一支龙舟队的顺德地区,如今几乎已是每个乡镇都有自己的龙舟队。而拥有的龙舟要数广东南海最多,单是九江镇就拥有一百多艘龙舟,是南海龙舟数量最多的镇街,据说传统大龙舟就有100多条,广东的民间、企业收藏的龙舟更是无法统计。在广东有号称"千条龙"的美誉,扒龙舟、吃龙舟饭,是人们日常生活中津津乐道的事情,在一些龙舟大赛和国际龙舟邀请赛中广东的队伍每每都能捧得桂冠而回,就是很好的证明。

二、湖南、湖北龙舟

湖南、湖北赛龙舟的方法因地而异,划龙舟可以说是屈原故里一项最大的群众性集会活动,伴随着招魂曲"我哥回"的声声呼唤,四乡八里的人们都会聚集到西陵峡两岸,以划龙舟这种最古老和最隆重的方式纪念爱国诗人屈原。在湖北屈原的家乡——秭归,有一项很重要的民俗活动就是赛龙舟、办诗会、公祭屈原(图2-6)。秭归的划龙舟除了场面壮观、竞争激烈外,其特别之处就是在竞渡开始前都要举行游江招魂、祭拜屈原,通过这一系列的活动表达了人们对屈原的缅怀之情。湖北宜昌划龙舟作为一项群体活动,如今的发展是红红火火,现在常年开展龙舟运动的队伍就有几十支,许多的乡镇都成立了龙舟协会和龙舟队,宜昌还通过多次举办全国龙舟锦标赛等赛事扩大影响,此外还经常组织龙舟队参加国内外的龙舟比赛。中国宜昌长江三峡国际龙舟拉力赛是世界上最长距离的龙舟拉力赛,也是中国唯一被国际龙舟联合会确认的正规龙舟拉力赛。宜昌目前已经成功举办了五届中国宜昌长江三峡国际龙舟拉力赛,这对于划龙舟的爱好者来说,其在全国乃至全世界都具有很强的吸引力。

湖北秭归龙舟赛

2013年湖北龙舟赛(襄阳站)

图2-6 湖北龙舟

在湖南岳阳、汨罗等地,每年的端午节都会举行隆重的龙舟竞渡活动。湖南岳阳是龙舟运动的发源地,爱国诗人屈原就是在汨罗江以身殉国的,当地人划舟抢救他的行动也就逐渐演变成了现今一个盛大的龙舟竞赛活动,这种活动一直延续到了今天。湖南的龙舟赛有很多是为纪念屈原所创,湖南汨罗在竞渡前必定先往屈子祠祭拜,将龙头供在祠中神翁祭拜,披红布于龙头上,完毕后将龙头安在船上再开始竞渡,这样拜了龙神,又纪念了屈原。这种赛龙舟的习俗一直代代相传延续到今天,故而汨罗江畔的赛龙舟最为隆重也最为传统,可以说汨罗江是龙舟文化的发源地,每到端午节在这里都会办龙舟赛来纪念屈原。在湖南沅陵龙船历经千年而不衰,代代相传,这与沅陵龙船多样性有关,由于具有得天独厚的山水环境,湖南的沅陵既是著名的"中国生态有机茶之乡",也是我国传统龙舟文化的重要传承之乡，沅陵县是湖南省最大的传统龙舟竞赛基地，其传统龙舟赛事历经几千年。2002年10月沅陵县被中国龙舟协会授予"中国传统龙舟之乡"的称号，2011年5月沅陵县传统龙舟赛被列入国家级非物质文化遗产保护名录，它也被誉为"当代农民最大的体育盛会"。湖南、湖北的划龙舟运动充分体现了我国的传统龙文化底蕴（图2-7）。

湖南道县龙舟

湖南沅陵龙舟赛

图2-7 湖南龙舟

三、高校龙舟

我国高校龙舟运动目前的发展状况可以说形势喜人，在北方虽然受到地域等因素的影响，一些高校通过自身的努力和建设，逐步建立起自己的龙舟队。像吉林北华大学，他们从2002年开始建立起龙舟队伍，经过这些年的努力，他们已经将队伍打造成了我国高校大学生龙舟队中的一支劲旅，并创造了国内首个双冠王的称号，在2013年夺得了中国龙舟公开赛总决赛男子组冠军和中华龙舟大赛男子组总冠军，一举打破了南方龙舟队对这两项大赛的垄断，也创造了一支队伍同年包揽国内两项龙舟赛事冠军的传奇，他们完全颠覆了人们原本对龙舟发展现状的理解，也让中国龙舟领域内的人们意识到高校龙舟是一支不可小觑的力量（图 2-8）。再比如东北电力大学龙舟队，中国高校首个国家龙舟科研训练基地，为高校龙舟训练带来了典范。山东聊城大学龙舟队在全国的龙舟比赛中多次取得了好成绩，一直都是全国高校龙舟中的佼佼者。在北方的天津可以说是中国高校龙舟运动开展比较早的地方，是大学生龙舟的摇篮，像天津体育学院、天津师范大学、天津科技大学、天津医科大学、天津工业大学、南开大学等龙舟队伍都坚持长期训练，在全国和国际比赛中多次取得好成绩。在我国沿海地区龙舟运动开展较好的有江苏省的淮海工学院，他们是江苏龙舟运动的佼佼者。江浙沪地区的长三角经济区有上海海事大学东方龙龙舟队，该队 2000 年组队成立后，曾多次参加国内外大赛，两次赴美国参加邀请赛获冠军，是龙舟界的一支劲旅（图 2-9）。

2013 年中华龙舟大赛总决赛

北华大学龙舟队

图 2-8　2013 年中华龙舟大赛总决赛北华大学获双冠王

图 2-9　上海海事大学东方龙龙舟队参加美国龙舟挑战赛

上海海洋大学龙舟队近年来发展迅速，学校在基础设施建设、专业人才引进方面投入很大，很好地改善了训练条件，龙舟队成绩提高很快。学校坚持学生社团和运动队管理相结合的方式，学训并重，2014年校龙舟队被上海市评为"五四先进集体"。

另外还有湖北长江大学、广西民族大学等龙舟队，他们在一系列的龙舟比赛中也都屡屡取得过好成绩。2004年中国大学生龙舟协会在天津工业大学成立，这也标志着中国高校大学生龙舟运动有了自己的管理机构和竞赛组织，随着各方的努力和越来越多的高校踊跃参与，大学生龙舟运动目前正朝着规范化的方向不断发展。

四、中国香港、澳门、台湾地区的龙舟

龙舟运动在中国的香港、澳门、台湾三个地区开展的应该是比较普及的，在这些地方每年都有举办龙舟比赛，并且还都会组织一些影响力比较大的国际龙舟邀请赛。

（一）香港地区的龙舟

香港龙舟可以说是现代龙舟运动的发源地和推手，香港早在1976年就在维多利亚港举办了首届国际龙舟邀请赛，香港龙舟赛的一个最大特点就在于融入了"国际"二字，许多金发碧眼的外国人派出队伍前来参加比赛，使得香港的龙舟赛在一开始就很有国际味，香港龙舟赛现今已成为香港国际盛事之一（图2-10）。

图 2-10　香港国际龙舟赛

目前在香港的各高校中，赛龙舟已被列入选修课当中，并得到了很好的推广。中国的龙舟文化素来在香港就根深蒂固，因为香港有许多的港湾，比如赤柱、筲箕湾、大埔等地区涌现了大批渔民出身的划船高素质选手，其历史悠久，至今风雨不改。

第 8 届国际龙舟联合会世界俱乐部锦标赛首次移师香港举办，来自 20 多个国家和地区约 6000 名龙舟健儿云集维多利亚港竞逐多项国际锦标，国际龙舟邀请赛和龙舟俱乐部世锦赛也同期举行，这是香港历年来举办的最大型的团体运动赛事，也为香港以后举办国际龙舟赛打下了坚实的基础。可以说香港这些年来龙舟运动发展迅速，通过举办国际性龙舟赛，扩大了香港这个国际港口的世界影响力，目前香港地区拥有龙舟协会 100 多个，龙舟选手超过 10 万人。

（二）澳门地区的龙舟

澳门龙舟始于何时，现已无法考证它的准确时间，但受到岭南文化的影响，龙舟在澳门地区也是一项十分古老的民间体育活动。在现今澳门路环谭公庙内就藏有一件用鲸鱼骨雕成的龙舟，它为镇庙之宝，上面装有龙头、龙尾、旌旗、锣鼓等，是建庙初渔民奉献的礼品，该庙始建于清同治元年 1862 年，它是澳门人划龙舟的一个重要的历史见证。澳门人划龙舟不仅在端午节，更在"葡节日"竞渡龙舟，这也从另一个侧面反映出澳门地区深受葡萄牙人文化习俗的影响，这种将中国的民俗传统活动引入到西方的节日中，是东西方体育文化交流融合的例证。以往，澳门在每年的端午节必定会举办龙舟比赛，如遇到比赛有特殊情况而无法进行时，比如海潮湍急，人们会使用龙舟灯在陆上游行来代替水上的龙舟赛，可见赛龙舟是澳门华人的一项非常传统性的文体活动。在上世纪 80 年代澳门经济起飞后，由澳门旅游娱乐有限公司在 1979 年举办了龙舟竞渡大会，1982 年澳门政府旅游司和澳门旅游娱乐有限公司联手举办了第一届澳门国际龙舟邀请赛，开创了澳门龙舟赛的新纪元。1984 年广东佛山举行全国龙舟赛时澳门也派出队伍参加了比赛，至此拉开了澳门与内地体育运动交流的大幕，以后澳门也多次举办国际、外阜的龙舟赛，虽然运动成绩一直无法赶超内地的一些强队，但通过与各队的切磋交流，也了解了自身的不足和差距。澳门龙舟运动的发展可以说是与整个亚洲和世界龙舟运动发展基本同步，从某种意义上说它是从民间到官方，以广泛的老百姓为基础，从民间的龙舟活动一步一步向着组织化、规范化迈进（图 2-11）。

图 2-11　澳门龙舟

（三）台湾的龙舟

台湾与大陆一样在每年的端午节也是划龙舟，划龙舟是台湾端午节最有气氛、最为热闹的一个传统体育项目，深受台湾民众喜爱。根据记载，台湾很早就有在端午的时候举行龙舟竞渡习俗，据台湾通史说法，在淡水、台南和高雄等近海地区和沿海经常会举行竞龙舟。据民间资料，台湾最早的龙舟赛始于台南市。清乾隆二十九年，当时的台湾知府蒋元君在台南市的华法寺的半月池内举行了龙舟竞渡，而且大部分都是女性参加。而台湾宜兰县礁溪乡二龙村的龙舟赛最有特色，除了比赛之外，还要放水灯、请戏班演平安戏，热闹非凡，因其特殊的传统形式而受到重视，甚至被台湾交通部门指定为重点观光活动。

由于过去在很长的一段历史时期内，台湾是福建的一部分，台湾居民中有很大一部分人都是从福建迁徙过去的，他们把福建的生产技术、文化教育、文学艺术、风俗习惯等也移植到了台湾，同样划龙舟的许多习俗也被带到了台湾（图2-12）。如龙船鼓、请谢水神、唱戏助兴等，这些有许多都与福建的习俗相仿，包括使用竞渡的龙船有许多也是从福建厦门定制的，因此台湾的划龙舟与大陆可以说是息息相关的。龙舟运动由于它所特有的民俗性、乡土性、情感性、娱乐性，甚至宗教性，更容易唤起两岸人民共同的民族情感，同时由于龙舟更多的是属于民间性质，因此具有很强的和灵活的操作空间。比如台湾民间的各龙舟社团就经常组织起来赴大陆参加各种龙舟竞渡活动，大陆的福建省也先后派出龙海、台江、晋江等地的龙舟队赴台湾参加比赛。在海峡两岸的交流方面，龙舟起到了进一步扩大民俗体育方面的活动，建立了良性互动，也促进了闽台民众的往来接触和交流，充分发掘和利用了闽台民俗体育的传统渊源，激发台湾同胞的民族认同感。

图 2-12　台湾的划龙舟

在台湾，每年都会举办大规模、高水平的台北国际龙舟赛，此赛事往往会吸引世界各地的许多龙舟队伍到台北参加比赛，其场面非常热闹。台湾的龙舟队也曾在国际大赛中取得不菲的成绩。如在匈牙利南部大城塞歌德（Szeged）市举行的第 11 届世界龙舟锦标赛上，就以 2 分 8 秒的优异成绩勇夺混合组 500 米 10 人级总决赛冠军；2012 年在韩国釜山市亚洲龙舟锦标赛混合组 200 米比赛中摘金，为台湾的龙舟运动在国际体坛上争得了荣誉。

第三节　民间、传统比赛逐步转向专业、职业化比赛

目前我国龙舟的职业化发展应该说是刚刚起步，由于龙舟运动这些年的迅速崛起，在参加比赛的队伍中可以说许多还都是业余选手的参与，划龙舟的选手中成分也是多种多样，有在校学生；乡村里的农民；海边打鱼的渔民；热衷于划龙舟的经商者；个体户和爱好者等等，应该说在我国划龙舟的职业化程度还不是很高，只有少数几支队伍正在向专业化、职业化方向发展。针对我国当前龙舟队伍发展参差不齐的现状，中国龙舟协会也在积极推动龙舟赛事的标准化模式，希望通过一系列的龙舟大赛培养出一批成熟、高水平的龙舟队伍，并在此基础上推动各地成立相应的龙舟职业俱乐部，打造一个中国龙舟职业大联赛，提高赛事的竞

争激烈程度，并借力龙舟大赛来进一步的推广和普及中国龙舟运动，从而改变现在少数队伍独霸一方和职业化程度普遍不高的现状。从现在国内举办的一些顶级赛事中我们可以看到，中国龙舟运动已经初现职业化的苗头，一部分参赛队伍也相继以俱乐部的形式出现在龙舟赛的赛场上，如广东的顺德、东莞麻涌、南海九江等队，他们在各自的运作当中都已经从长远的发展角度上来遴选优秀运动员加入到他们的俱乐部进行训练和比赛，并取得了良好的效果。

在龙舟项目上要想跟上目前快速发展的龙舟运动进程，规范化、科学化、制度化和国际化是龙舟运动向职业化迈进的一个必然趋势。有"小国家队"之称的广东顺德、"新军领袖"东莞麻涌、广东南海九江和江苏武进女子龙舟队等等，这些队伍的成功并非偶然，而是伴随着龙舟赛事职业化的加快、队伍训练更加系统、专业以及龙舟赛事蓬勃发展的必然结果。广东顺德队可以说是中国最早开始摸索走上职业化道路发展的龙舟队伍。自2010年4月2日，在顺德龙舟队解散了15年后，为了进一步提升顺德名片的文化内涵，擦亮"全国龙舟之乡"品牌，顺德区文体旅游局与乐从镇政府签约，共同组建顺德龙舟俱乐部，乐从龙舟训练基地同时启用。据悉，按照协议，顺德区政府、乐从镇政府每年各出资100万元，再加上他们的商业赞助费用，补贴俱乐部日常训练经费，每一个队员可以从俱乐部拿到每月的基本工资，一年中保持8~10个月的全天候训练，每周休息一天，只要是训练日就发给补助，同时还为所有队员办理了社会保障金。而俱乐部则优先录用乐从籍或在乐从工作的龙舟队员，并将代表顺德参加区级以上的比赛。以上所有方法都参照职业龙舟化的训练模式进行，采用淘汰制筛选队员，通过这些运作方式不断提升龙舟队的专业技术和队员的体能素质，使队伍始终保持在一个高水平线上。

在国外，中国的龙舟被归类为与皮划艇、赛艇一样的划桨运动，由于对中国龙舟运动的喜爱，有许多原来是从事水上运动项目并且具有一定划船训练基础的运动员都把目标转向了划龙舟，由于大批专业运动员的进入，使龙舟运动水平在较短的时间内有了大幅度的提升。从目前的情况看我国的龙舟选手中有许多还只是农民、个体户、业余爱好者，专业运动员还不多。虽然我们在传统的划龙舟技术上具有一定优势和经验，但在竞技上却显露出了很大的危机，纵观近些年来龙舟赛场上那激烈的竞争就是最好的证明，有很多时候第一、二名之间相差的只有微弱的零点零几秒。德国龙舟队有一位官员就曾指出，划龙舟比赛虽然源自中国，但目前的龙舟比赛与从前相比已经有了很大的不同，比如现在使用的竞技龙舟其制作材料就和现代赛艇相同，都属于高科技材料，而这些高科技材料的出现就会使得现在的龙舟运动更加具有时尚性和竞技性。应该很欣喜地看到,随着我国龙舟运动的迅速发展,现在中国已有越来越多的龙舟队伍,也逐渐出现了许多的原专业皮划艇运动员的身影,这意味着龙舟项目正在向中国体育发展的专业化和职业化的方向快速迈进。

众所周知,龙舟运动在中国起源于民间,其最大特点就是接近民众,在龙舟运动高速发展的今天,划龙舟始终与广大的老百姓紧密相连,亲近民众已经成为了龙舟运动的一个最大特色。我国的龙舟运动在未来想要在世界范围内更加广泛发展,甚至登临更高体育殿堂,其规范化、标准化和专业化都不可或缺,当龙舟运动发展到世界各地时一定会朝着一个职业化的方向去发展。需要注意的是在世界范围内龙舟运动专业化、标准化、规范化在广泛发展的同时,在发展和继承龙舟运动这一点上,我们也千万不要迷失龙舟是中华民族传统文化体育项目这一事实。不要为了发展,为了迎合时尚而摒弃中国龙舟运动民族性的一面,当龙舟运动体现不出中国元素之时,也就失去了龙舟运动推广的现实意义,虽然我国竞技龙舟已经面临欧美竞技龙舟实力迅速提升的严峻挑战。但是我们也要牢记民族的也是世界的,只有在发展的同时继承和发扬中国民族传统,才是向世界推广民族体育项目的真正意义所在,通过推广龙舟运动来展示中华民族精神,龙舟肩负了很大的重任。

第四节 中国龙舟运动的主要赛事

龙舟源于中国,中华民族几千年来通过在生产、生活中的不断传承,伴随着社会的不断发展,特别是在我国进入改革开放年代以来,这项古老的民族传统体育运动项目越发显现出了勃勃生机,在世界上也得到了广泛的关注与认可。

全国每年有知名度的龙舟比赛、节日就有好几十个,几乎每个省区都有,北方的宁夏、内蒙古也在开展这个传统项目。全国体育大会、全国少数民族运动会等赛会上龙舟赛成了抢眼的项目。现今全国开展龙舟竞渡比较有影响的地区有湖南岳阳、汨罗;湖北秭归、宜昌;浙江温州;江苏武进;四川铜仁;广东广州、顺德、九江;吉林;福建;天津和上海等地。著名的地区性龙舟赛事有湖南汨罗江传统龙舟赛;湖北省宜昌长江三峡国际龙舟拉力赛;四川万县龙舟赛、乐山地区龙舟赛;云南大理白族龙舟赛、澜沧江龙舟赛;贵州黔东南苗族龙舟赛;广东湛江海上龙舟邀请赛、广州国际龙舟邀请赛;天津大学生国际龙舟邀请赛;上海苏州河城市龙舟邀请赛、世界华人龙舟邀请赛；广西龙舟赛；陕西安康龙舟赛和港、澳、台地区的国际龙舟邀请赛等等。在我国，湖南省的岳阳举办了第一届世界龙舟锦标赛，上海市青浦首次承办了第五届世界龙舟锦标赛，第七届、第八届世界龙舟俱乐部锦标赛分别在我国澳门地区和香港特别行政区举行，而2014年首届龙舟世界杯赛则在中国的福建福州举办。龙舟运动现在可以说发展的速度是越来越快，世界上已经有许多国家开展了龙舟运动，国际龙舟联合会正式会员现有85个会员，世界尤其是欧洲的许多国家对推动这项运动的普及和速度都在大大提升，而且国际龙舟联合会也正在全力推动龙舟运动成为奥运会比赛项目，首届龙舟世界杯赛回归中国赛地就是最好的例子，目的就是要在全球范围内推广龙舟赛事，让世界各地的民众都对龙舟项目有所了解。

　　由中国龙舟协会主办的全国性赛事目前有中华龙舟大赛和中国龙舟公开赛，中国国际龙舟邀请赛等，而最具有影响力的龙舟赛是从2011年开始的中华龙舟大赛和中国龙舟公开赛。中华龙舟大赛是中视体育与体育总局社会体育指导中心、中国龙舟协会共同合作开发的一个体育品牌赛事，此项赛事已成为蜚声国内外的顶级龙舟赛。与其他龙舟赛事相比，中华龙舟大赛云集了国内大部分最高水准的龙舟队伍参赛，代表了我国龙舟赛事的最高水平，比赛也逐渐呈现职业化，过程更为激烈，也更具挑战性，它更考验参赛队伍的技术和选手的体力以及综合管理水平。中华龙舟大赛的发展经过这几年的运作目前已渐趋成熟，参赛队伍、选手的水平，赛事水平也越来越高和专业化。而中国龙舟公开赛作为中华龙舟大赛赛事的补充，是中国龙舟协会常年主办的一项传统赛事，这两种赛事除其主体相同外，又有着不同的赛事运作模式，起到了互为补充的作用。

　　中华龙舟大赛是中国目前规格最高、竞技水平最高、奖金总额最高、影响力最大的顶级龙舟赛事。自2011年龙舟大赛举办以来，全部以分站的形式在国内各知名城市巡回比赛。每次比赛都吸引了全国乃至世界各路的龙舟劲旅前来参赛，我国通过举办龙舟大赛的方式将中国的传统龙舟文化和中华民族传统体育推向世界，通过龙舟这个平台将中国传统文化传播到世界各地。中华龙舟大赛经过近几年来的良好运作，不仅扩大了自身的影响力，而且在参赛队伍的数量和水平上都有了明显的提高。由于赛事呈现出的专业化和规范化，促使国内各个龙舟俱乐部和队伍在逐步向职业化的方向发展和转变，各站赛事的整体成绩也处于了世界的领先水平。龙舟，这项曾一度被人淡忘的民族传统体育项目，透过两项顶级大赛的窗口，又逐渐传播到了全国各地和影响到世界，成为植根于老百姓、中华文化和深受广大群众喜爱的体育比赛项目，也逐渐成为了现今世界的热门体育项目。

当前全国各地的龙舟活动蓬勃发展，龙舟越来越展示出其所具有的生命力。作为一项现代标准的中华民族竞技运动，中华龙舟的顶级大赛充分体现了我国各举办城市对于弘扬传统文化的责任意识，也充分展示了各举办城市放眼全球市场的品牌视野。在充分推广龙舟竞渡哲学，推动全民健身运动更加深入持续地开展，发挥龙舟运动所具备的低碳化特点，大力推广向健康文明的城市生活方式和城市方向发展，这些都是城市名片的最好注解。通过中央电视体育频道的传播和对民族、民俗传统体育项目和公益宣传的社会需要，我国正对龙舟项目进行强大的宣传和扩大龙舟在世界的影响力，通过举办中华龙舟的顶级大赛向国内和世界展示和推广民族、民俗传统体育项目——龙舟。此外，中国的龙舟赛事通过中视体育的融入，可以将我国传承、发展龙舟运动方面的良好社会公益形象描绘的更加丰满、闪亮，也可以让广大老百姓能够通过电视这个直面媒体，更加直观的去认识和了解这项古老的体育运动。在我国每年举办顶级龙舟赛事的目的其实也是为了进一步的推广和普及中国的龙舟运动，进而为发展中华民族传统体育、传统文化做出贡献。中华龙舟大赛、中国龙舟公开赛以及许多地方性龙舟赛事，将赛龙舟这一中华民族民俗传统体育项目不同层次地推向高潮，为龙舟运动发展带来了难得的大好机遇，也为我国龙舟大步"划"向世界的步伐做了良好的铺垫。

目前中国龙舟的主要赛事有：

● 中华龙舟大赛（是国内赛事级别、竞技水平、奖金总额最高的顶级龙舟赛事）

● 中国龙舟公开赛（具有公开性质，面向全体龙舟队伍，包含国内、国外队伍）

● 全国综合性运动会龙舟比赛（全国体育大会、全国农民运动会、全国少数民族运动会、全国水上运动会）

● 中国各地方的龙舟邀请赛（例：5人龙舟赛、精英赛、邀请赛、争霸赛、传统龙舟赛、拉力赛、往返赛、拔河赛、冰上龙舟赛、彩龙、艳龙、家庭龙舟赛等等）

● 中国国际龙舟邀请赛

● 全国青少年龙舟锦标赛

第三章 世界龙舟运动的发展概况

随着华人华侨在世界范围的迁移，龙舟也跟随着华人被带到了世界各地，现在发展到遍布世界六大洲许多个国家和地区常年开展龙舟比赛。划龙舟从中国传统节日的一种民俗演变为一项深受世界人民所喜爱的现代体育项目，它寄托了海外游子对祖国的深切思念之情，融入了西方慈善、广场狂欢和竞技的元素，成为了既独具东方神韵又符合西方审美价值观的新兴体育项目。

第一节 国际龙舟运动的发端与发展

1976 年，香港旅游协会和香港渔业协会举办了第一届香港国际龙舟邀请赛，这是世界上第一个国际龙舟赛，除了 9 支香港渔民龙舟队外，日本长崎的渔民队也组队来港参加。尽管只有一支外国队参赛，但作为提议举办此次比赛的香港渔业总会会长黎国驹博士（曾留学日本学习渔业）自己也不曾预料到，后来这次比赛竟成为了龙舟运动国际化、竞技化发展的发端，被载入史册。[1]香港国际龙舟邀请赛的影响力和辐射力是巨大的，1987 年以后都是有近 20 个国家和地区参赛。[2]参加比赛的各国选手以及海外的华人华侨对龙舟运动喜爱有加、如痴如醉。他们把龙舟运动带到了世界各地，成为了龙舟运动的推广者和龙舟文化的传播者。[3]

1977—1980 年期间，模仿香港模式，新加坡、马来西亚也相继开始举办国际龙舟赛。以后陆续有泰国、印度尼西亚、英国、德国、意大利、美国、加拿大、澳大利亚、新西兰、南非等遍及全世界五大洲的国家和地区举办了各种国际龙舟赛事，有的逐渐成为具有国际影响力的传统赛事。1981 年，在伦敦举行的

---

[1] 赵幕峰，等. 潜龙出海【M】. 沈阳：辽宁民族出版社，2012.4：002.
[2] 李瑞岐，等. 中华龙舟文化研究【M】. 贵阳：贵州民族出版社，1991.5-164.
[3] 赵幕峰，等. 潜龙出海【M】. 沈阳：辽宁民族出版社，2012.4.

中国节期间举办了由香港旅游协会提供的木质龙舟表演。后来，世界皮划艇和独木舟锦标赛主任麦克·哈森莱姆先生将木质龙舟运到诺丁汉进行展示，特别用于支持世界皮划艇锦标赛在英国的举办。1982—1986年期间，在香港国际赛的基础模式上，龙舟运动继续向全世界更多的国家和地区发展。1987—1990年期间，独立的龙舟协会在中国、英国、荷兰、意大利、德国、丹麦和世界范围内的其他国家成立。①

1991年6月24日，来自澳大利亚、中国、中国台北、香港、印度尼西亚、意大利、马来西亚、挪威、菲律宾、新加坡、英国和美国等国家和地区代表在香港成立国际龙舟联合会（International Dragon Boat Federation，IDBF），主席为住在香港的英国人罗伯特·威尔逊，另一位英国人麦克·哈森莱姆当选秘书长，秘书处设在香港（图3-1）。1993年，国家体委副主任刘吉在北京出任国际龙联主席，麦克·哈森莱姆出任执行主席。

图3-1 国际龙舟联合会会徽

1995年，第一届世界龙舟锦标赛在中国岳阳举行（图3-2），此后每两年举行一次，在没有世界龙舟锦标赛的年份举办世界龙舟俱乐部锦标赛（CCWC）。由于2003年的"非典"事件，原本应在上海举行的第五届世界龙舟锦标赛移师波兰波兹南。2004年，国际龙舟联合会在

图3-2 第一届世界龙舟锦标赛（中国·岳阳）

上海额外增加了一届世界龙舟锦标赛。从2005年开始，国际龙舟联合会开始为龙舟爱好者举办世界企业和社区龙舟锦标赛（WCorcom）。2006年，第一届世界乳腺癌幸存者（"粉色划手"）龙舟锦标赛在新加坡举行。2009年，第二

---

① 百度百科，"国际龙舟联合会"字条.

届"粉色划手"龙舟锦标赛继世界企业和社区龙舟锦标赛之后在美国佛罗里达州迈阿密举行。

国际龙舟联合会逐步发展壮大成为一个完善的国际体育组织，它的成员来自五大洲。2007年4月27日，在北京召开的国际单项体育联合会总会代表大会上，以38票赞成、33票反对，国际龙舟联合会成为国际单项体育联合会总会的正式成员，这也代表着龙舟这个项目在国际上获得更广泛的认同和支持。据统计，每年全世界约有超过5千万的选手参加龙舟比赛。[1]

国际龙舟联合会的成立旨在保护和维持作为代表亚洲文化、历史和宗教传统的龙舟运动，促进世界范围内龙舟竞赛的推广和发展，确保国际龙舟赛事遵循国际龙舟联合会的比赛规则，鼓励国际龙舟赛事的组织者对其所有会员和其成员俱乐部开放，维护比赛中的业余精神，鼓励没有龙舟管理组织的国家成立国际和地区龙舟协会等。国际龙舟联合会认为龙舟既是一项竞技运动也是一项娱乐活动，因此国际龙舟联合会不仅对国际竞技龙舟拥有管辖权，同时也对在亚洲、非洲、美洲和大洋洲的传统划船比赛具有指导作用。国际龙舟联合会无权干涉纯属各国家或地区龙舟协会内部的事务，其成员协会享有完全的自治权。通常情况下，国际龙舟联合会的秘书处设在国际龙联秘书长所居住的国家。

国际龙舟联合会的会员包括正式会员、基本会员、会友和名誉会员。国际龙舟联合会的正式会员须在其本国或地区拥有大多数龙舟俱乐部或队伍，并被该国或地区体育总会承认其作为独立体育管理组织的地位，其章程与国际龙舟联合会保持一致，并且承诺遵守国际龙舟联合会的章程和比赛规则。

国际龙舟联合会的管理结构包括会员代表大会和理事会（图3-3）。会员代表大会是国际龙舟联合会的最高权力机构，每个正式会员有权最多指派3名代表，每个基本会员有权最多指派2名代表，出席会员代表大会并发言，会友可以派观察员参加代表大会。会员代表大会通常每两年在世界龙舟锦标赛举办期间在赛事举办地召开一次普通代表大会。由普通代表大会、理事会或执委会提议，或至少三分之一的正式会员向执行主席递交书面申请时，国际龙舟联合会可以召开特别代表大会。

---

[1] 澳洲龙舟协会网站：http://www.ausdbf.com.au/content/cultural-heritage-dragon-boat-legend.

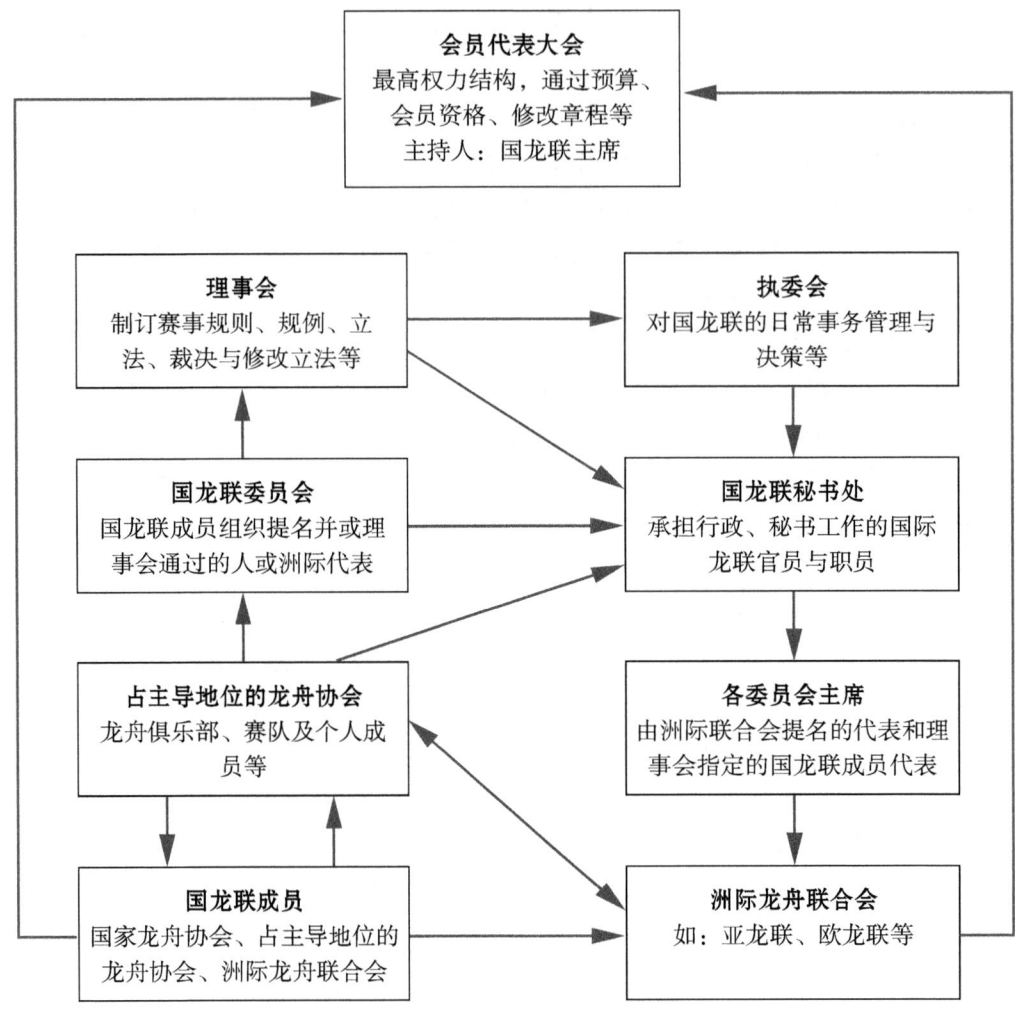

图 3-3 国际龙舟联合会组织结构图

　　理事会由执行委员会、洲际代表、各专项委员会主席组成。理事会每年召开年度会议,理事会的职责包括:确保会员代表大会决议的实施;确保国际龙舟联合会组织和授权的赛事保持一定的水准;监控国际龙舟联合会的章程、细则、比赛规程和规则的执行情况;根据各专项委员会主席的提议,与有关的管辖协会协商后,任命各专项委员会成员;根据章程批准比赛规程和规则等。

　　执行委员会负责国际龙舟联合会的日常事务,执行委员会会议通常在理事会之前在同一地点召开。执行委员会的职责包括:确保由一位主席或会员代表国际龙舟联合会；确保将国际龙联的信息传给会员；准备并发布代表大会会议通知；负责国际龙联行政和财务管理；对在国际赛事中违反竞赛规程和比赛规则、拒绝服从指挥、行为或言语不规的俱乐部官员或参赛选手施以处罚；对国际龙联章程、细则、竞赛规程和比赛规则拥有解释权和最终裁决权。

专项委员会有竞赛和技术发展委员会、市场开发和媒体委员会、医务与运动科学委员会和龙舟文化遗产委员会。[①]理事会、执行委员会和各专项委员会的所有决定均采取出席成员多数票通过制。

2003年10月31日，国际龙舟联合会第9届代表大会在中国上海召开。国龙联主席张发强先生主持代表大会，共有20个国家和地区的代表出席了会议。执行主席麦克·哈森莱姆先生在报告中介绍了国际龙联和国际皮联签署联合协议和联合工作委员会，建立对话协商机制等情况，并通报了此前在中国宜昌召开的执委会上与国际奥委会执委何振梁先生和亚奥理事会成员魏纪中先生讨论有关国际奥委会承认国龙联地位的可能性，以及国际皮联影响国际龙联申请加入国际单项体育联合会等问题。代表大会进一步明确国际龙联的首要任务是发展新会员和组织比赛，争取在2008年达到75个国际龙联会员，这是国际单项体育联合会得到国际奥委会考虑承认该组织的最少数目。各专业委员会分别对龙舟和船桨技术的发展、龙舟运动的推广、国际龙联反兴奋剂政策作了汇报；来自亚龙联、欧龙联、南非、美国、以及澳大利亚的代表分别介绍了亚洲、欧洲、南部非洲、北美地区以及澳大利亚和新西兰龙舟运动的发展情况。

亚龙联的代表认为目前国龙联与国际皮联的合作发展是正确的。在欧洲，龙舟运动的发展进入了一个良好的阶段，大多数国家龙舟俱乐部的数目呈上升的趋势。虽然缺乏对中国传统文化的了解，但欧洲龙舟运动的发展呈现竞技、节庆和慈善并重的特点。此外，欧龙联鼓励欧洲的龙舟参加亚龙联组织的比赛，积极倡导和组织青年龙舟赛。在南非地区，龙舟运动正在推广，器材是该地区龙舟运动发展的关键。北美洲龙舟运动的发展每年都在壮大，继2001年第1届加拿大和美国联合龙舟锦标赛之后，2003年还将在尼加拉瓜瀑布地区的韦兰市举办第2届赛事。每年，加拿大都会举办盛大的龙舟节和龙舟竞赛，特别是多伦多、蒙特利尔和温哥华的龙舟节盛况空前。在美国，从西海岸的华盛顿、俄勒冈到东海岸

---

① International Dragon Boat Federation Member Handbook，Edition No.6

的加利福尼亚，包括中部的俄亥俄等地区每年均举办龙舟节。目前，美国正在筹划第3届加拿大和美国联合龙舟锦标赛方案。澳大利亚和新西兰的龙舟运动进展也很好，他们都建立了自己的国家队。会议还讨论并通过日本龙舟协会因国内复杂的经济原因，放弃2004年世界龙舟俱乐部锦标赛举办权，南非的开普敦赢得2004年世界龙舟俱乐部锦标赛举办权。这是非洲第一次举办大型国际龙舟赛事。

会议通过了由国际龙舟联合会和国际皮划艇联合会联合签署的国际龙舟运动大事记：[1]

1976年6月，香港举办了第一次现代意义上的国际龙舟比赛——香港国际龙舟邀请赛。该赛事由香港旅游局主办，香港业余赛艇协会提供技术官员。

1977—1980年，仿效香港模式，太平洋地区的新加坡、马来西亚槟城等地，相继举办龙舟赛。在英国伦敦举办的中国节上展示了来自香港旅游局运来的中国木质龙舟。

1981—1982年，1981年世界独木舟和皮划艇锦标赛在英国诺丁汉举办期间对中国的龙舟进行了展示。1982年世界独木舟锦标赛上，中国的两条木质龙舟又被运往德国杜伊斯堡进行展示。据国际皮划艇联合会理事会记录，当时没有成员认为需要在该组织发展这项运动。

1982—1986年，基于香港国际龙舟邀请赛的模式，龙舟在世界范围内不断发展。国际皮划艇联合会始终对这项运动没有更多的兴趣和参与。

1987—1990年，独立的龙舟组织相继在英国、意大利、荷兰、德国、丹麦和全世界其他一些国家成立，欧洲龙舟联合会成立。国际龙舟联合会指导委员会成立，正式的龙舟比赛开始举办。

1991年6月24日，来自4大洲国家12个国家龙舟协会的代表在香港国际龙舟邀请赛期间成立国际龙舟联合会，创始成员包括中国。

1992—1994年，1992年，亚洲龙舟联合会成立。国际龙舟联合会发布其章程、细则、竞赛条例和规则，制订了龙舟和划桨的器材标准。

1995—1997年，1995年，第1届世界龙舟锦标赛在中国岳阳举办。国际龙舟联合会会员发展到遍布5大洲近30个国家。国际龙舟联合会第一次申请国际奥委会的承认及加入世界运动会。国际皮划艇联合会主席塞尔吉奥·奥尔西出席了在欧洲举行的欧洲龙舟联合会会议，观看了龙舟比赛。

---

[1] Minutes of the 9th IDBF Congress held on 31 October 2003, Qingpu, Shanghai, China

1997—1998 年，国际龙舟联合会继续组织、发展和主导世界范围内龙舟运动。欧洲和亚洲先后举办洲际龙舟锦标赛。世界龙舟锦标赛先后于 1996 年在加拿大温哥华、1997 年在中国香港、1998 年在新西兰惠灵顿举办。1998 年，乌利齐·费尔德霍夫当选国际皮划艇联合会主席。国际龙舟联合会执行主席麦克·哈森莱姆致信费尔德霍夫主席建议作为划桨运动，双方应加强合作。费尔德霍夫主席表示同意。

1999 年，英国诺丁汉举办世界龙舟锦标赛期间，国际龙舟联合会成员遍及世界五大洲。国际龙舟联合会继续按照国际单项体育联合会的标准申请加入该组织。

1999 年 4 月，国际皮划艇联合会理事会单方面宣布龙舟是皮划艇运动的一个分支，国际皮划艇联合会反对国际龙舟联合会加入国际单项体育联合会，并据此认为国际龙舟联合会在干涉其内部事务。

1999—2001 年，国际龙舟联合会拒绝接受国际皮划艇联合会的声明，双方经多次蹉商，希望达成一个彼此都能接受的目标。但是，国际皮划艇联合会坚持认为国际龙舟联合会应归入国际皮划艇联合会组织中的龙舟竞赛委员会。国际龙舟联合会拒绝接受并入方案并提议提交国际体育仲裁法庭裁决。国际皮划艇联合会同意仲裁方案，同时正式由代表大会通过接受龙舟归入皮划艇运动。

2002 年 4 月，4 月 25 日，国际仲裁委员会在瑞士洛桑召开听证会，但是调解工作并不成功。

2002 年 8 月，国际龙舟联合会邀请国际皮划艇联合会签署国际仲裁法庭仲裁协定作为目前首选的解决方案。

2002 年 9 月，亚洲皮划艇联合会宣布第一届亚洲皮划艇联合会龙舟锦标赛将于 2003 年举办。亚洲龙舟联合会不支持该项赛事。国际皮划艇联合会代表大会通过其龙舟竞赛规则。

国际龙舟联合会继续争取世界单项体育联合会和国际奥委会的承认。第 3 届国际龙舟联合会俱乐部锦标赛在意大利罗马举行，来自 5 大洲 16 个国家，代表了全世界超过 80 个龙舟俱乐部的运动员，参加了本次比赛。

2002 年 12 月，国际皮划艇联合会提议，作为国际体育仲裁法庭仲裁协定的替代方案，各方应再一次坐下来磋商。国际龙舟联合会同意于 2003 年 2 月 22 日在荷兰阿姆斯特丹召开联合会议。

2003 年 2 月，在荷兰阿姆斯特丹召开的联合会议上，由国际龙舟联合会和国际皮划艇联合会共同组成联合委员会（JWC），双方达成互谅和合作协定草案，旨在共同探索两组织合作发展的框架和管理途径。

2003年5月，联合委员会（JWC）第1次会议完成了联合协定，并就在2004年底之前进一步讨论和推进合作事宜达成共识。

2003年10月，联合委员会（JWC）在英国举行第2次会议，进一步澄清联合协定部分条款的意图、协商程序和未来工作议程，记录了国际皮划艇联合会和国际龙舟联合会就各自关心的龙舟发展方面的观点和立场。联合委员会同意该机构至少要维持到2005年底，下一次联合会议将在2004年2月召开。

2005年8月5日，第10届国际龙舟联合会代表大会在德国柏林召开。执行主席报告回顾了2004与2005年，国际龙联分别向世界单项体育联合会递交了入会申请。2004年，该申请被世界单项体育联合会延迟讨论；2005年，国际龙联没有通过世界单项体育联合会成员的表决。国际龙联的申请将在2006年汉城举办的世界单项体育联合会全会上被再次审议。尽管国际皮划艇联合会自称为龙舟运动的国际联合会，但是国际龙舟联合会仍然是被世界单项体育联合会认可的世界龙舟运动的管理机构，已发展到拥有35个正式会员以及20多个候选会员。国际龙舟联合会执行主席强烈建议所有的国龙联会员不支持任何由国际皮划艇联合会组织的龙舟赛事，获得与会代表的鼓掌支持。[1]

2007年9月21日，国际龙舟联合会第11届代表大会在澳大利亚新南威尔士召开，国龙联主席张发强先生宣布大会开幕并致词。张发强主席指出，经过3次申请，国际龙舟联合会最终成为世界单项体育联合会的正式成员是一个重大的成就，同时也是激励龙舟运动未来发展的动力，应在更广泛的国际体育组织中寻求合作和发展，探索和形成未来龙舟运动发展战略。谈到与国际皮划艇联合会的关系时，张发强主席说，龙舟和皮划艇是两项不同的体育运动已成为世界单项体育联合会各成员的共识，国际龙舟联合会是世界龙舟锦标赛、洲际龙舟锦标赛以及国际综合性运动会龙舟赛事的当然组织者。我们应该在世界单项体育联合会的宪章体系内按照国际惯例，寻求合作，搁置争议，努力发展龙舟运动。欢迎更多热爱龙舟运动，有志于发展龙舟运动的组织加入国际龙舟联合会大家庭。本届大会还通过了国际龙联反兴奋剂条例，并于2008年1月1日起生效。

执行主席麦克·哈森莱姆先生在报告中介绍了国际龙舟赛事的发展情况。在2006年加拿大多伦多举办的世界俱乐部龙舟锦标赛获得巨大成功，共吸引了来

---

[1] DRAFT Minutes of the 10th IDBF Congress held on 5 August 2005, Grunau, Berlin, Germany.

自130个俱乐部逾2000名运动员参赛,为当地经济带来了超过2400万加元的消费。麦克·哈森莱姆先生对中华体育总会、中国奥委会和中国龙舟协会在2007年北京召开的世界单项体育联合会全会期间,争取各方支持,促使世界单项体育联合会成功通过国际龙舟联合会的会员申请所做出的努力表示感谢。本届大会还增设了龙舟文化与遗产委员会,来自中国武汉体育学院的徐菊生教授当选第一届该委员会主任。

2009年8月29日,国际龙舟联合会第12届代表大会在捷克共和国首都布拉格召开。张发强主席在欢迎词中讲到,端午节在中国被确定为法定节假日,使得龙舟运动在中国乃至亚洲其他地区获得了更广泛的开展。张发强主席建议,龙舟赛事应向国际化和专业化的方向发展,竞赛规程和规则应进一步完善。他认为国际龙舟联合会的四大任务是:推广龙舟运动,弘扬龙舟精神,传承龙舟文化,开发龙舟产业。在随后的执行主席报告中,麦克·哈森莱姆先生对国际龙舟联合会主席张发强先生和中国奥委会一起为推动国龙联加入世界单项体育联合会所做出的贡献给予高度赞扬。

麦克·哈森莱姆先生在谈到一些国家或地区龙舟协会由于该国或地区皮划艇协会的反对,不能得到当地体育管理机构的认可时,再次重申了国际单项体育联合会承认国龙联作为领导世界龙舟运动唯一组织的立场。在亚洲,亚奥理事会已经于2005年正式承认亚洲龙舟联合会负责该洲龙舟运动的发展,2010年亚运会龙舟比赛将由亚洲龙舟联合会在国龙联的规则指导下组织赛事。

2011年8月8日,国际龙舟联合会第13届代表大会在美国佛罗里达州坦帕市举行。张发强先生因任期届满不再担任国际龙舟联合会主席,大会推选张发强先生为国龙联名誉主席。大会选举通过中国国家体育总局局长助理、中国奥委会副主席晓敏女士当选新的国龙联主席。来自伊朗皮划艇、划水和帆船协会的Donyamali先生当选国龙联第四副主席,他同时是伊朗首都德黑兰市负责市政建设的副市长。为了表彰其对推广龙舟运动的贡献,大会还推选英国王室剑桥公爵威廉王子殿下和剑桥的公爵夫人凯瑟琳殿下为荣誉会员。

会议期间,来自各大洲和地区的龙舟组织代表介绍了龙舟运动的发展情况。来自加勒比海地区特立尼达和多巴哥共和国龙舟协会的弗兰科理事介绍说,自2006年,特立尼达和多巴哥共和国龙舟国家队第一次参加在美国佛罗里达州坦帕市举行的世界龙舟锦标赛并取得好成绩以后,该国龙舟运动发展很快。在加勒比海地区共有27个国家,具有巨大的发展潜力。2012年开始在牙买加的帮助下,弗兰科理事说自己面前有很多与龙舟有关的工作要做,他希望加勒比海地区成为龙舟运动快速发展的一个地区。

欧洲龙舟联合会主席阿兰·范·考博介绍说欧洲有大量的国际龙舟联合会的成员，不幸的是，很多国家龙舟运动的开展受到国际皮划艇协会关于龙舟属于皮划艇运动的干扰。最近发生的在土耳其，土耳其皮划艇协会每年举行三次龙舟节。俄罗斯龙舟组织还不能独立，欧洲龙舟联合会也在想办法解决这个问题。荷兰龙舟协会已经被荷兰奥委会承认，2010年在阿姆斯特丹成功举办了欧洲国家龙舟锦标赛。2011年，欧洲龙舟联合会将在乌克兰的基辅举办欧洲龙舟俱乐部锦标赛。

亚洲龙舟联合会的代表表示将积极支持2012年在香港举行的第8届世界俱乐部锦标赛、2011年在印度尼西亚举行的东南亚运动会龙舟比赛、2012年在中国（山东·海阳）举行的亚洲沙滩运动会龙舟比赛以及2013年在中国（天津）举行的东亚运动会龙舟比赛。目前，中国龙舟协会已和中国中央电视台体育频道等多家媒体机构合作，倾力打造"中华龙舟大赛"，希望未来成为亚洲乃至世界品牌赛事，推动世界龙舟运动的发展。

来自澳大利亚的卡尔·瓦特向大会介绍说，大洋洲龙舟联合会于几年前刚刚成立，目前只有澳大利亚和新西兰两个会员。2010年举办第一届大洋洲龙舟锦标赛之后，目前正和澳大利亚政府积极磋商把这项运动推广到该地区更多的太平洋岛国。第二届大洋洲龙舟锦标赛将于2012年在澳大利亚墨尔本举行。

非洲龙舟联合会执行委员会主席，来自南非共和国的Abdul Edross介绍说，非洲国家龙舟运动发展非常缓慢，仅有6个国家是国际龙舟联合会的会员。目前，肯尼亚和尼日利亚对加入国际龙舟联合会表示了兴趣。2011年，国际龙舟联合会第一次把现代龙舟带到了塞内加尔，他们因此举办了第一次龙舟赛事。在加纳和乌干达目前使用的仍然是传统木质龙舟，他们也需要现代龙舟。

来自美国的基尼·奥海尔，作为泛美龙舟联合会的代表，介绍说加上加勒比海地区，共有约48个国家具有开展龙舟运动的条件。坦帕世界龙舟锦标赛之前，他们举办了第一届泛美龙舟俱乐部锦标赛。目前，泛美龙舟联合会仅有8个会员，他们将继续推动该地区龙舟运动的发展。

执行主席麦克·哈森莱姆先生在报告中提到，随着龙舟运动在乳腺癌患者中的发展，国际龙舟联合会特别成立了乳腺癌划手委员会。此外，还将新增残障划手委员会。随着信息技术的发展，包括简讯、网站、社交平台、微博等技术被普遍采用。国龙联授权认证教练员和裁判员制度逐步完善。未来20年，国龙联应致力于募集更多的资金,更好地向年轻一代推广龙舟运动。麦克·哈森莱姆先生回顾说,自国际龙舟联合会于1991年成立以来,经过20年的发展,龙舟运动已经由一项中国和东南亚地区的传统节庆活动发展成为深受全世界上千万人积极参与的现代体育赛事。自加入世界单项体育联合会以来,龙舟运动逐渐发展成为了现代奥林匹克运动的一部分。在亚洲,亚洲龙舟联合会是亚奥理事会承认的洲际单项体育协会,龙舟更是成为了东亚运动会、东南亚运动会、亚洲沙滩运动会和亚运会的正式比赛项目。麦克·哈森莱姆先生建议执委会向国际奥委会提交申请加入国际奥委会单项体育协会。

第二节　各大洲龙舟运动的发展概况

一、亚洲龙舟运动的发展概况

在国际龙联已经成立的前提下,建立一个与之相应的洲际龙舟组织是顺理成章的。1992年8月23日,在北京九龙游乐宫举办的国际龙舟邀请赛期间,亚洲地区的代表齐聚一堂,正式成立了亚洲龙舟联合会(图3-4),发起的国家和地区有中国、日本、马来西亚、新加坡、中国台北、中国香港、中国澳门、泰国等11家协会。成立大会上,时任中国龙舟协会主席和国家体委副主任的路金栋当选为荣誉主席,国家体委副主任刘吉当选为亚洲龙舟联合会主席,该会秘书处一直设在北京。

图3-4　亚洲龙舟联合会会徽

自 1994 年以来，亚龙联每两年举办一次亚洲龙舟锦标赛（表 3-1）。

表 3-1　亚洲龙舟锦标赛举办地一览

届数	举办时间	举办地
1	1994 年	中国广东肇庆
2	1996 年	中国香港
3	1998 年	马来西亚槟城
4	2000 年	中国上海
5	2002 年	日本相生市
6	2004 年	中国绵阳
7	2006 年	中国澳门
8	2008 年	马来西亚槟城
9	2010 年	中国江苏武进
10	2012 年	韩国釜山
11	2014 年	中国澳门

2005 年，亚洲龙舟联合会作为一独立的体育运动组织管理机构被亚洲奥林匹克运动理事会所承认。同年，在澳门举行的第四届东亚运动会上，龙舟第一次被列为比赛项目。2008 年，第一届亚洲沙滩运动会在印尼巴峇岛举行，龙舟首次成为亚沙会比赛项目。2010 年，广州亚运会上龙舟再一次成为亚洲综合性运动会的正式比赛项目。2012 年，亚洲龙舟联合会总部落户中国佛山。2014 年，亚太地区国际龙舟公开赛在中国佛山举行。

二、欧洲龙舟运动的发展概况

1990 年 5 月 5 日，来自荷兰、意大利、瑞典、英国和西德的代表在比利时梅赫伦市 Hazewinkle 水上运动中心召开了欧洲龙舟联合会成立大会（图 3-5）。丹麦、芬兰、挪威和瑞士的代表，作为创始国成员，以书面的形式支持欧洲龙舟联合会章程的提案，该提案还获得了比利时、匈牙利、爱尔兰、波兰和葡萄牙等国家的支持。[①] 截止到 2005 年，欧洲龙舟联合会共有 23 个会员国（表 3-2）。

---

① European Dragon Boat Federation Constitution, 4th Edition

图 3-5 欧洲龙舟联合会会徽

表 3-2 欧洲龙舟联合会会员

国家	组织名称		英文缩写
奥地利	Austrian Dragon Boat Association	奥地利龙舟协会	ADBA
比利时	Belgium Dragon Boat Association	比利时龙舟协会	BeDBA
保加利亚	Bulgarian Dragon Boat Association	保加利亚龙舟协会	BuDBA
克罗地亚	Croatian Dragon Boat Association	克罗地亚龙舟协会	CRDBA
捷克共和国	Czech Dragon Boat Association	捷克龙舟协会	CZDBA
丹麦	Danish Dragon Boat Association	丹麦龙舟协会	DDBA
芬兰	Finnish Dragon Boat Association	芬兰龙舟协会	FDBA
法国	French Dragon Boat Federation	法国龙舟协会	FFDB
德国	German Dragon Boat Association	德国龙舟协会	DDV
英国	British Dragon Boat Racing Association	英国龙舟协会	BDA
匈牙利	Hungarian Dragon Boat Association	匈牙利龙舟协会	HDBA
爱尔兰	All Ireland Dragon Boat Association	爱尔兰龙舟协会	AIDBA
意大利	Italian Dragon Boat Federation	意大利龙舟协会	FIDB
拉脱维亚	Latvian Canoe Federation	拉脱维亚独木舟协会	LCF
荷兰	Netherlands Dragon Boat Federation	荷兰龙舟协会	NDBF
挪威	Norwegian Dragon Boat Association	挪威龙舟协会	NDBA
波兰	Polish Dragon Boat Federation	波兰龙舟协会	PDBF
葡萄牙	Portuguese Dragon Boat Association	葡萄牙龙舟协会	PDBA
俄罗斯	Russian Association Sport Dragon Boat Clubs	俄罗斯体育协会龙舟俱乐部	RASDBC
斯洛伐克	Slovakian Dragon Boat Association	斯洛文尼亚龙舟协会	SLDBA
瑞典	Swedish Dragon Boat Association	瑞典龙舟协会	SDBA
瑞士	Swiss Dragon Boat Federation	瑞士龙舟协会	SDBF
乌克兰	Ukraine Dragon Boat Federation	乌克兰龙舟协会	UKDBF

2014年，欧洲龙舟联合会于7月25日在捷克共和国举行第11届欧洲国家龙舟锦标赛，9月3日在意大利举行第9届欧洲俱乐部龙舟锦标赛。据不完全统计，2014年的3月—12月，欧洲龙舟联合会各会员国还将举行约80场的龙舟比赛。① 欧洲最大的龙舟节在瑞典马尔默市，超过200支龙舟队4000名运动员将在持续一周多的时间里挥桨竞渡。

欧洲最早的龙舟赛始于英国。1980年9月，香港在伦敦举办的中国节上举行了英国历史上第一次龙舟赛。比赛在泰晤士河上举行，里士满独木舟俱乐部（Richmond Canoe Club）包揽了男子和女子比赛的冠军。1981年，作为当年在诺丁汉国家水上运动中心举办的世界皮划艇锦标赛的特色项目，林肯顽童队（Lincoln Imps Crew）赢得了500米龙舟赛的冠军。

1985年6月，英国龙舟赛俱乐部（Dragon Boat Racing Club of Great Britain）的成立是第一个在全国范围内组织龙舟赛事的正式组织。由于1980年从香港运来的3条龙舟，英国龙舟赛俱乐部在1986年和1987年得以经常组织龙舟赛事。并且在香港旅游协会的帮助下，制造了英国第一条玻璃钢纤维材料的龙舟。

1986年5月，龙舟运动第一次亮相英国广播公司电视节目"蓝色彼得"，由士兵组成的划手从伦敦通过水系划到了诺丁汉，开展慈善活动。全程180多英里，包括了由于运河闸门关闭的原因180余次搬运至下一个河段，行程9天，在途中共募集了4000多英镑的运动赞助金。1987年，在英国龙舟赛俱乐部的倡议下，英国龙舟协会在诺丁汉国家水上运动中心正式成立。1987年10月，第1届英国龙舟锦标赛在伦敦海德公园的九曲湖（Serpentine Lake）举行，19支龙舟队逐浪500米龙舟竞渡，埃尔穆布里奇独木舟俱乐部（Elmbridge Kayak Club）获得冠军。1988年，英国龙舟运动发展很快，每年举办20余场龙舟赛。英国龙舟协会被英国康乐体育中央委员会（"CCPR"）正式承认为其会员。1992年，英国竞技运动委员会（Sports Council）正式承认龙舟运动，1994年接纳英国龙舟协会为其会员。现在英国龙舟协会每年举办英国龙舟联赛和全国锦标赛，从每年的5月到9月，共23支龙舟俱乐部参加全国9站的比赛，最后角逐锦标赛。

三、大洋洲龙舟运动的发展概况

大洋洲龙舟联合会目前主要有澳大利亚龙舟协会和新西兰龙舟协会。在新西

---

① http：//www.edbf.org/racing.php

兰，龙舟很受中学生的喜爱。

澳大利亚龙舟协会的全称是"澳大利亚龙舟联合会有限公司"（Australian Dragon Boat Federation Ltd.）①，这是一个盈利性的商业组织，会员由澳大利亚各州或各地区顶尖龙舟俱乐部组成，代表了澳洲龙舟运动的最高水平，是澳大利亚体育委员会（"ASC"）承认的国际龙舟联合会的正式成员。

1998—2001年，澳大利亚龙舟协会制定了第一个三年发展规划，为后来的科学发展打下了良好的基础。2001—2004年，第二个三年发展规划期间，澳大利亚龙舟协会取得了巨大的成功，获得国际龙舟联合会和澳大利亚体育委员会的赞誉，并获得了2007年（悉尼）世界龙舟锦标赛的举办权。2004—2007年，第三个三年规划主要围绕着赞助商计划，募集资金用于发展澳大利亚龙舟运动，并成功举办了世界龙舟锦标赛。这期间，澳大利亚龙协主席乔恩·泰勒先生发挥了关键作用，保证了未来三年澳洲龙舟运动的持续发展。目前，澳大利亚龙协正处在第五个三年发展规划（2011—2014年）阶段，这一阶段的发展已经具备了如下的基础：

- 任命了澳洲龙舟协会医学顾问；
- 进一步建立了大洋洲龙舟联合会；
- 加强了龙舟裁判和技术官员的能力建设，促进了澳洲在国际龙舟联合会管理层的工作；
- 发展了全澳洲龙舟代表队的概念；
- 实施了可持续发展战略，促进龙舟运动的发展；
- 建立了各州会员龙舟训练装备的采购模式；
- 建立了龙舟运动风险管理制度、处置程序和标准化的操作说明；
- 龙舟竞技水平全面提高；
- 龙舟国家青年队建设得到加强；
- 组织和参与了各类龙舟赛事。

这一阶段面临的主要困难有：

- 资金问题；
- 赞助商之间的竞争问题；
- 澳洲龙舟协会和龙舟赛具有较低的公众形象；

---

① Constitution，30 March 2011，澳洲龙舟协会：http://www.ausdbf.com.au/content/general-documents.

- 虽然澳大利亚体育委员会承认龙舟是一项体育运动，澳洲龙舟协会是这项运动的组织管理机构，但是澳大利亚体育委员会的资金一直没有到位；
  - 如何保持会员之间的有效沟通；
  - 为澳大利亚国家代表队提供财政支持；
  - 传承龙舟运动的传统文化；
  - 发展与大洋洲龙舟联合会、亚洲龙舟联合会、国际龙舟联合会的关系问题；
  - 缺少专职的国家工作人员；
  - 缺少国际一级以上的龙舟技术官员；
  - 董事会成员的技能和知识有待提高；
  - 如何维护整个澳大利亚龙舟界的共识等等。

在这一阶段澳洲龙协希望在以下一些方面取得成就：
- 全国范围内的教练员、舵手、裁判员培训计划，讲师计划和"过往培训资历认证制度"（"RPL"）
- 开发一个市场和媒体共同认可的国家发展战略；
- 加强澳洲龙协网站建设，提升会员服务与沟通工作；
- 实现更大的财务可行性；
- 为澳大利亚代表队提供更多的财力支持；
- 发展高水平青少年龙舟训练计划；
- 雇用一名全职办公室管理员；
- 保护龙舟的传统文化；
- 承诺澳大利亚龙舟冠军是建立在一个健全的财务管理、宣传和市场开发制度以及全民参与基础之上；
- 继续加强与大洋洲龙舟联合会、亚洲龙舟联合会和国际龙舟联合会的关系。

在 2011 至 2014 年发展规划中，澳大利亚龙协还用 SWOT 分析了龙舟在澳洲发展的优势、劣势和威胁。并对澳洲龙协组织发展、人力资源、会员沟通、财务管理、市场开发、形象和知名度、发展规划、教练员、舵手和裁判员评审制度、全国竞赛组织与竞赛规则、赛事、大洋洲龙舟联合会关系事务、亚龙联关系事务、文化和历史保护等方面的策略要点、策略内容、实施主体、时间表、经费预算、预期结果等做了详细的规划。

澳大利亚龙协共有 9 个会员协会，它们分别是首都地区龙舟协会、新南威尔士州龙舟协会、北领地龙舟协会、昆士兰州龙舟协会、南澳大利亚龙舟协会、塔斯马尼亚岛龙舟协会、维多利亚龙舟协会、西澳大利亚龙舟协会和乳腺癌患者龙舟协会。从 1998 年开始，澳洲每年举办澳大利亚龙舟锦标赛，截止 2015 举办了 18 届（表 3-3）。

表 3-3　澳大利亚龙舟锦标赛举办信息[①]

时间	承办协会	承办地
1998	首都地区龙舟协会	堪培拉
1999	维多利亚龙舟协会	墨尔本·亚拉河
2000	新南威尔士州龙舟协会	悉尼
2001	北领地龙舟协会	达尔文
2002	昆士兰龙舟协会	欣泽大坝
2003	南澳大利亚龙舟协会	西湖
2004	西澳大利亚龙舟协会	珀斯·坎宁河
2005	首都地区龙舟协会	堪培拉
2006	维多利亚龙舟协会	纳甘必湖
2007	新南威尔士州龙舟协会	悉尼
2008	西澳大利亚龙舟协会	珀斯·状元湖
2009	昆士兰龙舟协会	卡瓦纳华特斯湖
2010	南澳大利亚龙舟协会	西湖
2011	首都地区龙舟协会	堪培拉·伯利格里芬湖
2012	维多利亚龙舟协会	墨尔本·港区
2013	新南威尔士州龙舟协会	悉尼
2014	昆士兰龙舟协会	阳光海岸·卡瓦纳湖
2015	西澳大利亚龙舟协会	珀斯·状元湖

澳大利亚龙舟协会认为传统文化是龙舟运动的重要组成部分，为了保护和传承龙舟传统文化，澳大利亚龙舟协会成立了文化委员会，每个会员组织都有一名文化委员会的成员。从 2010 年 5 月开始，澳大利亚龙舟协会文化委员会每周召开一次会议，讨论和解决与龙舟有关的文化问题，不断地向其会员提供龙舟文化方面的信息、范本等资讯。他们制定了统一的龙舟赛的仪式规范流程，包括祈福、点睛等仪式，并建议各会员和俱乐部在大型公共龙舟赛事活动中采用这一标准流程（图 3-6、图 3-7、图 3-8、图 3-9）。

[①]澳大利亚龙舟协会：http://www.ausdbf.com.au/sites/default/files/documents/.

图 3-6　澳大利亚龙舟协会龙舟文化委员会：龙舟比赛祭品①

图 3-7　澳大利亚龙舟协会龙舟文化委员会：道士或佛教徒为龙舟赛祈福②

图 3-8　澳大利亚龙舟协会龙舟文化委员会：向河里扔粽子，取悦于水神③

图 3-9　澳大利亚龙舟协会龙舟文化委员会：舞狮，祛除妖魔④

①Dragon Boat Cultural Background，澳洲龙舟协会：http：//www.ausdbf.com.au/content/cultural-procedures.
②Dragon Boat Cultural Background，澳洲龙舟协会：http：//www.ausdbf.com.au/content/cultural-procedures.
③Dragon Boat Cultural Background，澳洲龙舟协会：http：//www.ausdbf.com.au/content/cultural-procedures.
④Dragon Boat Cultural Background，澳洲龙舟协会：http：//www.ausdbf.com.au/content/cultural-procedures.

2010年2月8日,澳大利亚龙舟协会文化委员会正式公布了《点睛仪式操作手册》(表3-4)。非常详尽地描述了点睛仪式的起源、适用范围、流程(仪式前、仪式中、仪式后)、注意事项、粽子的制作原料和制作方法,甚至包括如何根据黄历选择点睛的日子、新龙舟和旧龙舟点睛的不同、龙舟下水、醒龙、游龙、回龙、给龙舟命名、如何切祭祀用的乳猪等等,较为完整地保留了龙舟的传统文化。

表3-4 澳大利亚龙舟协会点睛仪式范本[①]

部分	步骤	内容	时间	注意事项
必选	一、祈福仪式	1. 法事 2. 佑福划手	5分钟 5分钟	
必选	二、点睛仪式	1. 点睛 2. 给各船分发粽子	 15分钟	1. 鼓手可以敲鼓 2. 确保所有的船都参加点睛,包括救护和备用龙舟 3. 一定要给僧人红包
备选	三、舞狮表演		15分钟	

2011年2月,澳大利亚龙舟协会文化委员会还发布了"龙舟精神和龙舟运动员誓词"。他们认为的龙舟精神是:发扬体育精神,胜不骄、败不馁;参与比取胜更重要——像人生一样,追求的是奋斗本身而非只是奖杯;忠于团队,为集体荣誉而战;刻苦训练,更加强壮,胜利将不期而至。运动员的宣誓词这样写道:我代表全体运动员宣誓,保证在比赛中尊重对手,遵守规则,尊敬裁判,为了龙舟运动的发展和全体运动员的荣耀,全身心地发扬龙舟精神。

2010年,澳大利亚龙舟协会公布了新的澳大利亚国家龙舟队选拔办法,经过无记名投票将澳大利亚国家龙舟队取名为"极光队"(The Auroras)。第一阶段在各州或地区的基础上进行体能测试,2013年的测试项目包括了1500米跑步、1分钟卧推、2分钟仰卧起坐、引体向上和左、右臂各1分钟壶铃抓提,各州体能测试前15%的运动员将入选澳大利亚国家队训练营进入第二阶段选拔,这一阶段主要测试队员的200米和400米个人划能力和团队配合能力,需经过训练营选拔最终确定国家一队、二队、三队和青年队名单。2012年5月,澳大利亚龙舟协会公布了第2版《澳大利亚国家队管理手册》。国家队在澳大利亚龙舟协

[①] Dotting of the Eyes Procedure Manual, 澳洲龙舟协会: ttp://www.ausdbf.com.au/content/cultural-procedures.

会理事会的领导下，设总教练和总领队，各级队分别设主教练和助理教练；领队和领队助理（图3-10）。领队须至少每周向理事会汇报工作，负责国家队的参赛联络、住宿和交通、运动员行为保证书的签收、保险、队伍经费预算、赛事总结与财务决算报告、训练营的组织及风险管理制度等（表3-5）。

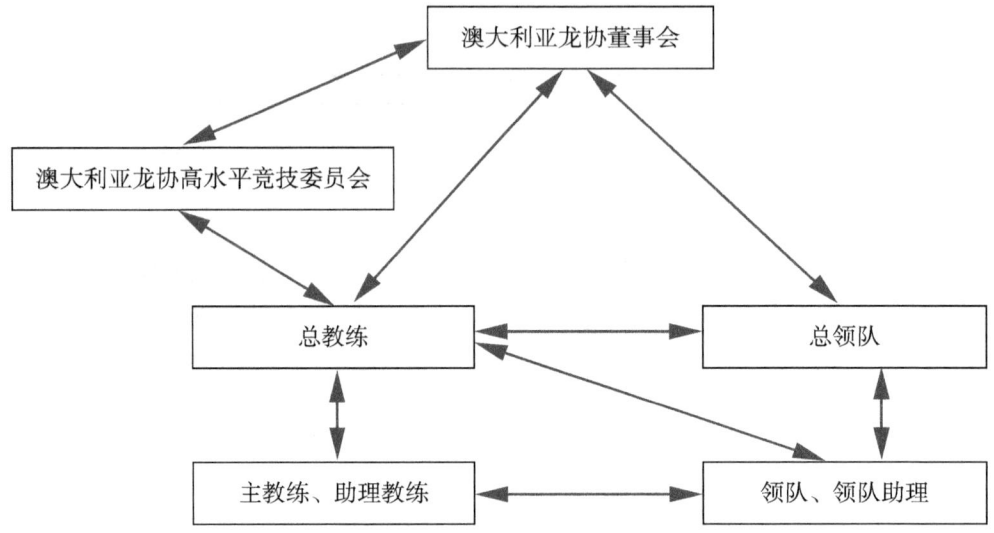

图3-10　澳大利亚龙舟国家队管理沟通网络[①]

表3-5　澳大利亚龙舟协会国家队风险管理等级评估方案（部分）[②]

		后果				
		1-轻微：通过内部急救处理等	2-较低：需要专业人士医疗救助或者到医院就诊	3-中等：没有永久性的伤害，但需要住院治疗	4-严重：广泛的永久性损伤，需要长期住院	5-重大：死亡或终身残疾
可能性	A：大多数情况下都可能发生	高风险	高风险	极度风险	极度风险	极度风险
	B：经常发生	中风险	高风险	高风险	极度风险	极度风险
	C：有事发生	低风险	中风险	高风险	极度风险	极度风险
	D：可能发生	低风险	低风险	中风险	高风险	极度风险
	E：很少发生	低风险	低风险	中风险	高风险	高风险

---

① 2011 Australian Team Managers Selection，澳洲龙舟协会：http：//www.ausdbf.com.au/content/archived-general-documents-2011.

② AusDBF Australian Team Guidance Manual（Head Coach- Team Managers-Captains），Version 2, May 2012：http：//www.ausdbf.com.au/content/auroras.

四、北美洲龙舟运动的发展概况

国际龙舟运动第一次登陆美洲大陆是在 1983 年的美国加利福尼亚州圣地亚哥市。这一年，新加坡捐赠的三条龙舟运至圣地亚哥市。1983 年 6 月，来自圣地亚哥的夏威夷舷外支架独木舟俱乐部（Hanohano Hawaiian Outrigger Canoe Club）战胜了来自新加坡的卫冕冠军，赢得代表美国参加 1984 年世界龙舟锦标赛的资格。①在新加坡举行的这届世界龙舟锦标赛中，美国圣地亚哥龙舟队勇夺桂冠，瑞典队和新加坡队分列第 2 名和第 3 名。同年，美国龙舟队还在澳门举行的国际比赛中战胜了中国顺德龙舟队取得冠军。在随后的 1988 年和 1989 年，美国队在新加坡和中国还取得了很多冠军。

在美国的俄勒冈州波特兰市每年一度举行的玫瑰节龙舟赛（Rose Festival Dragon Boat Race）上举行的是由中国台湾带到美国的传统龙舟赛，增加了在龙舟通过终点时的夺标环节，这是在古代没有终点摄像和电子计时系统时，一种传统的判决名次的方法。如今，波特兰玫瑰龙舟赛成为了北美最大的"台湾式"龙舟赛。1998 年，在佛罗里达州奥兰多市迪斯尼公园举行的龙舟赛开创了历史上第一次在世界级的游乐园内举行龙舟赛的先河。

2001 年，宾夕法尼亚州费城举办了国际龙舟联合会世界龙舟锦标赛，龙舟从此成为该地区的传统赛事，每年有超过 150 支龙舟队参加在著名的斯库尔基尔河赛道举行的锦标赛和龙舟节。2011 年，世界龙舟锦标赛在佛罗里达州坦帕市举行。

美国龙舟协会（USDBF）目前是一个完全的志愿者组织。从 2013 年 7 月开始，美国龙舟协会成为国际龙舟联合会地区成员——泛美龙舟联合会的代表。美国龙舟联合会包括四个地区成员：太平洋西海岸龙舟协会（PDBA）、中部地区龙舟协会（ADBA）、东部地区龙舟协会（ERDBA）和东南地区龙舟协会（SRDBA）（图 3-11）。

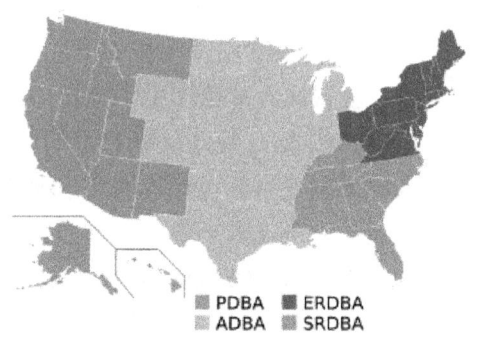

图 3-11　美国龙舟协会分区图②

---

①维基百科：http://en.wikipedia.org/wiki/Dragon_boat。
②http://www.usdbf.org/about_us/regions。

美国龙舟协会是在原中部地区龙舟协会的基础上发展起来的，中部地区龙舟协会依然保持着 American Dragon Boat Association（ADBA）的名称，但它已经是全美中部地区龙舟运动的组织了，该组织涵盖了北起明尼苏达州，南至得克萨斯州，东自印第安纳州，西达科罗拉多州的地区。据 2013 年统计，在中部地区龙舟协会注册的龙舟节共有 13 个，龙舟俱乐部共有 10 个。2014 年，来自中部地区龙舟协会的"风之城龙舟俱乐部"和"粉色力量龙舟俱乐部"将代表美国参加 2014 年世界龙舟俱乐部锦标赛。2015 年，中部地区龙舟协会还将在伊利诺伊州的阿灵顿湖承办全美龙舟俱乐部锦标赛。

早在 1945 年，加拿大就曾与"龙"文化结缘。据 1945 年 10 月 10 日温哥华《太阳新闻报》记载，第二次世界大战太平洋战争结束后，中华民国政府赠送给温哥华市市长一块镶有龙图腾的银匾。文章配有照片，文字解释说，因为温哥华是北美通向亚洲的门户，也将是在亚洲以外地区举办龙舟赛的理想城市。这个举办龙舟赛的提议曾被与新奥尔良狂欢节相提并论。由于 1946 年是温哥华建市六十周年钻石庆典，因此，有人提议举办龙舟赛以庆祝。但是，这一提议直到 1986 年温哥华建市百年华诞举办世界博览会时才得以实现。

1986 年世界博览会期间，龙舟赛第一次亮相温哥华。六条龙舟由香港政府运到英属哥伦比亚省的温哥华市参展世界博览会，在香港日当天于中福溪河上竞渡。同年夏天，大多伦多中华文化中心龙舟委员会第一个开始在加拿大以举办龙舟赛的形式庆祝温哥华建市，尽管还有很多社会团体举办各式各样的庆祝活动，但是龙舟赛是少有的几个一直延续至今的庆祝活动之一。

1985 年，香港旅游协会的洪忠兴先生（2008 年担任国际龙舟联合会第一副主席）就曾向大多伦多中华文化中心赛事委员会建议以龙舟赛的形式举办庆祝活动。1992 年，香港总督克里斯托弗·巴顿送给加拿大总理布莱恩·马尔罗尼一条柚木制龙舟，以纪念香港和加拿大之间紧密的文化、社会和经济交往。目前，这条龙舟收藏于魁北克省加蒂诺市的加拿大人文博物馆。

1993 年，加拿大龙舟协会正式成立，并且成为国际龙舟联合会的会员。1996 年，第一届世界龙舟俱乐部锦标赛在温哥华举行，时逢龙舟运动进入加拿大十周年。十年之后的 2006 年，多伦多举办了第五届世界俱乐部龙舟锦标赛。同年，多伦多男子龙舟队在香港国际龙舟邀请赛上成为第一支亚洲之外的冠军获得者。2015 年 8 月，加拿大安大略省韦兰市还将第一次举办第十二届世界龙舟锦标赛。此外，在加拿大每年举办很多大型的龙舟节，如英属哥伦比亚省温哥华市的加拿大国际龙舟节、安大略省多伦多国际龙舟节和渥太华国际龙舟节等，每一次龙舟节都能吸引近200支龙舟队参赛。

五、南美洲龙舟运动的发展概况

两个多世纪前，首批华人抵达位于南美洲的特立尼达和多巴哥岛，在那里落地生根，同当地民众和睦相处。在特立尼达和多巴哥，人们同样热衷于龙舟赛。与中国在端午节赛龙舟不同，当地人在10月12日这一天举行龙舟比赛。10月12日是特立尼达和多巴哥当地的一个节日，叫作华人抵特纪念日，是为了纪念二百多年前华人抵达特立尼达和多巴哥的一个节日。

2006年10月12日，在特立尼达和多巴哥首都西班牙港，当地华侨华人和社会各界举行龙舟比赛，庆祝华人抵达特立尼达和多巴哥200周年，人们舞狮为龙舟比赛助兴。此后，特立尼达和多巴哥每年10月均举办成人龙舟赛。龙舟运动近年来在特多迅速发展，年轻的在校学生们也逐渐加入其中。2011年4月17日，特立尼达和多巴哥高中生校际龙舟赛在首都西班牙港恰卡拉马斯海湾举行。本届比赛共有10支参赛队伍，每队有20名队员，都是16~18岁的在校高中学生，分别角逐男子组、女子组和混合组的冠、亚、季军。中国驻特立尼达和多巴哥大使杨优明和特多教育部长戈皮辛格应邀出席并分别为获奖队伍颁奖。杨优明在颁奖仪式上发表了热情洋溢的讲话。他说，龙舟赛是一种典型的中国传统文化活动，非常高兴看到此项活动受到当地民众的喜爱。龙舟也是一项健康的户外水上运动，有利于参加者塑造品格、培养意志和树立团队意识。他希望特多年轻人通过参加这项运动，最终能在人生的道路上收获成功。他还表示，中国大使馆将一如继往为龙舟运动在特多的发展提供支持和帮助。

2014年10月12日，由特立尼达和多巴哥龙舟协会主办的第九届龙舟赛拉开帷幕。中国驻特立尼达和多巴哥使馆临时代办兰和平、特多艺术与多元文化部长林肯·道格拉斯应邀出席并致词。使馆馆员、在特中资企业领导及员工、华侨华人代表、来访特多的巴拿马龙舟协会观察团、特多各界人士及当地民众等现场观摩了紧张、激烈的龙舟赛事。兰代办首先代表回国述职的黄星原大使及中国驻特多使馆，对第九届特多龙舟赛的隆重开幕表示热烈祝贺！兰代办回忆起两年前来特多首次参加龙舟赛时的动人情景，并表示在随后的日子里自己先后4次出席龙舟赛，见证着赛龙舟这个在中国具有悠久历史的传统文化活动在特多不断发扬光大。兰代办感谢特多艺术与多元文化部等政府部门对此项活动的大力支持,感谢国际龙舟联合会拉美和加勒比专员弗兰科先生、特多华人抵特200周年公司总裁阿昆、特多龙舟协会主席达利普先生以及当地华侨华人、社会机构等各方为推广这项运动所做出的不懈努力与突出贡献。此次龙舟赛共有31支队伍参加,作为活动的一大亮点,今年首次设立了"大使杯"赛事,使馆馆员与在特中资企业共同组成的"中国梦"之队、中华总会龙舟队、土生华人协会龙舟队、中华商会龙舟队、孔子学院龙舟队及中国医疗队龙舟队等6支队伍激烈角逐"大使杯",以积极参与龙舟赛的形式为这项广受特多民众喜爱的体育运动提供支持。

六、非洲龙舟运动的发展概况

非洲国家,如南非、乌干达、塞内加尔、加纳、纳米比亚、肯尼亚、尼日利亚、留尼汪岛、索马里和喀麦隆都成立了龙舟协会,并且是国际龙舟联合会的成员。

1992年,作为友好城市的象征,两条龙舟从台湾运到南非开普敦。在作为庆祝活动举办的龙舟赛中,由开普敦当地的独木舟爱好者和救生员组成的龙舟队战胜了由运送龙舟来访的台湾海事船员组成的龙舟队。这之后的三年里,龙舟并没有在当地广泛开展起来。1995年,一位就职于英国耆卫集团(Old Mutual)市场部的尼古拉·奥斯女士被龙舟运动魅力所吸引。她成立了自己的南非龙舟(DBSA)公司,通过了国际龙舟联合会的相关考核后,举办了第1届开普敦国际龙舟赛,共有7支国际龙舟队和4支公司代表队参加了比赛。1995年,南非龙舟公司组队参加了在香港举行的国际龙舟邀请赛和在中国岳阳举行的第一届世界龙舟锦标赛。1996年,由英国耆卫集团赞助的六条玻璃钢制龙舟运到开普敦V&A码头,为将要在11月举行的第2届开普敦国际龙舟赛做准备。此后,开普敦每年都举办国际龙舟赛,参赛的队伍不断增加,来自英国、瑞典、意大利、新西兰、美国和德国的龙舟队是开普敦国际龙舟赛的常客。2004年,在开普敦举办的世界龙舟俱乐部锦标赛还吸引了来自俄罗斯、加拿大、荷兰、瑞士和澳大利亚的队伍。

2004年,南非龙舟公司创始人尼古拉·奥斯移民到加拿大。由台湾运来的两条木质龙舟由西开普敦龙舟协会(WCDBA)负责管理。2006年,该协会又接到台湾捐赠的另外两条木质龙舟，从此开始了每年一度的"台湾式"龙舟联赛。此后，西开普敦龙舟协会又购进了一批玻璃钢制龙舟，极大地推动了当地龙舟运动的发展。

南非其他地区开展龙舟运动的还有约翰尼斯堡（始于 1999 年）、帕雷斯（始于 2004 年）、德班（始于 2009 年）等地（图 3-12）。

图 3-12　南非龙舟协会会徽①

21 世纪的时候，龙舟赛开始在加纳举办。2010 年 3 月，在加纳漂流与龙舟协会（Ghana Rafting and Dragon Boat Association）和国际龙舟联合会的联合主持下，加纳在艾达福阿海滩举行了第 1 届全国龙舟锦标赛。

第三节　世界龙舟运动的主要赛事

按照国际龙舟联合会的规定，在单数年举办世界龙舟锦标赛，在双数年举办世界龙舟俱乐部锦标赛（表 3-6）。

---

① http://www.dragonboat.org.za//index.html.

表 3-6 国际龙舟联合会龙舟锦标赛①

年份	WDBRC	举办地	举办国/地区	年份	CCWC	举办地	举办国/地区
1995	1	岳阳	中国	1996	1	温哥华	加拿大
1997	2	香港	香港	1998	2	惠灵顿	新西兰
1999	3	诺丁汉	英国	2000	/	/	/
2001	4	费城	美国	2002	3	罗马	意大利
2003	5	波兹南	波兰	2004	4	开普敦	南非
2004	6	上海	中国	2006	5	多伦多	加拿大
2005	7	柏林	德国	2008	6	槟城	马来西亚
2007	8	悉尼	澳大利亚	2010	7	澳门	澳门
2009	9	布拉格	捷克	2012	8	香港	香港
2011	10	坦帕湾	美国	2014	9	拉文那	意大利
2013	11	塞格德	匈牙利	2016	10	阿德莱德	澳大利亚
2015	12	韦兰	加拿大				

世界龙舟锦标赛只限国家龙舟队参加，比赛必须至少有六支国际龙舟联合会正式会员的国家队伍参加。

世界龙舟俱乐部锦标赛只限代表龙舟俱乐部的赛队参加。赛队必须以俱乐部名义及以其服饰参赛，不得享有国家队地位。比赛必须至少有六支国龙联会正式会员或基本会员的俱乐部赛队参加，方有资格将比赛级别定为锦标赛。

现在国际龙舟联合会下有亚洲龙舟联合会和欧洲龙舟联合会。每个联合会每两年举办一届洲际锦标赛举办时间为双数年。亚洲龙舟锦标赛现已举办 11 届。

按照传统来划分每年著名的龙舟赛事有：香港国际龙舟邀请赛、澳门国际龙舟邀请赛、槟城（马来西亚）龙舟邀请赛、泰国天鹅舟国际邀请赛、日本国际龙舟锦标赛、悉尼国际龙舟邀请赛、加拿大多伦多国际龙舟邀请赛等。

---

①维基百科：http://en.wikipedia.org/wiki/Dragon_boat.

第四章 龙舟的种类、配件和搬运、保养和运动员的装备

龙是中华的象征，有许多人对龙舟的认识可能仅仅停留在视觉感受上，比如龙船的造型上有大有小，有龙头、龙尾、擂鼓手、舵手、锣手、划手等。其实我们在观看国内各地区的龙舟时会发现，龙舟的种类品种其实是很多的。龙舟的设计上许多地方采用了中国传统的龙形状来制作龙船的样式，不但具有浓厚的文化韵味，也极富艺术美感。虽然一些地方的龙船形状看上去有些是相类似，但其规格却有大小之分，人数多少之分，有普通生产和生活用龙船，也有竞技用的专用龙船等。从龙舟的大小，载人的数量和用途等方面看，不同地区的龙舟显现出了不同的特征。

在划龙舟时，尤其是在进行竞技龙舟比赛时，一支队伍的装备齐整、好坏体现出队伍的精神面貌，它也是训练质量和取得比赛好成绩的一个有效保证。良好的装备还可以起到保护运动员和避免队员意外伤害事故的发生。通常在划龙舟训练时应保证一条龙舟上最基本的物件配置，即舵桨，划桨、救生衣和水瓢以及用来固定和拴住船体的长绳。

第一节 龙舟的种类

中国式的龙舟通常都保留了龙头、龙尾、鼓、锣、舵的民俗传统，一般普通生活用的龙舟是没有这些附属装置的，只是到比赛时临时装上龙头、龙尾等配置就可以竞渡了。虽然各地区民俗特点不同，但在龙舟的设计制作上都极具地域民俗的风格，如龙舟有做成凤舟和象牙舟的，也有做成龟舟、虎头舟、牛角舟、天鹅舟等形状的（图4-1）。龙舟的形态充分体现出了中国龙的形象——即鹿角、狮鼻、虎眼、鱼须、马齿、蛇身、牛头，在中国的龙舟竞赛规则中通常将类似于划龙舟动作的都一起归类为划龙舟运动。

图 4-1　各式龙舟

　　龙舟的制作一般是以木料为主。过去在做龙舟时一定是要选用好的材料，如坤甸木、柚木、楸木、樟木、元木、杉木、松木等。其中尤以坤甸木所做龙船最为贵重，广东一些地区过去有一些好的龙舟都是用坤甸木做的，但这种木材现在已经很难找到了，选用该材料做的龙舟保护好可以使用上百年。杉木和樟木是造龙舟的上好木料，用柚木材料做的维护比较贵，楸木和杉木的材料相对便宜，但使用寿命较短。随着社会经济的发展和科学技术的进步，目前龙舟制作的材料也都发生了巨大变化。以前在制作龙舟中使用的都是木料，缺点是又硬又重，保养也比较费事，而且搬运十分的困难。现在制作龙舟用的材料基本上都已改用玻璃钢或复合材料等，其优点是轻巧，容易制作和易于保养，生产时间短等，以这些材料做的龙舟比木质的重量要减轻许多，也方便搬运和保养，在划龙舟时可以让船行驶得更快。

　　根据龙舟在制作中所使用的材料大致可以分为：木质龙舟、玻璃钢龙舟、复合材料龙舟三种。

　　目前，我国龙舟的种类可以归纳为传统龙舟和竞技龙舟、普通龙舟三种，从其样式上又可以将其分为专业用竞技龙舟和传统龙舟、生产和生活用普通龙舟。

一、竞技龙舟

可分为23人（含22人）龙舟、12人龙舟、5人龙舟、冰上龙舟、拔河赛龙舟、往返赛龙舟。竞技龙舟主要是用来竞技比赛的专业用龙舟，它的特点是船的线型流畅，犹如织布的梭子，分量轻，行驶快。

（一）23人龙舟

运动员为23人（注：国际龙联为22人龙舟、无锣手），其中划手20人，鼓手1人，锣手1人，舵手1人（图4-2-1，国际龙联22人龙舟见图4-2-2）。

图 4-2-1　23人龙舟

图 4-2-2　国际龙联22人龙舟

（二）12 人龙舟

运动员为 12 人，其中划手 10 人，鼓手 1 人，舵手 1 人，12 人龙舟不设锣手（图 4-3）。

图 4-3　12 人龙舟

（三）5 人龙舟

运动员为 5 人，其中划手 5 人，不设鼓手和舵手（图 4-4）。

图 4-4　5 人龙舟

(四) 冰上龙舟

运动员为 17 人、13 人、7 人，其中划手分别为 16 人、12 人、6 人，鼓手 1 人，不设锣手、舵手（图 4-5）。

图 4-5　冰上龙舟

(五) 拔河赛龙舟

运动员为 24 人、14 人，其中划手分别为 20 人、10 人，设鼓手 1 名，锣手 1 名，舵手 1 名，旗手 1 名，使用 23 人或 12 人龙舟进行比赛（图 4-6）。

一条龙舟拔河　　　　　　　　　两条龙舟拔河

图 4-6　拔河赛龙舟

(六) 往返赛龙舟

运动员人数同 23 人、12 人龙舟，使用 23 人或 12 人龙舟进行比赛。

二、传统龙舟

传统龙舟对许多人来说或许还是有些陌生，那么通过我们的介绍，来帮你揭开其神秘的面纱吧。传统龙舟因其兼具了娱乐性和竞技性的特点，具有大众化和传统文化的特性。传统龙舟有大小不一、人数也不一的特点。通常传统龙舟的用途主要是以表演、庆典、游乡和展示为主，尤其是大型的龙船，一般都是盛装打扮，造型极具鲜艳和夺人眼球，船上插满旗幡、头牌、罗伞、帅旗等，除此以外它还兼具了竞技比赛的作用（图 4-7）。

图 4-7　传统龙舟

在我国，每年一到端午节时龙舟比赛都能吸引数以万计的观众前来观看，其热闹场面的程度不亚于世界级的大赛。由于我国各地区民俗特点不同，传统龙舟在形状和规格大小、比赛方式等方面都是有所不同的（图 4-8、图 4-9）。

图 4-8 福建传统龙舟

图 4-9 贵州省台江县施洞镇传统独木龙舟

  传统龙舟上的划手可以有几十到上百人，它所承载的人数也要根据龙船大小来定，一般情况下如果是用于竞赛的传统龙舟，人数应以竞赛规程规定为准。2011年6月2日，在中国湖北省宜昌市秭归县的徐家冲水域下水了迄今世界上最大的钢制龙舟，这条龙舟长达62米，可以坐122名划手（图4-10）。随着社会的发展，传统龙舟其原始的文化功能也在被逐渐的淡化，并更多地成为了人们的一种竞技娱乐的方式。

图 4-10 世界上最大的钢制龙舟

三、普通龙舟

普通龙舟主要是指平时生产和生活用的船,它不像竞技龙舟和传统龙舟那样造型繁杂,这种船平时里是被当作生产和生活用工具,到需要比赛时稍加整理和修饰,装上龙头、龙尾就可以下水竞渡了。普通龙舟上的划手也是要根据其大小,长短来确定。普通龙舟船体一般也呈现出两头窄,中间宽,就像织布的梭子形状,普通龙舟的造型比较简洁,划手也是两人并排坐划桨。比赛时对普通龙舟进行简单的修饰,并安装上龙头、龙尾就可以比赛了,当然在有些地方也有不安装龙头、龙尾就进行比赛的(图4-11)。

图4-11 普通龙舟

四、旱龙舟介绍

旱龙舟可以说是我国先民不甘寂寞,因地制宜,用各种材料制成的有头有尾的陆上龙舟,其材料有用竹片和竹篾作骨架,外面用厚纸板包扎和用彩色纸粘糊成,船里插着五彩旗帜和绣球等装饰的龙舟,还有用其他材料做成的旱龙舟(图4-12)。旱龙舟的出现满足了一些没有河流条件地区,人们划龙舟的需要,它是水上划龙舟在陆地上的延伸,是人们在陆上进行模拟龙船比赛的一种活动,充分体现了我国劳动人民的智慧。通过举办旱地龙舟赛,将这一古老的中国传统文化活动以及传统民俗融入到了人们的日常生活,也让更多的老百姓都能一起参与其中、乐在其中,使人们在丰富多彩的传统民俗中感知到凝聚的力量,也使得"我们的端午节日"更加丰富多彩,更焕发活力,使得那些在陆上的人们也能够享受划龙舟的乐趣。旱地龙舟赛不仅给人一种耳目一新的感觉,它精彩也充满了趣味性,是我国的一道独特民俗风景,它使中国的传统文化不被遗忘和得以传承,也增强了老百姓的爱国情操。

图 4-12　各式旱龙舟

旱龙舟在我国的许多地方都有存在,如浙江的武义县,过去有旱地推端午船之俗,被认为可除邪祟。在广东的佛山、东莞、信宜都有旱地划龙舟习俗,它实际上是一种舞蹈。女子划龙船、对渔歌是陆丰"旱龙船"的特色,这是陆丰市湖东镇沿续演了300多年的"旱龙船"艺术。有"旱龙船"之乡的湖东镇,湖东"旱龙船"相传始创于明崇祯十七年(公元1644年),沿海的湖东百姓见惯了每年端午节水上龙船竞渡,于是创造出模仿划龙船动作的陆上龙船,又称"山龙船"。湖东的"旱龙船"最与众不同的,是男女皆可参与,分划两条龙船对唱汕尾渔歌的独特表演形式,成为陆丰市传统民间艺术的奇葩。由于旱龙舟是用竹子、纸等材料制作的，它比的不是速度，而是着重表演。虽然说是纸船，但旱龙舟的竞赛之激烈却并不逊色于河中的大龙船。

旱地龙舟舞起源于水上龙舟活动，然而水上划龙舟这项活动在南方比较容易于举办，因为自然条件比较适合，而北方地区受自然环境限制，广阔的水域较少，因此旱地龙舟舞便应运而生，它虽然没有水上那种汹涌澎湃的气势，但给人一种焕然一新的感觉，也使得北方的端午节气氛中国味更加浓厚。另外，南方也不是一年四季都能下水赛龙舟，旱地龙舟舞填补了不能下水划龙舟的缺憾，就这样南方也诞生了旱地龙舟舞这项民间艺术，目前的"旱龙船已成了一项濒危的民间艺术"。

五、家庭龙舟介绍

随着龙舟运动的发展，龙舟活动的形式也在不断发生着变化，为适应广大民众都能参与到龙舟运动中，提高健身的内涵，目前一种新颖的划龙舟活动方式正在逐渐形成——家庭龙舟。家庭龙舟人数可以是3~5人，既可以是一家三口，也可以是三代同堂，同事、邻里、朋友等都可以组合成一支队伍（图4-13）。

三门峡5人龙舟赛　　　　　　　　上海家庭5人龙舟赛

图4-13　家庭型龙舟

这种划龙舟的方式不但继承了端午的传统文化，又融合了趣味性、娱乐性，同时又不失竞技性，更让现在的三口之家也能参与划龙舟，使老百姓充分感受到了家庭龙舟的魅力，一家人在一起享受健身乐趣的同时可以共享天伦之乐，亲身体会到中国的传统文化。家庭龙舟的出现拉近了普通老百姓划龙舟的距离，降低了龙舟赛的参赛入门槛，使普通市民从观赏者走向参与者的行列，也为龙舟竞技运动奠定了更扎实的群众基础，使得龙舟更加便于面向社会推广和普及龙舟运动，这对提升我国龙舟运动水平具有非常重要的意义。

2014年中国龙舟公开赛（上海·普陀站）、2014年"尚都里杯"上海世界华人龙舟邀请赛、2014年上海市民体育大联赛暨"斐讯杯"松江区第六届端午龙舟赛、2014年"培生杯"中国龙舟公开赛（上海·浦东站），首次推出了"5人家庭小龙舟"比赛，这在全国都是首创，开拓了龙舟赛的新局面。该比赛的方式新颖、适应了普通百姓的需求，也传递了龙舟共济，同心同德的文化内涵，家庭小龙舟比赛开创了全国龙舟赛事的先河，希望可以为未来中国龙舟带来一个新气象。

现在我们在书中所介绍的龙舟主要是指用于专业竞技比赛用的龙舟，竞技比赛用的龙舟一般要求船体轻巧、线型好、易划，龙船一般都做得比较狭长，它的材质大都选用玻璃钢，这样可以有利于船的行驶速度。

第二节　龙舟的配件

赛龙舟自然离不开比赛的工具——龙舟，一条优质、完整的龙舟配置了龙头、龙尾、龙身、龙骨、划桨、舵等部分，制作精良的龙舟表现出了整体美感，也使得龙舟增加了灵气。一艘龙舟上通常要配置有划桨、舵桨、鼓手座椅、鼓、鼓架、鼓槌、锣手座椅、锣、锣架、锣槌、水瓢、救生衣、栓船的长绳等配件，作为划龙舟时这些配件都是不可或缺的。

一、划桨、桨手座椅

一条龙船必须配备齐整的划桨和备用划桨提供划手使用。选择一把质量良好的划桨对保证划水效果具有非常重要的意义，中国龙舟竞赛规则对划桨的长度、桨叶的宽度制作都有严格的规定。一支划桨的长度通常在1.05~1.30米之间，制作划桨的材质通常有木质材料和碳纤维材料两种（图4-14）。选择

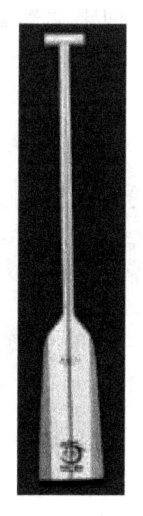
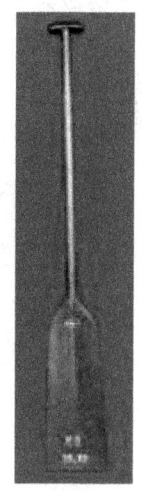

木质桨　　　碳纤维桨

图4-14 划桨

划桨首先要查看桨杆是否笔直、有无裂痕、疤痕等，桨杆要有柔韧性，不易折断，桨叶面无破损，如果是碳纤维材料做的桨，要防止磕碰，以免划桨牢度受损。对每次使用的划桨在练习或比赛前都要仔细检查，防止因划桨损伤问题而影响到训练和比赛，使用完毕后要将划桨擦干净妥善存放，一般可以做一个门形状的划桨架用来悬挂划桨，最好是垂直悬挂放置，或者用一个大的储物桶来放置划桨（图4-15）。

图 4-15 放置划桨的储物桶

划手的座椅一般是固定安置在船舱中，通常是两个划手并排坐，船舱里的座椅设置必须是能让划手在划桨时能牢固地坐稳，船舱底有抵足板可以蹬踏帮助稳定身体（图4-16）。

图 4-16 桨手座椅

二、舵桨

每条龙船必须配备一把船舵。质量良好的舵桨是保证龙舟安全行驶和掌控航向的重要条件,现今龙舟舵桨一般都是木制的,当然也有使用复合材料制作舵桨的(图4-17)。

图4-17 龙舟舵桨

选择舵桨时要查看舵桨杆是否笔直、有无裂痕、疤痕等,舵桨杆要有柔韧性,不易折断,舵桨叶面应平直无破损,对每次使用的舵桨在练习或比赛前都要仔细检查,防止因舵桨的损伤问题影响训练和比赛,使用完毕后要擦干净妥善存放,一般可以做个门形的舵桨架放置舵桨(类似于划桨架),安放以垂直悬挂最好。根据中国龙舟竞赛规则规定一支舵桨的总长度为3米,民间传统龙舟的舵长度没有严格的规定(如福建民间的龙舟舵桨长有7~8米的)。舵的位置一般是安放在龙船的船尾处,舵手可以站或坐着操舵。

三、鼓、鼓槌、鼓架、鼓手座椅

每条龙船必须配备一个鼓,两根鼓槌和一个鼓手座椅。选择鼓时,要从鼓皮、鼓的材质、颜色、样式、做工等多方面细节进行选择,要选择声音延续性好、空旷、均衡、皮质鼓面结构牢固的鼓（图4-18）。一个鼓好不好主要是看三样，即木头，鼓皮，人工制作。鼓面的牛皮以母牛颈上的皮最佳。

图4-18　鼓

鼓槌的材质选用木料做成，通常使用一般的木料就可以了，当然木料的种类是决定鼓槌的回应与耐用性能的主要因素，鼓槌的好坏对鼓手的敲击感觉起到直接的作用（图4-19）。

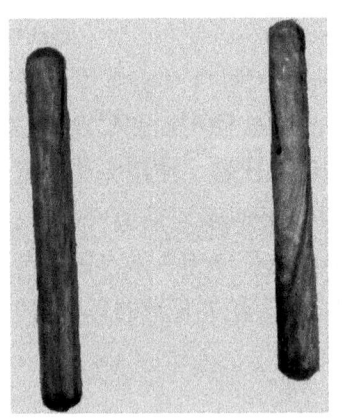 

图4-19　鼓槌

鼓槌的韧性一定要好，硬度不能太大，否则容易敲断和戳破鼓面，因为鼓槌需不断的敲鼓，有时敲鼓面有时敲鼓边，当然使用好的材料敲击出来的鼓声效果会更好些。鼓槌的重量也会影响到鼓手的手感和鼓的声音，一般来说粗的、沉重的鼓棒槌击时音量更大，也耐用一些，而较细、较轻的鼓棒，敲起来更轻快、更容易。用橡木做的鼓槌会比较适用于力量型的鼓手，因它木质密度高且结实，不容易变形、吸水、耐腐蚀，敲出的声音明亮。用枫木做的鼓棒具有良好的弹性，它的木纹很细密，使用枫木做的鼓槌敲出的声音较柔和。山胡桃木，其硬度中等至略硬重，有较强韧性，具有抗震动，抗磨损方面性能，并有一定的耐弯曲、耐腐蚀性，山胡桃木做的鼓槌敲击出来的声音会更洪亮些。当然也可以使用其他特殊材料做的，如复合材料等。手握鼓槌的长度会影响到敲击鼓的效果，要充分利用鼓棒的杠杆作用，较长的鼓槌提供杠杆作用会更明显，触及的范围也更大。好的鼓槌会使你在手感，敲击方面都感到得心应手。

龙舟鼓架的设置要使鼓摆放稳定、牢靠，便于鼓手敲鼓。鼓面摆放可以是平面也可以是斜面。现在竞技比赛用的龙舟都是直接将鼓放在船头舱板上，用绳索或橡皮带来固定鼓，不使其晃动（图4-20）。传统龙舟也有将鼓安放在船舱中央的鼓架上或直接安放在舱面板上。竞技比赛用的龙舟鼓手座椅通常是安放在船头舱面板上，高出划手和锣手的座椅，便于鼓手指挥和看清方向（传统龙舟一般不设鼓手座椅，鼓有安放在船舱中央的），鼓手的座椅要使鼓手能稳定、牢固地坐稳（图4-21）。

图4-20 龙舟鼓架

图 4-21　鼓手座椅

竞技龙舟一般采用一个人敲鼓指挥，但传统龙舟也有多人敲鼓的，通常在传统龙舟上使用站立式敲鼓的方式比较多（图 4-22）。

图 4-22　一人或多人敲鼓形式

四、锣、锣槌、锣架、锣手座椅

一条龙船必须配备一个锣，一根锣槌和一个锣架。在选择锣时，要从锣的材质、样式、做工等多方面细节进行选择，要选择敲击后声音延续性好的铜质材料做锣（图 4-23）。

锣槌基本上是用木料做成的，通常使用一般的木料就可以了，木料要具有较强韧性，抗震动和抗磨损，当然锣槌好坏对锣手敲击感觉起到直

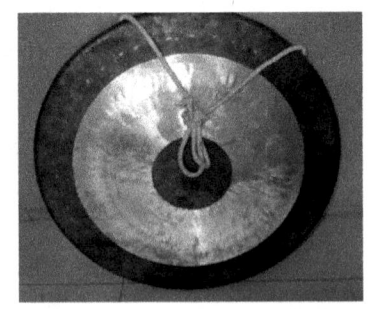

图 4-23　锣

接的作用，好的锣槌会使你在手感，声音方面都感到得心应手（图4-24）。使用好的材料制作出的锣槌敲出来的声音效果会更好些，锣槌的重量也会影响到锣手敲锣的手感和发出声音的效果，当然也可以有其他复合材料制作的。手握锣槌的长度会影响杠杆作用。较长的锣槌提供杠杆作用更明显，触及的范围也更大。

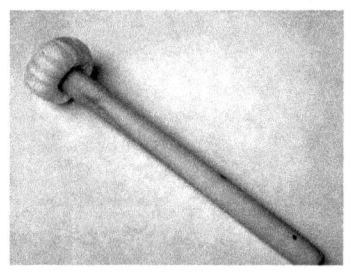 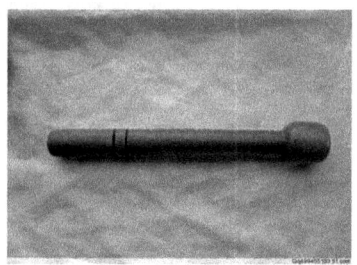

图4-24　锣槌

　　安放锣的架子设置上要使锣安放稳定、牢靠，便于锣手敲锣。现在竞技比赛时，其所用的锣架都是固定的，通常都安置在中舱（图4-25）。锣手的座椅（图4-26）也和划手并排在一起，锣手的座椅要使锣手能稳定、牢固地坐稳和便于敲锣。比赛时锣手用锣槌敲击架上的锣，协助鼓手和舵手指挥。传统龙舟的敲锣方式有位置在船头的，也有在船中间的。有固定的锣架，也有锣手自己一手拿着锣，一手拿着锣槌敲锣的，其位置与敲锣方式根据船型、大小、练习时的安排来定（图4-27）。2012年中华龙舟大赛（海南·万宁站）上又恢复了取消多年的锣，使消失了多年的锣在龙舟比赛中重新崭露头角，继续发挥其作用。

图4-25　锣架

图 4-26 锣椅

图 4-27 无固定锣架的敲锣形式

五、清水工具——水瓢、吸水海绵、抽水泵

在龙舟活动中水瓢和抽水泵主要是用来清理船舱内积水的一种工具,划龙舟时飞溅的水花会不断的进入船中,难免使船里产生积水,如果积水过多就会造成船吃水加深或引起船的沉没,因此用水瓢将积水勺出,可以防止因进水使船的负重过重或进水过多而造成的沉船。在训练和比赛中每条龙船必须配备若干只水瓢给队员使用,以便对船中的积水进行及时排水(图 4-28)。在竞赛中每条龙舟至少应配置两个水瓢。水瓢的样式要选用便于在船中进行勺水的,且材质是不易损坏的。也可以使用吸水海绵作为排水工具(图 4-29),其最大的优点是可以将死

角地方的水彻底排干净。还可以利用废弃的空饮料瓶等充当舀水的工具，或其他能盛水的物品充当这种舀水用的工具。当然在遇到翻船后船进水较多的情况下，使用抽水泵排水可以将船内的积水迅速排到船外，在竞技比赛中管理器材的码头必须配置小型的抽水泵（图4-30）。

图4-28 水瓢

图4-29 吸水海绵

图4-30 抽水泵

六、救生衣

救生衣又称救生背心，是一种救护生命的服装，采用尼龙面料等浮力材料或可充气的材料等制作而成，设计成类似背心，它是一种救助落水者时使用的最简便的救生浮具（图4-31）。一件合格的救生衣穿在身上应具有足够的浮力，它可以使落水者的头部迅速露出水面并能将落水的队员托起在水面上。救生衣的浮力标准：一件成人救生衣在水中要能浮起7.5公斤的重量达24小时，也就是说能使一个成年人的头部浮于水面上。在龙舟活动中每条龙舟必须配备足够的救生衣提供队员穿着，而且救生衣必须是符合救生规格的。

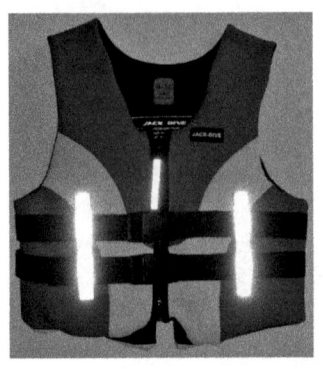 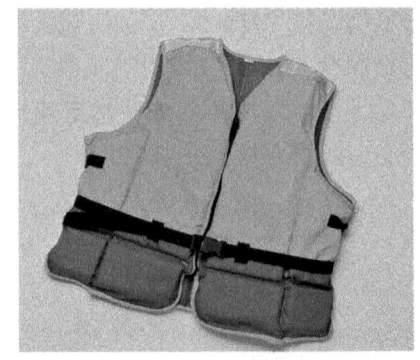

图 4-31 救生衣

如使用充气式或被动充气式救生衣应该注意的是,要绝对避免尖锐物戳穿或磨破防水层,否则漏气后会造成不堪设想的严重后果。另外,如遇突然的翻船可能会来不及拉充气阀,造成救生衣没有充气,故一般不建议在龙舟活动中使用该类救生衣(图 4-32)。救生衣一般要选用轻便,而且要便于穿着的,并不妨碍划手活动的。救生衣选择的颜色通常有橙色和红色的救生衣,因这两种颜色比较醒目且容易被发现。如果是落在海里,橙红色还是一种避免鲨鱼等凶猛鱼类袭击的颜色,对于落水者来说较为安全。

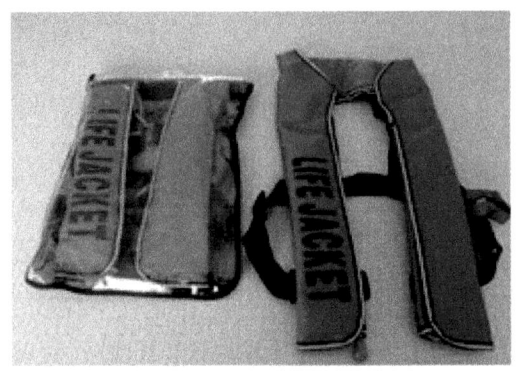

图 4-32 充气式救生衣

救生衣的选择:在穿戴救生衣前,先要检查救生衣是否有破损,捆扎救生衣的边带、浮力带是否缺损和牢固等等,确认完好以后再开始穿救生衣。这里需要提醒的是，由于救生衣的型号较多，穿戴方式也略有不同，在选择穿戴时应注意各种救生衣的使用和穿戴方法以及大小尺码（图4-33）。

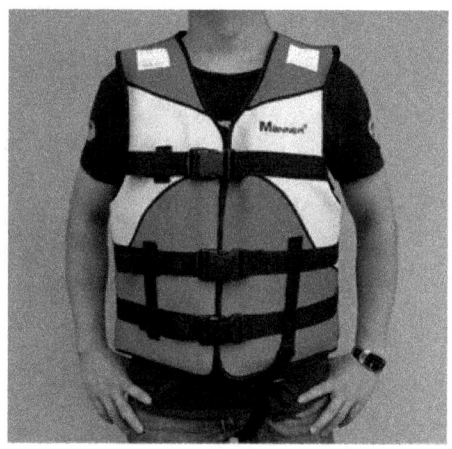

图4-33　救生衣的穿戴

七、辅助用长绳、长竹竿

长绳和长竹竿在龙舟活动中主要起到固定和牵引船的辅助作用，当然紧急时也可以用来作救生的用具。通常每条龙舟要配备两根长绳，龙船前后各一根，一根用在船头，一根用在船尾，其作用是人离开船时将龙船固定在岸边或码头的桩上，不让船漂移，在人员上下、靠离码头时便于他人牵引和固定船身。龙舟上的长绳，根据实际需要一般选用4~5米长（图4-34）。

图4-34　长尼龙绳

长竹竿一般是用在比赛的起点，龙舟在出发时做牵引和调整船位用，也有用在船靠码头时做牵引，可以作为救生杆使用。一般可以选用长度约 3~5 米的竹竿（图 4-35）。

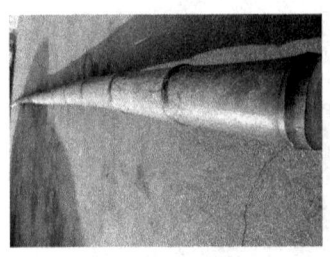

图 4-35　长竹竿

八、介绍几种绳结的实用结打法

绳结打法看似简单，但其在固定船只中是一项很重要的技术，非常实用。无论是什么样的绳结，都必须是易结、易解、易调、不易滑脱。绳结打法是否正确直接影响到对船只的固定，也关系到比赛的顺利进行，尤其是在竞赛过程中，担任码头管理工作的人员一定要掌握有关的绳结打法。绳结是划龙舟运动爱好者必须掌握的，在龙舟活动中经常会碰到要将一条或者几条龙舟固定在岸边或码头上，由于对绳结的不熟悉，拴在码头上的龙舟时常会松开漂走，给练习和比赛以及管理船只带来麻烦。因此，作为教练员和队员以及一些龙舟器材的管理者应该掌握几种基本的绳结打法，这会对你的训练和工作、管理带来很大的益处的。

以下向大家介绍几种常用的绳结打法。绳结的打法有很多种，在龙舟活动中系太多的结也没有必要，掌握几种常用的绳结打法就足以应付了，比如人结、八字结、平结、营钉结等。

（一）人结

简介：有称绳结之王，在各种户外运动中被广泛运用，日常生活中也常会用到（图 4-36）。

图 4-36　人结

用途：当绳索系在其他物体上或是在绳索的末端结成一个圈圈时使用。

特点：易结易解、结实、牢固、用途广泛、变化多端。

（二）八字结

简介：打法简单、易系。

用途：是一条绳上的一个临时或简单的终止结或制动点，主要做固定作用（图4-37）。

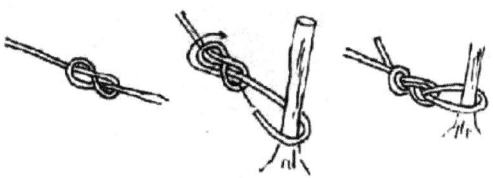

图4-37　八字结

特点：结实、牢固，两端即使被拉得很紧，也可以轻松解开。

（三）平结（又称接绳结）

简介：打法简单、易系（图4-38）。

用途：两条绳子的连接结，可以将短绳连接成长绳的绳结。

图4-38　平结

特点：如果打结方法发生错误，就可能会变成不完全的活结，用力一拉结就会散开。如果拉得太紧，其结就不太容易解开，不过如果双手握住绳头，朝两边用力一拉就可轻松解开。

（四）营钉结（双半结或称海军结）

简介：打法简单、易系，能快速地解开，不易松开（图4-39）。

图4-39　营钉结

用途：可让你将绳的结在固定杆上上下移动，用来拴牢码头上的龙舟。
特点：易结、易解，结实、牢固、安全性高。

第三节　龙舟的搬运和保养

划龙舟和举办龙舟活动经常会遇到搬运和保养的问题，这是一个不可回避的事情，由于龙舟体积较大，其搬运和保养过程也比较费劲，尤其是在搬运过程中千万不得马虎，一旦有所闪失，后果非常严重，甚至会影响到后面的训练和比赛，也可能出现伤害事故。如何才能杜绝此类事的发生，这就需要在搬运龙舟的过程中作好详细策划，做好每一步的搬运工作，同时搬运人员要有默契的配合。装卸搬运是龙舟物流中每一项活动开始及结束时必然发生的活动，经常会被人忽视，其实它是龙舟物流操作中不可缺少的组成部分，是赛事中的一个组成部分。如果在龙舟的物流过程中任何一个环节有闪失就会给整个赛事工作带来无法弥补的损失。龙舟的搬运中实际包含了相随的装、卸搬运工作，在龙舟的落脚地（泛指的保管活动），也含有装、卸搬运活动。通常的搬运方法有设备起重工具吊装、卡车运输和人力手工搬运两种方法（图4-40）。采用设备起重工具搬运一般是在需要转场和路程较远、搬运龙舟数量较多、活动现场较为宽广的地方等使用（图4-41）。采用人力手工搬运一般是在场地比较狭小、现场大型设备无法启用、路程较近的地方等使用（图4-42）。

图 4-40　机械吊装

图 4-41　龙舟搬运

图 4-42　人工搬运

一、龙舟的搬运和运输

龙舟在运输和装卸、下水和出水上岸过程中,如果运输和装卸方式错误或不注意,是很容易造成龙舟器材的损坏和磨损。搬运龙舟可以使用设备起重工具,如吊车或者使用电动、手工葫芦等起重工具进行吊装(图4-43),这样可以节省许多时间和劳动力,而且迅速,当然在没有设备起重工具的时候也可以采用人力手工进行搬运。龙舟在搬运时所有物品必须捆扎牢固,龙舟应轻搬轻放,堆放要平稳,龙舟堆放的高度要适当。

图4-43　手工葫芦吊装龙舟

(一)使用设备起重工具搬运龙舟时的注意事项

(1)在起运、吊装、运输龙舟时必须听从指挥,服从安排。

(2)装卸龙舟时要设计固定吊装点,起吊时要检查是否捆扎牢靠才能起吊,吊装时严禁搬运人员站在吊装的龙舟下面。

(3)搬运时要先进行设备的检查,搬运或移动龙舟时要做到轻搬轻放,不能硬拉硬拽,以免损伤船的结构和将船底刮毛。因龙舟较重,在起吊时为避免将船体刮毛和磨损,稳妥的做法是在绳索套住龙舟的部位垫上一层软垫(或使用吊装带），然后再将绳索套入龙舟吊起再移动。

（4）使用设备起重搬运，在操作时一定要注意安全，操作中的安全注意事项一定要严格遵守。

（5）使用设备起重搬运工具平时要注意维护保养，并定期进行检查和检验，发现影响安全的缺陷应及时处理修好，不合格的起重设备禁止使用。

（6）设备起重搬运作业必须由取得相应资质的专业人员进行，做到持证上岗。设备起重搬运作业前应检查是否超过规定负荷，吊装的龙舟是否绑扎牢固，不得歪拉、斜吊龙舟。

（7）龙舟搬运工作要由专人负责进行，参加工作的人员应该熟悉设备起重搬运方案和安全措施。设备起重搬运时要由经过专业技术培训并取得合格证的人员担任指挥，设备起重搬运作业不得在无人指挥、监护的条件下单独操作。

（8）起吊龙舟时，应增加拉绳索牵引。吊龙舟的绳索固定点有光滑的部分，可在光滑面与绳子相接触处加以包垫，防止绳子磨损船外壳或打滑。设备起重搬运起吊前应先进行试吊，检查合格无问题后方可正式起吊。

（9）使用车辆运输的，龙舟与架子之间，要用塑胶、泡沫、厚布、胶皮等做隔层，以免颠簸磕碰船身。

（二）人力手工搬运龙舟时的注意事项

在没有设备起重工具的情况下也可以采用人力手工搬运龙舟的方法进行搬运，正确的方法是需要有足够的人力进行搬运（图4-44）。

图4-44　多人搬运龙舟

（1）人工搬运、装卸龙舟时应根据龙舟大小，重量配备充足的搬运人员。

（2）在搬运时要有专人负责进行统一指挥，搬运人员每人保持一定间隔，步调须一致。

（3）搬运龙舟时手要抓住内嵌式提手或握住船舷、座椅将龙舟抬起，要避免船体外壳与地面接触，从拖车等器材上直接搬运龙舟下水或出水，不可在地面上直接拖动龙舟，这会导致龙舟船体底部的磨损。

二、龙舟的维护与保养

龙舟在不使用时对船体的维护是非常重要的，平时的一些刮蹭、摩擦使船体表面的胶衣保护层受到损坏，导致船体外壳玻璃纤维裸露，木质材料开裂漏水，或者因为撞击或其他事故引起的大面积的船体损坏，这些情况都要在平时的维护保养中及时修复。保养方面主要是对损坏的船体进行维修、上漆、抛光等。一般情况下可以联系制造商进行维修，如果产品损伤轻微，维修难度不大，通常也可以自行购买材料进行修补。

（1）龙舟器材在使用完毕之后，船舱内的积水都应该及时做好清洁和干燥的处理，在每次使用完龙舟器材后要尽量保持龙舟的清洁和干燥。

（2）在不使用龙舟的季节，仓储存放龙舟器材的时候，应该将龙舟倒扣放置在支撑架或长凳等支撑物上，避免船体两端长期受力变形。如果龙舟放置于室外，一定要使用遮盖物把船体遮住（如用帆布等物品将船体遮盖），这样可以有效的避免阳光或腐蚀性雨水对船体造成的损耗，同时也能最大限度的降低船体木质配件的维修次数（图4-45）。

图4-45 龙舟倒扣放置

（3）龙舟在使用过程中，船舱内会有少量进水，这通常都是运动中溅起的水花进入了船舱，属正常情况，如果使用过程中进水量很大，则应及时检查船体是否有损坏，并及时地进行修复。

（4）玻璃钢材质的龙舟，因是一种玻璃纤维增强塑料，它的特点是材质轻而硬，不导电、热导率低、耐腐蚀，但是长期耐温性差，在紫外线、风沙雨雪等作用下会导致风化和破坏。故也可以将龙舟沉入湖水中保存，这对龙舟可以起到保护的作用，并延缓其老化和延长使用寿命，这是许多地方保养龙舟的一种经验方法。须注意的是为了防止沉入湖水中的龙舟"随波逐流"，龙舟下沉后要用绳索将其固定捆绑在一起，并做好记号，避免漂失和移动位置而找不到。不过沉入水中的龙舟打捞上来之后，要对其进行全身的清洗、维修和保养，损坏的地方要进行修复，然后进行喷漆，这样可以让龙舟变得像新的一样漂亮。

（5）木质龙舟也有将其沉入河底进行保存的。在要使用时将龙舟从水中捞上岸清洗干净后晾干，并给龙舟刷上桐油，通常是要上三次油，待干后就可以下水了。

（6）木质材料的龙舟，保存的最好方法是给龙舟建造"龙房"安放（图4-45），将龙舟架空在里面，免受阳光、雨水侵蚀。木质龙舟存放时一定要将整个船身清洗干净，并擦干和凉干，然后给龙舟刷上桐油凉干保存。当然玻璃钢材质的比木头的更耐用也更容易保养了，在不用的季节里只要将整个船身清洗干净，擦干放到阴凉干燥处就行了。对不用的龙舟外壳船体进行上蜡，这样可以使龙舟的使用寿命延长。

第四节　运动员的装备

一套理想的运动装备会为运动员创造好成绩带来机遇，也能使队员的心理感觉舒适，同时又可以起到保护身体的作用，可以说好装备是为运动员创造好成绩的一个重要因素。运动员的装备这个细节对于每个队伍来说都是至关重要的，一定要注意这个"细微差别"，现在已经有许多队伍开始注意到运动员装备的问题了。我们知道在队伍还处在初级和上升水平阶段时，运动员装备问题还不是很突出，而当队伍已上升到比较高的水平时，运动员装备的重视程度也会越来越高。比如参照了流体力学设计的服装，采用特殊技术及原料制造的、能够让运动员在酷热的赛场上保持凉爽的服装等等，这一切都能够帮助运动员达到更高更快更强的境界。一套优质、合理的装备会让运动员在比赛中感到更舒服、更有信心，并由此获得更好的表现，而具有高科技含量的装备，可以让运动员具有了更好的发挥空间和好成绩。

一、运动服装

龙舟运动员的着装除了要显示出我国民俗特点外，还要轻便，透气，排汗性要好，要能防水，要符合训练和竞技比赛要求，尤其是参加竞技比赛的服装要体现出流体力学的设计（图4-46）。一般龙舟运动员的服装通常要选择柔软、弹性好、吸水性好的服装，而且服装穿着在身上，经长时间的运动不会磨损身体的皮肤，训练和比赛后也要便于洗涤和不易退色，天冷时保暖风雨衣要能防风、防水，质量一定要好并带有帽的。因此龙舟运动员的服装要体现出透气、耐磨，防水特点。竞技龙舟队员穿着的比赛服装要体现人体工程学和运动力学原理，使运动员身体呈流线型，减小服装对船的阻力，因阻力大会影响运动员成绩的发挥，尤其是长距离划龙舟。采用紧身的服装还可以减少肌肉的颤抖和能量的消耗，延缓运动中产生的乳酸，这尤其对长距离划龙舟比赛来说非常重要。当然传统龙舟运动员服装要突出我国各地的的民族性和文化传统特色。运动员的服装要根据气候变化选择使用，冬、夏装应区别开来。

图4-46　龙舟运动员的服装

二、划船专用手套

手是人体器官中最为精细致密的器官之一,它由27块骨骼组成,占人体骨骼总数的1/4,而且肌肉、血管和神经的分布与组织都极其惊人的复杂,仅指尖上每平方厘米的毛细血管长度就可达数米,神经末梢达数千个,这些精细的神经网络可以使我们在几微秒内感觉到冷、热、疼痛等,因此保护好我们的手是非常重要的,疏忽了对它的适当保护,会导致手部出现损伤,在划龙舟活动中手对划手来讲是非常重要的,由此可见手对划手的重要性(图4-47)。为保护划手的手不受损伤,选择一副手套(护掌用)是十分必要(图4-48)。如何正确选择和使用手套作为手的防护用具呢,对大多数人来讲可能认为手套的作用只是作为冬季的防寒用具,然而对划龙舟的划手来说却是用来保护手免受损伤的防护用具。我们知道在划龙舟时划手经常会出现手掌起泡或磨损皮肤,如果划手的手没有保护好,就会影响到训练和比赛的质量。正确地使用划船专用手套可以保护手掌免受伤害,便于队员发挥出更好的成绩。当然,是否使用划船专用手套应依据个人的习惯来进行。一副质量良好的划船专用手套可以保护手部避免受损伤,当然价格也会稍贵些。也可以在训练或比赛前使用一些简单的材料来替代专用手套。如可以使用医用橡皮膏缠住易损伤的划桨手掌部位,这是一种简易、低费用的帮助保护手不受伤害的方法。在选择专用手套时要挑选那种手感柔软、舒适、灵巧,耐磨材料的。手套尺寸要适当,如果手套太紧,会限制手掌的血液流通,容易造成疲劳,并且不舒适。如果太松,会使用不灵活,而且容易脱落。

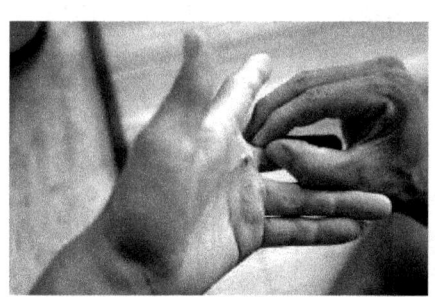

图4-47 磨破的手掌

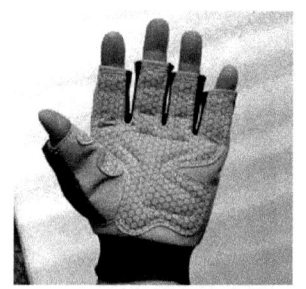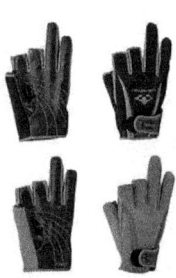

图4-48 划船专用手套

龙舟划手容易产生的几种手部损伤：

（1）手与划桨杆的摩擦会引起皮肉创伤，造成划手手部肌肉或组织、结构的伤害等。

（2）手与划桨杆或河水接触会产生皮炎，这类伤害主要是对手部皮肤的伤害。轻者，造成皮肤干燥、起皮、刺痒，重者出现红肿、水疱、疱疹、结疤等。这类伤害造成的原因是长期接触有害的水质溶液或包裹在桨杆外的化学涂层等。

（3）在湿、冷的环境下手发麻、疼痛。这种情况下会使手对温度的敏感度降低，触觉失灵，很容易发生血液循环不好，如果伤害到感觉神经，甚至会造成永久性的麻木。

针对划龙舟中存在的各种危害因素，在使用手套的过程中要注意以下几点：

（1）所选用的手套要具有足够的防护作用。

（2）不要与他人共用手套，因为手套内部是滋生细菌和微生物的温床，共用手套容易造成交叉感染。

（3）选择手套的材质要环保。

三、坐垫

一般的坐垫通常是无功能的，主要起到美观和铺垫作用，比如汽车和家居坐垫等。但在划龙舟中坐垫主要是起到防滑和保护臀部的作用。在这里我们所介绍的坐垫是用来保护运动员划龙舟时的专用坐垫，可以说是运动员装备的一个重要组成部分（图4-49）。一块好的坐垫可以保护队员的臀部因长时间与座椅摩擦所造成的皮肤损伤，也可以防止坐板打滑而使得队员划桨时坐不稳定。一块好的坐垫还可以促进臀部的血液循环，消除紧张疲劳。当然，一块差的坐垫也会使队员的臀部受到磨损，给划手的皮肤带来损伤，所以坐垫的好坏会起到不同的作用。

图4-49　坐垫

划手的坐垫其功能主要应体现在：

(1) 舒适性。

由于划龙舟项目的特殊性，运动员有时需要长时间的坐在座椅上划龙舟（长距离项目），时间久了很容易磨损臀部的皮肤，并产生疲劳。因此一个舒适的坐垫对保护队员的身体非常重要。

(2) 柔软、轻便、不易吸水、防滑。

一个好的坐垫应该是柔软、轻便和牢固，而且完全不易吸水，便于清洁和携带。龙舟规则对坐垫的厚度有严格的规定，即厚度不超过 1.5 厘米（指压下）。一般宽度不超过 20 厘米，长度不超过 30 厘米，选择坐垫时要挑选那种不会打滑的垫。

四、护脚鞋

我们人类与大自然亲密接触最多的就是脚，而鞋是我们脚的代理。在训练和比赛中穿鞋，其目的就是为了更好地保护我们的双脚，减少因运动而损伤到脚，可以说鞋子与征途是休戚与共的。我们人体的脚掌上有许多的穴位，这些穴位同身体内脏器官都紧密相连，在脚掌上还密布了许多的神经末梢，与大脑紧紧连在一起，故我们的脚又被称为人体的"第二心脏"。如果不穿着鞋子进行运动，脚很容易与地面或其他硬的物体接触，容易引发许多不可知的运动损伤。同时赤脚与过硬的地面或其他物体长期摩擦，很容易形成胼胝，造成生活中行走的困难，从而影响正常的学习和生活（图 4-50），在我们现实的划龙舟过程中有许多运动员在训练和比赛中是打着赤脚。在划龙舟过程中因接触船舱，不平的地面

图 4-50　未穿鞋子的脚

或河底、岸等，打赤脚难免会划伤双脚，而穿着护脚鞋划龙舟可以保护两脚免受损伤，还可以起到防滑作用，同时能更好地发挥出运动成绩。所以选择穿着一双舒适、轻便、耐磨、防水、好用的护脚鞋，在划龙舟活动时对人体的双脚可以起到很好的保护作用，还可以充分发挥体力和技术上的优势，提高运动成绩（图4-51）。

图 4-51　护脚鞋

护脚鞋的主要功能应体现在：
（1）穿着轻便，不易脱落。
（2）防滑、透气、舒适牢固和合脚。

一双好的护脚鞋应该具备良好的透气性，鞋面舒适贴脚等特点，护脚鞋应是龙舟运动员的首选。鞋底要有一定的厚度，有较好的弹性，并且要防滑。对运动员而言，一双合适的护脚鞋，可以更好发挥他们的技术水平，还可以保护他们的双脚，使其尽量不受运动损伤（图4-52）。

图 4-52　保护双脚的护脚鞋

五、护目镜

我们知道眼睛是用来锁定目标和看清方向的,而一旦眼睛出了问题,就会对我们的比赛和训练带来影响,佩戴护目镜是为了在划龙舟活动中保护眼睛不受伤害和溅起的水花侵入(图4-53)。一般的护目眼镜要有安全的PC镜片和保护镜框,框架要柔软有弹性,戴着舒适,有防滑的鼻垫及脚套,眼镜要美观,配合运动服饰进行搭配。划龙舟需要有一个好的安全防护眼镜,由于划龙舟需要长时间的在水面上进行训练和比赛,强烈的水面反光会特别刺眼,会对眼睛造成不适。另外在划龙舟的过程中队员的眼睛也很容易被划桨飞起的水花溅到眼睛而看不清方向,戴上眼镜可以挡住飞起的水花,所以选择一副良好的护目镜对保护队员的眼睛是有好处的。划龙舟的运动眼镜它应戴着舒适、轻巧,不易滑落,还要具有防紫外线,可以遮挡强烈的阳光和水面反射光。

图4-53 护目眼镜

护目眼镜一般选用茶色镜片较好,因为划龙舟需要长时间暴露在阳光下进行运动,选择PC镜片,俗称太空片,是一种不碎不裂的镜片,安全性100%。

其为目前世界上最轻薄的镜片，比玻璃镜片要轻 57%，比树脂镜片轻 37%，也是目前世界上最耐冲击的镜片，其材料首先应用于航天飞机观望窗及防弹玻璃，耐冲击性是玻璃片的 60 倍，是普通安全树脂片的 10 倍，100%抗紫外线（UV400）。对于从事划龙舟爱好者，建议应配置运动和安全的防护眼镜。

六、运动发带

发带主要用来装饰头发，同时运动发带可以给队伍带来焕然一新的精神面貌（图 4-54）。

图 4-54　运动发带

发带的作用：
（1）发带可以用来保护头部。
（2）其次可以用来遮发际线，固定长发，尤其是那些留较长头发的，可防止头发遮挡眼睛。
（3）也可以防止脸上的汗液或因划桨时撩起的水花淌下流进眼里，汗流到发带上会被其吸收。
（4）发带还可以稳定发型，当然也可以做装饰品。
（5）可以作为自己队伍的标志，同时也可体现出一支队伍的精神状态。

七、遮阳帽

训练中佩戴太阳帽可以防止紫外线及阳光直接照射头部，另外也可以反映出队伍的精神面貌和时代风尚（图 4-55）。有许多人在运动时喜欢用遮阳帽来进行装点。

图 4-55　遮阳帽

遮阳帽的作用：
（1）主要是用来遮蔽阳光，避免阳光刺激眼睛。
（2）体现队伍的精神面貌和整齐。
选择遮阳帽时应该挑选防紫外线的那种帽子，还要注意帽子有吸汗或排汗效果。

八、其他

每次进行训练时带一些保障装备，是为了应付各种临时的意外情况发生以及其他目的而备用的一些器材和用具。虽然有些物品很小，也不起眼，但在你需要的时候会给你带来意想不到的收获。

（一）扩音器

使用扩音器可以帮助鼓手、锣手、舵手扩展音量，能让划手更清楚的听清鼓手、锣手、舵手传递的信息（图 4-56）。划龙舟训练和比赛时，鼓手、锣手、舵手经常会用嗓子喊，时间长久易得慢性喉炎、声带息肉、声带小结等疾病，而且像慢性喉炎很难治愈，使用扩音器可以缓解这些疾病的症状，起到保护鼓手、舵手的嗓子。其实配置扩音器也是为了更好地保护嗓子，可以将鼓手、锣手、舵手的音量放大，让声音能传得更远，使全船的队员都能听见。一场训练或比赛下来鼓手、锣手、舵手的嗓子都会喊"起烟",训练和比赛中鼓手、锣手、舵手用嗓子的时间较长,尤其是在紧张激烈的比赛中,鼓手、锣手和舵手都会情不自禁的为本队呼喊加油,比赛时通常用嗓子都是处于超负荷状,一场比赛下来有许多鼓手、锣手、舵手经常将嗓子喊哑。在挑选扩音器时要选择那些音质好的,否则扩音器会给人不悦耳的感受,要挑选使用高质量、防水的扩音器。

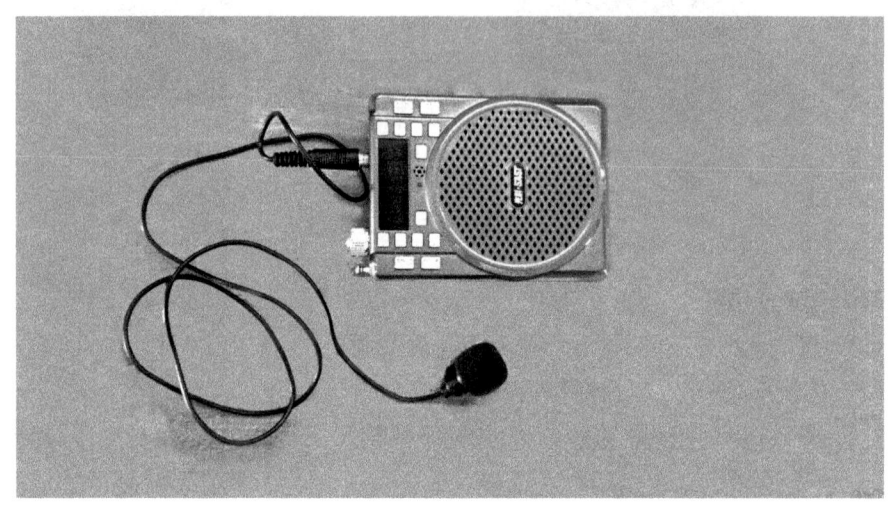

图 4-56　扩音器

另外,也可以随身携带一个哨子作为扩音器的延伸使用,在不使用扩音器时使用吹哨。比如鼓手有节奏的吹哨子,用以代替鼓声指挥划手划桨等。

(二) 医用物品

在划龙舟训练和比赛中,常常会发生一些小的损伤,舵手或鼓手配置一个小包,里面放置一些小药品和急救用品,如伤药、消炎药、绷带、橡皮胶带等对训练和比赛会带来许多方便,对一些小的、无大碍的损伤可以及时的进行处理。

(三) 户外水壶

在划龙舟活动中置备一个随身携带的户外水壶,可以灌装饮用水以备解渴,也卫生。

(四) 防水袋

放置一些容易受潮的小物品，保持用品不湿。如你的手机、衣物、鞋等。

(五) 证件袋

放置一些重要的证件或钱财。

(六) 望远镜

便于观察，增加你的视力所及范围。

(七) 对讲机

方便联络。如鼓手、锣手、舵手之间的联络，或与岸上教练联络用。通讯器材用于训练基地或附近城市之间的联络。

(八) 毛巾

随身置备1块毛巾，可用于擦汗。

(九) 防晒霜

随身置备1罐防晒霜，防止太阳灼晒，可保护皮肤等。

(十) 清凉油

随身置备1罐清凉油，预防蚊虫叮咬。

（十一）秒表

随身置备1块秒表用来计时。

（十二）闪光灯

闪光灯（提醒、保障安全用），用于早、晚训练。

第五章　水上安全保障

自从有了龙舟竞渡，龙舟活动中翻船倾覆事件就时有耳闻，由于一些教练、选手、管理者不谙水性或湖面风浪过险等意外原因而引起的溺毙人员历年来不胜计数，为了娱乐、健身及休息而付出这么大的代价，这是值得所有参加竞渡活动的队伍必须引起注意的。将划龙舟的安全常识单独放在一章，说明其重要性，希望从事划龙舟工作的所有教练员、管理人员和参加训练的运动员都要对此高度重视。众所周知，划龙舟一般都是在水面上进行训练和比赛的，江、河、湖、海上的情况复杂、天气变化多种多样，有水深、风浪大、水流急、漩涡等风险因素，如果你不熟悉驾船就很容易导致翻船，出现毁损船和人员溺水等事故。另外，由于各地在进行龙舟活动时水域环境的不同，加上有些地方在组织龙舟赛事时的无序竞划，组织管理不到位，划手自身求生能力低下，后勤服务保障跟不上等等都会造成群死群伤的严重事故，给社会和谐和稳定带来负面影响。所以在龙舟教学、训练和比赛过程中，作为一个教练员、运动员、管理人员和比赛的组织者必须具有高度的安全观念和意识，每次训练和比赛时都要充分考虑到安全措施，并在训练和比赛中认真落实到位，彻底避免活动中事故的发生。

第一节　划龙舟的安全常识

为防止溺水和伤害事故的发生，所有从事龙舟工作的教练员、运动员、管理人员和比赛的组织者在组织训练和比赛中熟知划龙舟的安全知识是必须的，教练员在平时的训练和比赛中，也要教会队员如何预防事故的发生和进行自救（图 5-1）。

图 5-1 龙舟倾覆现场

一、划龙舟时落实安全工作可以从以下几个方面入手

（一）了解队员

如果你是一名从事龙舟工作的教练员或管理者，首先要了解队员的身体健康状况，训练时如有疾病的队员应劝阻不要上船练习。比如患有心脏病、高血压、传染病、癫痫病等疾病的队员一律不能上船，对酒后的也应劝其不要上船练习，每次练习时要掌握每个队员的身体情况，做到心中有数。

（二）熟悉训练、比赛场地和所需使用器材

对于初学划龙舟者，我们应该知道首先不是教动作，而是要求初学者先熟悉在水中的环境，克服怕水心理，在逐渐适应了水中的环境后再进行划桨动作的教学。由于划龙舟的教学环境有很大一部分时间是在船上进行的，船在水面上会产生左右摇晃使得初学者坐立不稳，不易掌握平衡，会使初学者容易产生怕水心理，增加了初学者的学习难度。由于上述几种因素，在划龙舟教学时应根据其特有的特点，确保安全是划龙舟教学与训练首先要考虑的问题。因此在选择场地、组织教学、教学方法的选择及训练安排方面，都要从保证安全、防止事故发生等方面来考虑。

如果你是教练员或管理者，每次要提前对训练或比赛场地的水情、地形进行

勘察，并准备好救护工具，落实预防措施，必要时应带上鼓手和舵手熟悉情况。对训练和比赛的器材要做到心中有数，如划桨、舵桨、舵架、鼓、鼓架、锣、锣架、船等器材是否完好无损，防止因器材问题而引起训练或比赛的中断以及伤害事故的发生。

（三）掌握队员的游泳能力

由于划龙舟是在水上进行的，不会游泳的队员都会对训练和比赛带来不安全的因素，因此培训好每个队员的游泳能力对划龙舟来讲是必须的。教练员要了解队员是否会游泳的情况并对每个队员的游泳能力进行测试，对不会游泳的队员要安排一定课时进行游泳训练。按照中国龙舟竞赛规则要求所有参赛的运动员需着装游泳200米以上，所以在平时训练中要经常对队员进行水上救护知识及技术训练以备万一。龙舟运动员进行必要的长距离游泳训练是必须的，对不会游泳的队员在上船练习时一定要其穿上救生衣，如果是在水较深的湖、海里或风浪较大时全体队员一定要穿救生衣进行练习，同时对不会游泳的队员要安排会水和有救护能力的队员对其看护，防止发生意外。

（四）划龙舟活动中遇到翻船时

划龙舟因为是在水上，在活动过程中难免会遇到这样或那样的状况，如果在训练和比赛中遇到翻船，首先要保持头脑冷静，不要惊慌，在第一时间先露出水面，然后查看周围情况。水性好、有救护能力的队员，要帮助其他的队员。如果翻船后队员是被扣在船里，可以屏住气，两手臂上举分开摸到船舷或座椅向船舷外侧游出。如果是在比赛进行中翻船应立即停止比赛实施救人。如果翻船地点离岸边较远，周围也没有救援的船只，则可以利用周边的漂浮物或扶在船舷边上等待救援。如果在比赛或训练中船进水或者倾斜，千万不要站立起来或扔桨跳船，所有队员应平桨保持船的平衡，通常情况下队员手握划桨帮助保持船的平衡可以保持船不翻或不沉船，跳船会招致立即翻船。

（五）选择安全水域练习

在进行龙舟活动时由于各地的水域环境不同，因此训练和比赛应该选择在静水、无风浪和漩涡的水域进行，不要选择在危险的水域进行划龙舟。尤其是要注意尽量避开通航的河段，河面上空跨河桥梁、高压电线，水域下有乱石及遗弃沉船等阻碍航行物体，如果是在有船舶航行地方的水域进行龙舟活动应设立安全警戒区域，有条件的还要设立安全救护船只和专职救生人员。

二、有序的上下船

在划龙舟练习和比赛时参与人员选择正确的上下船方式非常重要，尤其是那些刚学会划龙舟和初组织的队伍，无序的上下船方式非常容易导致翻船和伤人事故。一支队伍选择不恰当的上下船方法很容易造成队员在登舟时和靠岸离船上岸时出现翻船和人落入水中以及伤害事故等情况。造成这些原因的主要因素都是不正确的登舟和离船方式引起的。所以要重视正确有序的登舟和离船方法，这样可以保障队员在登舟离岸和上岸离船时避免翻船和队员落水，也可以避免训练或比赛未开始就造成人员的损伤等因素。

（一）正确的登舟和离船上岸方法

登舟离岸时应有两名队员先将船头、船尾稳定住，然后划手们依次登舟。通常采用的方法是由鼓手扶住船头，舵手扶船尾稳定住船体，等全体队员都上船后，这两名队员最后登舟。先上船靠岸边的划手应帮助扶住岸边稳定住船，其他队员则要坐端正并握桨平桨帮助保持船的平衡。船在靠岸时应减缓速度慢慢靠近，离船上岸时鼓手、舵手先上岸扶住船并稳定住船体，靠岸一侧的划手帮助扶住岸边稳定船体，外侧的划手握划桨平桨帮助保持船的平衡，然后队员按顺序依次从前到后或由后到前离船上岸。上岸的动作要轻缓，不要用力蹬踏以免龙舟被蹬离岸边影响后面队员上岸，同时也可防止因用力蹬踏而造成的身体重心失去，跌入水中。

（二）龙舟队员登舟和离船上岸的顺序

登舟时队员按左右桨手并排坐的位置顺序——即1、2、3、4、5、6……依次登舟，通常是靠外侧的队员先上船。离船上岸时靠岸一侧的队员先上岸，队员按左右桨手位置的顺序从前到后或由后到前依次离船上岸。如采用从船头或船尾进行登舟的方式，则在登舟时应注意舵手或鼓手其中一人先上船，另一人负责扶船，登舟时队员要脚踩船的龙骨中线行走，划手们应按照在船上的排位顺序依次由后到前或由前到后顺序依次的登舟，登舟时一定要注意走在龙骨中线上，否则很容易造成翻船，先上船的划手要手握划桨帮助保持船的平衡防止翻船。下船时方法基本同登舟。

须注意的方面：在登舟或上岸时不要选择地势复杂的危险区域，如不稳定的河岸边坡、乱石、淤泥、木桩等，在训练和比赛中始终应选择适宜的码头、河岸斜坡、平坦的沙坡等上岸。任何一支龙舟队伍都应保持一个正确、有序的登舟、离岸和离船上岸的方法，才能避免无谓的伤害事故发生。

三、加强对龙舟的管理

龙舟停靠在岸边不用时要设立安全警示牌，并要有专职管理人员管理龙舟，防止不识水性人员或小孩爬上龙舟玩耍，引起跌入水中溺亡事故。龙舟停靠在岸边要用绳索固定拴牢，绳索必须拴牢在固定桩上，用绳索固定的还要检查绳结是否打好，避免因绳结问题造成龙舟漂移。龙舟上可以移动的配件要收齐，并整理安放好以免丢失（如划桨、鼓、锣、舵、鼓手座椅等）。

四、穿着合格的救生衣

救生衣是队员发生落水时的生命保护，穿着一件合格的救生衣可以成为队员训练和比赛中发生意外时的安全保障，千万不要将救生衣当成摆设，尤其是不会游泳的队员一定要穿着好救生衣，很多惨痛的教训就是不重视穿着救生衣。

审核一件救生衣是否合格，主要是看队员穿在身上是否具有足够的浮力，是否可以将落水者头部及时的托浮露出水面。在进行龙舟训练和比赛时救生衣的穿戴必须规范，许多遭遇突发事件时无法挽回的教训都是因为没有按要求穿戴好救生衣而造成溺水事故。

救生衣的正确穿着方法：

（1）穿着前应检查救生衣有无损坏，腰带、胸口及领口的带子是否齐整、完好。

（2）根据自己的体形调整好救生衣两侧边带的长短，将救生衣口哨袋朝外穿在身上。

（3）把头部套进救生衣内，将腰带部分置于体前，将左右两根腰带系牢于身体的腰部，如过长可分别绕到身后再到身前系牢，再系好胸口、领口的带子即可。拉好拉链，然后绑紧救生衣的腰带、胸口及领口的带子。

穿妥后一定要再次检查救生衣是否穿戴牢固，每一处的绳结是否缚牢无松动，若未系牢、扣牢，在落水时受水的冲击救生衣会松开或在水中漂浮较长时间后脱落从而造成溺水伤亡事故。我们一定要避免因穿戴不符合要求——即虚穿而产生的救生衣脱落引起的溺水事故。

第二节 训练和比赛中的救护

我们知道进行龙舟活动时一般是在河流、湖泊或海上进行的，在活动过程中有时难免会发生一些船进水沉没或意外翻船等事故。当发生船进水沉没或意外翻船时，我们第一时间是要及时将落水者救护上岸，避免事故的延伸扩大。发生翻船沉没事故时施救的救生艇应立即驶向出事的船只进行救助，在靠近出事船只后要立即将救生圈或漂浮物体等救生器材抛向落水者，并迅速清点落水人数。在将落水者施救上船或上岸后，医护人员要对被施救人员进行一系列的救护检查，如有重伤者在紧急处理后应迅速转往就近医院继续治疗。

在处置龙舟活动中发生的意外翻船、沉没等事故中，应做好以下几方面：

一、翻船落水时的救护要点

（一）在第一时间发现和迅速接近落水者

在龙舟活动中救护者要时刻注意水面情况，做到认真观察，一旦发现有落水者要在最短的时间内赶到并迅速做好救护准备。

（二）正确选用救生器材救助溺水者

比如可以使用长绳、长竹竿、救生圈或其他辅助救生器材进行施救。到达施救点后要首先向溺水者迅速抛出这些救生器材让其抓住，然后将他们拉回和救护上岸。落水者在施救人员未赶到前也要充分利用漂浮物等进行自救。

二、脱离水面后岸上救护要点

在发生翻船时，有时会发生一些淹溺者。当溺水时随着人的呼吸动作，水会进入呼吸道造成呼吸道阻塞，从而引发窒息，严重的会引起呼吸停止而死亡，所以溺水的现场急救至关重要，应争分夺秒。溺水者被救上岸后，在等待专业救护人员到来的时候，应先对溺水者实施人工呼吸抢救，不要为此而耽误时间，要一直等到专业医务人员到达现场并移交给专业救护人员。当有溺水者被救护上岸后，如是发生溺水休克的要立即实施控水和人工呼吸抢救，恢复其呼吸，如无心跳的还要立即做胸外人工挤压恢复心跳。心肺复苏术是针对心跳、呼吸骤停的溺水者，通过心肺复苏术使溺水者恢复自主呼吸和脉搏。通俗地讲，通过人工呼吸和胸外按压使猝死的溺水者恢复心跳、呼吸。

人工挤压恢复心跳操作方式如下：

（1）首先应将溺水者的湿衣服脱去，让其平整躺下，如是天冷还要用毯子、棉被等包裹帮其保暖。

（2）立即清除口、鼻中的污垢，保持呼吸道畅通。如遇溺水者呼吸停止，意识不清，要迅速打开其气道，实施人工呼吸——即口对口吹气两次，看胸部有无起伏。

（3）如是单纯溺水者，应取俯卧位，头朝下进行控水，使胃、肺内的水从口、气管流出。

（4）如果发现溺水者呼吸、心跳骤停，要立即进行心肺复苏抢救CPR——心肺复苏术（图5-2）。检查溺水者有无呼吸心跳，如果呼吸心跳停止，应立即进行口对口人工呼吸，亦可用简单呼吸器进行人工呼吸并给氧，同时进行胸外心脏按压，直到专业急救人员到达现场为止。一般情况下抓住救命黄金时间4~6分钟，救命成功率可达到90%。

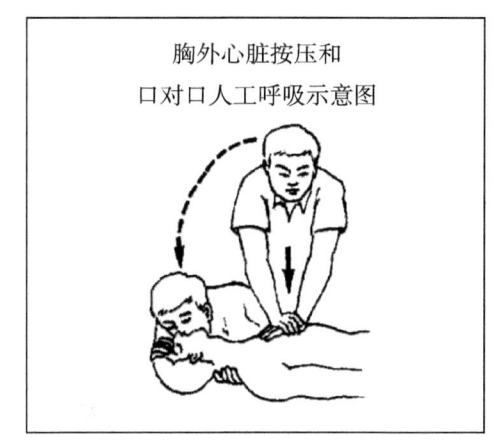

图5-2 人工呼吸和胸外按压（CPR）

(5) 注意方面：

1) 心脏按压与口对口呼吸应同时进行，如有医务人员在场，根据溺水者情况有必要时还应给予强心、利尿剂等药物配合。

2) 有外伤出血者要立即进行止血，有创伤者还要清创包扎，有骨折者要采取肢体的固定，避免二次损伤。

3) 如是重伤者应优先转送医院进行抢救。

当现场救护有效，溺水者恢复心跳、呼吸时，可用干毛巾擦遍全身，方法是自四肢、躯干向心脏方向摩擦，以促进血液循环同时注意保暖。

总之，加强训练和比赛中的救护，可以使伤害事故发生减小到最低程度，同时这些措施也为训练和比赛提供了有效的保障。

第六章　龙舟教学

　　龙舟团队的组织、指挥和训练水平以及比赛中综合的发挥与表露，构成了龙舟运动的立体观赏感，其传统的形式，让人爱不能舍，欲罢不能，划龙舟之妙就在于它不仅仅是速度的竞赛，更是各参赛团队与其背后社会群体综合状态的比赛。近年来中国的龙舟赛事一年比一年火爆，国内外龙舟赛接连不断，龙舟赛场上划龙舟的人们相聚在一起总是耐不住寂寞，互相切磋交流。在比赛场上我们可以看到比赛的龙舟锣鼓喧天，划手们奋力划桨，观摩比赛的观众们神情荡漾，群情激奋。现今各地方对划龙舟的认识可以说各不相同，由于各地风俗不同，运动员的身材特点不同，在划龙舟时的划桨技术也不完全一致，应该讲目前还没有一个很统一的，能称为最完善的技术，只能说是各有特点和适合于本队的划桨技术。现在龙舟比赛中高水平队伍之间的对抗，输赢就在零点零几秒之间。一支高水平队伍和有素养的队伍他主要是体现在了科学训练和完善的技术以及良好的队伍管理上。因此对那些划龙舟开展较好的国家和地区来说，没有一个国家和地区的划桨技术比另一个国家和地区的划桨技术先进与落后之差别，只是谁的更适合自己国家和地区运动员的特点。目前国内最具有代表性的划桨技术以广东式的划法居多，他们大都沿用了中国的老传统，训练的重点主要在船上，当然也有将船上的技术训练与陆上的专业体能训练结合起来。虽然不同地区龙舟的划桨技术不尽一致，但却都表现出了它们的共同点，归纳起来主要有这样几方面：

（1）划桨自然，动作没有丝毫牵强和生硬。
（2）桨叶入水拉桨时始终有力，且是均匀用力。
（3）保持船在高速行进中的平衡。
（4）提倡高速、大幅距划桨，尤其是在短距离项目上。

　　龙舟的前进与后退，主要是通过划手的划桨对水作用后产生反作用力，来推动龙舟做向前和向后的运动。龙舟的划桨技术既要符合人体结构学原理，又要能发挥出人体的最大力，同时在划桨时又不产生有阻碍前进的分力。龙舟的船型体大，承载人数众多，需要全船的人齐心协力划桨，才能使船行驶顺直、快速。划龙舟这种团结一致，力争上游的精神，突出反映了龙舟这一独特的水上运动项目，体现了中华民族的优秀品质，也向世界展示了中华民族的凝聚力和生命力。

正确的龙舟技术是龙舟行驶快慢的保证，而运动员良好的身体训练水平是掌握和提高龙舟技术的基础，只有掌握了正确的龙舟技术才能有效的发挥身体训练水平，熟练的龙舟技术可以使队员在训练和比赛中节省体能从而创造好成绩，正确和合理的龙舟技术是需要通过长期认真刻苦的训练才能加以完善。

第一节 龙舟技术

由于龙舟比赛是一项多人参与的运动，需要集体的智慧和力量才能获取胜利，每名运动员在龙舟上分别承担不同角色，任务也有所不同。根据每个队员在龙舟上所处的位置和其发挥的作用，一条龙舟上的运动员其职责可以分为鼓手、锣手、划手和舵手。

龙舟技术是由划桨技术、击鼓技术、击锣技术、掌舵技术和集体配合五个方面组成。目前中国龙舟竞赛规则与国际龙舟联合会竞赛规则通常都采用坐姿进行比赛，因此本书所介绍的划桨技术也以坐姿划桨为主。中国传统龙舟也有立姿划桨的，在此不做介绍。

一、划桨技术

众所周知，龙舟行驶的快慢除去与身体素质训练的手段、战术安排有关外，还和划手的划桨技术有关。一条龙舟上划手们的划水效果如何，取决于船上每一个划手所持划桨的长短，手握划桨杆的位置和划桨时桨叶吃水深度和角度有关。

（一）如何选桨

作为一名划手，划龙舟时选择一把得心应手的划桨对划手来说是非常重要的。由于龙舟的动力主要是依靠划手持单片桨叶在水中的每一次划动产生动力来推动龙舟向前行驶。所以，划手手持一把合手的划桨直接关系到划龙舟成绩的好坏。目前龙舟厂商出品的划桨通常有1.05~1.30米长度这几种规格的划桨，这是中国龙舟竞赛规则规定的划桨长度。划桨的材质有碳纤维和木质材料做成的，常规选择一般是用 1.20~1.25 米的桨较多。使用较短的桨在划桨时容易加快桨频，而较长的桨在划水时比较费力和耗体力。在划龙舟时要根据每个队员的身高、臂展、力量和排位来选择所用划桨的长短，同时也要根据自己队伍特点、比赛战术安排选择不同长度的划桨。坐船头前的领划桨手（也称头桨）与中间、最后位置的划手使用的划桨长短是不一的，一般情况下坐在第一排担任领桨的划手和坐在最后一个位置的划手可以选用长桨，中间位置的划手用稍短的桨。当然选划桨的长短还要根据队员的体能以及比赛的战术来确定。另外，划桨技术不是很成熟的队员建议使用木质划桨，而不要使用碳纤维划桨，这样在划桨时更能抓住水。

（二）握桨

正确的握桨方法能使桨手在划桨时发挥出的最大用力。根据力学原理，力臂越大，力矩也越大，划手划桨时，船受到力的作用也越大（图 6-1）。由于龙舟规则对划桨的长度有严格的规定，因此划手在划桨时其下手的握桨点应根据所选划桨长短来确定。握桨点是否正确，直接影响到划手划桨时的用力。握划杆桨的方法是根据划手在龙舟上的左右坐位排位方式确定的，既有左、右手握划桨的方式。坐右手位置的划手以右手握划桨杆，称右桨手（右划手），坐左手位置的划手以左手握划桨杆，称左桨手（左划手），划手的另一手握住划桨柄。通常我们将划手握划桨杆的手称之为下手，而握划桨柄的手称之为上手（图 6-2）。

根据划手所选用划桨的长度规格，使用 1.05~1.20 米的划桨，划手用下手握住划桨杆与桨叶连接交界处的位置（见图 6-2）。使用 1.25 米的划桨，划手用下手握住划桨杆与桨叶连接处上沿约 0.05 厘米处位置，约半个拳头距离（图 6-3）。使用 1.30 米的划桨，划手用下手握住划桨杆与桨叶连接处上沿约 0.10 厘米处，约一个拳头距离（图 6-4）。

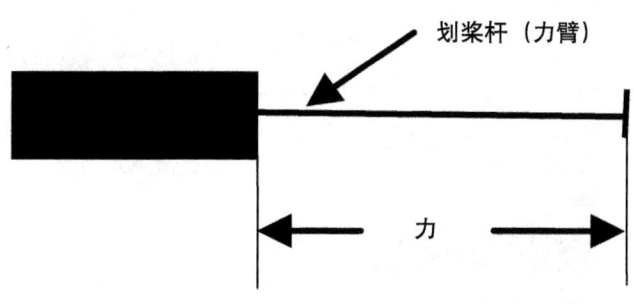

图 6-1　手握划桨的点

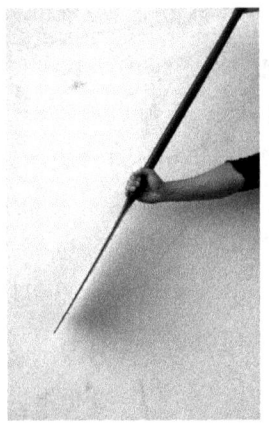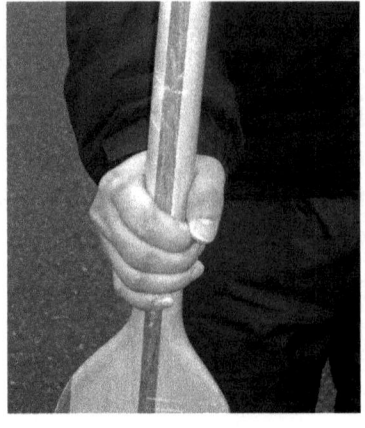

图 6-2　1.05～1.20 米划桨的握桨方式

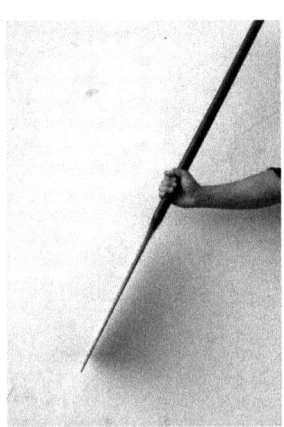

图 6-3　1.25 米划桨的握桨方式

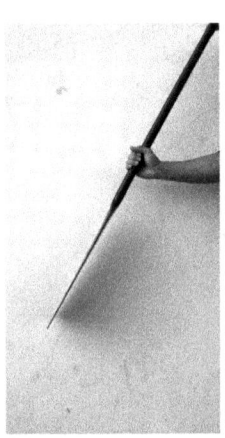

图 6-4　1.30 米划桨的握桨方式

不过在握桨时，必须注意握划桨的手要自然放松，不要握得太紧，否则会造成手臂肌肉的紧张和疲劳，也容易使手掌在划桨时起泡，同时因磨损皮肤造成疼痛而握不住桨杆而影响划水。

（三）划桨

划龙舟有句俗语，叫十个壮汉未必能划过十个弱女子，回答这个问题其实很简单，划龙舟是一个集体项目，划桨时划手们要统一举桨预备，统一将桨插入水中，统一划水，桨叶一起出水。划桨时必须是统一的，否则船就无法行驶快。通常划桨时，领划的桨手要跟随鼓手的鼓声节奏进行划桨，后面的划手跟随着前面划手的节奏进行划桨。所有划手的划桨动作幅度、步调必须一致，当然，如果鼓手的敲打指挥不顺畅时，划手应跟随领划桨手的划桨节奏进行划水。

1. 划桨预备姿势（以左桨手为例）

手握桨柄，在前额上约一个半到两个拳头距离。下手握桨杆（根据所选用划桨的长短来确定下手握划桨杆的距离），下手臂伸直，左肩往前送，桨叶与水面成约60°角（图6-5）。划桨从预备姿势开始，分为插桨、拉桨、出桨、回桨四个过程。整个划桨过程是一个周期性动作，既重复的过程——插桨（桨叶入水）、划桨（拉桨或称桨叶划水）、出桨（桨叶出水）、回桨（空中平移划桨）、还原成预备姿势。

图 6-5　划桨预备姿势

2. 插桨

桨叶入水时要主动、有力,桨叶下插速度要快(图6-6)。

图 6-6　插桨

3. 拉桨

沿船舷直线拉桨,在拉桨划水过程中桨叶要尽可能垂直划水,桨叶吃水深度应保持整片桨叶在水中。拉桨时,手不要浸入水中,以免增加船的阻力。拉桨距离在 80 厘米左右的长度(图 6-7)。

图 6-7　拉桨

4. 出桨

拉桨结束，下手腕向内旋，上手腕向外旋，使桨叶的边向上，上手轻轻下压使桨叶出水（图 6-8），这样的出水桨叶不会挑水。

5. 回桨

以桨叶边的一面平移回到预备姿势，移动时桨叶面向上，基本与水面保持水平方向移动（图 6-9）。

图 6-8　出桨

图 6-9　回桨

整个划桨过程中一个非常关键的问题是桨叶抓水，抓水是指桨叶入水过程中产生推进力的那个点，而不是桨叶刚插入水中就完全抓住水了（图 6-10）。这个时候划手需要通过身体扭转和手臂用力拉桨，使桨叶形成向后推水的适宜位置。因此桨叶真正抓到水是在整片桨叶完全下插入水后，接近垂直划水路线的那个点，划手发力应该在这个点上。另外需要注意的一个问题是划距，即桨叶入水到桨叶出水的这段距离，划手在拉桨时是否划足了这段水中距离，这对船的速度是非常重要的。

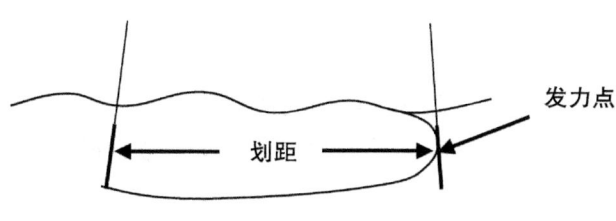

图 6-10　划桨的划距

6. 易犯错误

（1）桨叶入水角度不对（小于或大于 60°），引起拍打水或桨叶被水流带走。

（2）插桨不狠，桨叶抓不到水。

（3）划桨过程中桨叶没有垂直、划桨效果不好。

（4）出桨时，手腕转腕不及时，造成桨叶挑水出桨。

（5）回桨时，桨叶没有和水面保持平行移动，增加了阻力等。

（6）前伸手臂弯曲不到位，造成划距缩短。

（7）出桨时抬桨过高，造成肩部肌肉疲劳。

（8）拉桨时转体不够充分，未完全用上腰背部大肌肉群。

二、击鼓技术

鼓手是整条龙舟的核心，是一条船的总指挥，比赛中一切行动要听从鼓手的鼓点引导，鼓手的临场经验和综合指挥能力是这条龙舟获取胜利的关键，全船划手要在鼓手指挥下统一行动。可以说从登舟出发到划完全程一直到离船上岸，鼓手要对全船始终掌控，引导整条龙舟的行动，比赛中还要审时度势，及时了解赛场情况，采取正确的战术应对比赛，要协调好所有桨手的划桨节奏，让所有桨手的划桨动作配合整齐划一而不会互相干扰，根据比赛的距离适时调节划桨节奏和速度，使本队能在最后冲刺时发挥出最高速度从而赢得比赛胜利。培养一名优秀的鼓手是一支成熟队伍走向成功的关键，优秀的鼓手其娴熟的敲鼓技术能给全体划手增添信心，提高比赛成绩，能使队员在比赛中始终保持良好的身体状态。

（一）鼓手的敲击技术

可以单手敲鼓，也可以双手敲鼓。手握鼓槌时应握在鼓槌的一端，握鼓槌的手臂要自然放松，敲击时以手腕和前臂的协调用力，有节奏的敲鼓。敲鼓时身体要随着队员划桨的节奏和船向前行驶的"惯性"做前倾后仰动作，但注意幅度不要太大。

(二) 敲鼓落槌方式

一般有两种方式,一种是划手听鼓手的落槌敲鼓声开始插桨划水;一种是鼓手根据领桨划手的插桨动作开始落槌敲鼓。两种敲鼓方式选用哪一种,应以本队训练磨合的熟练程度为主。

(三) 鼓手的坐姿

目前的23人龙舟(包括国际龙联22人龙舟)、12人龙舟、往返赛龙舟、冰上龙舟、拔河赛龙舟的鼓手一般都是以坐姿敲鼓。鼓手敲鼓时一般是面对划手端坐(冰上龙舟则是面向龙头端坐),身体保持正直略前倾,两眼平视船尾方向,两手握鼓槌(也可以用一只手握鼓槌,用另一手扶住座椅靠背以保持身体的稳定),两脚分开踏在船舱板上(或用两腿夹住鼓),身体保持坐稳定(图6-11)。

图6-11 鼓手坐姿

(四) 鼓手指挥

由于鼓手所坐位置是处于全船最高处,全船划桨情况和比赛时船两侧其他船的行驶速度都在其视野内，因此鼓手可以根据所掌握的情况进行有的放矢的指挥。同时为了使指挥更加协调，鼓手与锣手、舵手之间还应以手势或约定的信号相互传递信息，共同协调好指挥，另外还要与锣手、舵手一起帮助平衡船。划手们根据鼓点声的快慢进行划桨，鼓声频率快，划桨频率就快，一切听从鼓手的指挥。

（五）对鼓手的要求

具备灵活的头脑和领导能力，性格开朗，善于和队友沟通和处理好公共关系，能在队中树立崇高的威信。有强烈的责任感和任劳任怨的良好品质，是教练的好助手，能充分理解和执行教练员意图，在训练和比赛中能充分调动运动员的情绪和鼓舞士气。具有良好的节奏感，与划手的同步配合中要始终和划行中的龙舟惯性保持一致。

（六）敲鼓技术关键

作为鼓手在敲鼓时要思想集中，敲出的鼓声要清脆、有力，不拖泥带水，鼓点要做到心中有数，落槌要快速，手腕灵活。分段敲鼓的要点是：鼓槌响，桨叶划，1:1节奏，咚—划—咚—划，或插桨—咚—插桨—咚。

（七）易犯错误

(1) 敲出的鼓点声音时大时小，节奏感不强。
(2) 敲鼓时手臂肌肉僵硬，手腕用力控制不好。
(3) 鼓手身体未随龙舟前进的"惯性"前倾、后仰，造成压迫龙头。

（八）鼓手的体型要求

体重轻、身材适中、灵活，反应灵敏，身体素质好。
男子身高约1.70米/体重约60公斤左右。
女子身高约1.60米/体重约50公斤。

(九) 鼓手的口令

举桨（点名时，全体划手要举桨示意）

平桨（桨叶面向上或过低矮桥洞）

竖桨（划桨柄向下，桨叶向上竖起，礼仪展示或过窄河道）

稳住（全体划手停桨稳住船）

预备、划

向前划（前进）

向后划（后退，桨插入水中倒划）

桨挡水（停船、急刹车用，桨插入水中挡水）

快划

慢划

停桨

向里划（用桨向里，船舷方向划）

向外拨桨（用桨插向船舷，向外方向划）

三、击锣技术

锣手在整条船中可以说是与鼓手起到一个互补的作用。其作用在于协助鼓手指挥和将信息传递与划手及舵手，还要以自身体重帮助平衡船的稳定和极力渲染气氛，注意船的走向及时通知舵手等，锣手与鼓手、舵手的协调配合需要通过长期训练才能获得（图6-12）。

图6-12 传统龙舟锣手站立敲锣

（一）锣手的敲击技术

敲锣通常以单手握锣槌并以单手敲锣为主（中国传统龙舟的敲锣方式也有一手拿锣一手敲锣的），敲锣的方式基本类同敲鼓。握锣槌时应握在锣槌的一端，握锣槌的手臂要自然放松，以手腕和前臂的协调用力、有节奏的敲锣。锣手与鼓手、舵手之间还可以手势或约定的信号相互传递信息，敲锣时身体要随船向前惯性有节奏的前倾后仰。锣和鼓的配合体现了中国传统龙舟的原汁原味。

（二）锣手的坐姿

目前的 23 人龙舟、拔河赛龙舟设置有锣手。锣手的座位有和划手并排坐的，也有锣手单独坐的，两种方法根据本队的比赛安排和舟型来定（中国传统龙舟的敲锣方式大多采用站立式），一般只要舟型符合一人坐的，还是提倡锣手单独坐，这样不会妨碍划手的划桨，也便于锣手的指挥。锣手敲锣时一般是面向龙头方向端坐，身体保持正直略前倾，两眼平视船前方向，单手握锣槌，两腿伸直踏在船舱里的抵足板上（或采用一腿屈膝一腿伸直踏在船舱里的抵足板上），身体保持稳定（图 6-13）。

图 6-13　锣手坐姿

(三) 锣手指挥

由于锣手所坐位置是在龙舟的中间（传统龙舟有的锣手位置在船头），在比赛时对本船两侧其他龙舟的行驶速度都能将其收获在视野内，因此锣手可以根据掌握的情况进行有的放矢的指挥。在敲锣的同时还要积极配合鼓手和舵手，之间还应以手势或约定的信号相互传递信息，共同协调好指挥，另外还要与锣手、舵手一起帮助平衡船，划手们应以鼓点声为主进行划桨。

(四) 敲锣技术关键

作为锣手在敲锣时要思想集中，敲出的锣声要清脆、有力，不拖泥带水，锣声要做到心中有数，落槌要快速，手腕灵活。

(五) 敲锣的几种方法

通常锣手敲锣会伴随着鼓点，一般为"咚咚锵……"即鼓声两次，锣声一次，或"咚呛……"即一次鼓声，一次锣声。

(1) 配合鼓手敲锣，鼓声响起划手桨插入水，划手拉桨出水时锣声敲响，这样就形成一个划水周期有 1 鼓 1 锣的声音，咚—呛、咚—呛。

(2) 鼓手和锣手一起敲打，声音上形成双音节奏，划手听声以鼓声为主，咚呛—咚呛。

(3) 在长距离比赛时，经过 2~3 个划水周期敲一次锣，调节划桨节奏，起到与鼓手的互补作用。

锣手和鼓手需要长久磨合，形成默契才能指挥得心应手，默契程度越高说明队伍训练水平也越高。

(六) 易犯错误

(1) 锣声时大时小，节奏感不强。
(2) 敲锣时手臂肌肉僵硬，手腕无弹性，控制不好。

(3) 锣手身体未随龙舟前进的"惯性"前倾、后仰，造成对龙舟前进和划手划桨节奏带来影响。

（七）锣手的体型要求

体重轻、身材适中、灵活，反应灵敏，身体素质好。
男子身高 1.70 米左右/体重约 60 公斤。
女子身高 1.60 米左右/体重约 50 公斤。

（八）锣手的主要口令

平桨（桨叶面向上）
稳住（全体划手停桨稳住船）
预备、划
向前划（前进）
向后划（后退，桨插入水中倒划）
桨挡水（停船、急刹车用，桨插入水中挡水）
快划
慢划
停桨
向里划（用桨向里，船舷方向划）
向外拨桨（用桨插向船舷，向外方向划）

四、掌舵技术

通常都说舵手是一船之长，龙舟的前进、后退、转弯等需靠舵手来调度，他是指挥中心，在比赛中扮演极为重要的角色，舵手的素质好坏直接影响到全队的比赛情绪和成绩。中国传统龙舟比赛，因各地龙舟不同，舵的长短不一，舵手人数也不一，有的舵手还可以一起参加划水，但正式的竞技比赛舵手有统一规则，舵手是不能参加划水的。

龙舟舵分为有固定舵架和无固定舵架的活动舵两种（图 6-14），无固定舵架的活动舵主要是在传统龙舟中使用居多，竞技龙舟通常都是用有固定舵架的舵。

有舵架的固定舵

无舵架的传统龙活动舵

图 6-14　固定和活动舵

（一）掌舵姿势

可分为站立式和坐式掌舵两种：站立把有固定舵架的舵和无固定舵架的活动舵，坐着把有固定舵架的舵和无固定舵架的活动舵。

1. 站立式掌舵姿势

身体稍前倾，两腿前后开立成弓步站立，眼睛直视前方（图6-15）。

优点：因站得高，所以容易看清前方目标和队员的划桨以及对手

图 6-15　站立式掌舵

情况，与鼓手、锣手传递信息方便。

缺点：重心较高不易站稳，容易被甩下水（尤其是环绕赛），长时间站立下肢肌肉比较紧张，体力消耗也较大。

2. 坐式掌舵姿势

正面对着船头，可以坐在座舱板上或侧面坐在船舷上，眼睛直视前方（图6-16）。

图6-16　坐式掌舵

优点：因采用坐姿掌舵，动作较自然，放松，身体重心也较低，体力消耗较少。

缺点：因位置较低不易看清前方目标和队员的划桨，与鼓手、锣手传递信息不方便。

（二）如何掌舵

舵手以一手握舵桨柄，另一手握舵桨杆，根据船行驶速度和偏移程度，将舵桨叶呈蜻蜓点水式放入水中或舵桨叶的三分之一、三分之二或全舵桨叶放入水。在船行驶正常时，可以将舵桨柄或舵桨杆往下按，使舵桨叶露出水面以减小阻力，身体保持重心降低，眼睛直视前方（图6-17）。

图 6-17 比赛中的舵手

（三）对舵手的要求

作为一名舵手在场上应该是头脑冷静和灵活机敏，能够在队中树立威信。要精通本队技、战术特点，充分了解队友的表现和体能状况，熟悉和善于观察水流方向和流速，能眼观六路、耳听八方，根据水流方向操控舵（这有助于加快龙舟的行驶速度）。要具备吃苦耐劳的良好品质和认真负责的工作态度，是教练的好帮手，能充分理解和执行教练员的意图，善于和队友沟通协作。

在比赛中要让龙舟尽可能的保持走直线，能客观地分析当时情况，与此同时，要不断激励桨手，给以他们鼓励，并及时向鼓手、锣手、桨手报告比赛距离和对手情况，使桨手能合理地分配体力。当桨手划完一桨后，要及时检查航向是否正直和不划出航道造成犯规。操舵时应在划手拉桨过程中将舵桨放入水中，这样可以减少破坏船的平衡，舵手还要注意用身体来帮助保持船的平衡。舵手并不是任意一位龙舟队员就能胜任的，需经过长期的训练和比赛才能达到，且须掌握划龙舟的一般知识和比赛规则，并能协助鼓手指挥。舵手很重要的一点就是要保持积极的态度，同时要放松、有自信心。如果舵手表现失常，会严重影响划手们的情绪，造成队员过度紧张甚至失控。

（四）掌舵技术关键

训练和比赛时必须头脑清醒，注意力集中，遇突发事时应临危不惧，处理问题果断。操舵时，眼看前方，随时注意鼓手（锣手）传递的信息。船走顺时应将舵桨杆压下，使舵离开水以减小阻力。

（五）易犯错误

操舵时不是走一条直线呈 S 形前进，方向忽左忽右，舵桨叶不吃水或吃水太深引起船走偏。

（六）舵手的体型要求

体重轻、身材适中、灵活，反应灵敏，身体素质好。
男子身高约 1.70 米/体重约 60 公斤。
女子身高约 1.60 米/体重约 50 公斤。

（七）舵手的口令

预备、划
向前划（前进）
向后划（后退，桨插入水中倒划）
桨挡水（停船、急刹车用，桨插入水中挡水）
快划

慢划

停桨

竖桨（划桨柄向下，桨叶向上竖起，礼仪展示或过窄河道）

平桨（桨叶面向上）

稳住（全体划手停桨稳住船）

向里划（用桨向里，往船舷方向划）

向外拨桨（用桨插向船舷，向外方向划）

五、集体配合

龙舟竞渡要求舟上的每一个人团结合作，共同努力才会赢得最后胜利。划手不仅要有力气还需要有良好的身体素质，更重要的是全队必须要配合默契，假如两侧划桨的力量不均衡，龙舟就会在水面上打圈或是走 S 形，龙舟就会无法前进。

鼓手和锣手在船上要有鼓舞士气的能力，并且要指挥和协调划桨的动作（传统龙舟还有夺标手进行夺标的任务）。舵手在龙舟上的地位不容忽视，掌舵要有熟练的技术，一方面要让龙舟保持正确方向驶向目标，同时身体要有节奏的前倾，并使船头略为翘起以加快速度，另一方面在遭遇强猛水流冲击时，必须能把住舵，否则龙舟航向偏斜，不但影响速度，还可能造成撞船、倾覆的危险。由此可见，龙舟上的每一个人对成绩胜负都负有及其重要的责任。舵手、锣手、鼓手、桨手必须合为一体，在比赛中都要全力以赴，不能有丝毫的疏忽。

划龙舟不是仅仅靠个人技术和身体素质，需要全队的合作，必须发挥集体的力量，团队精神是赢取比赛胜利的主要因素。一支优秀的龙舟队除了要做到集体合作无间，还要有胜不骄、败不馁，坚持到底的拼搏精神和顽强的意志品质，这种队伍才能坚持到最后的胜利。

第二节　划手如何排位，鼓手和锣手、舵手的临场配合

一条龙舟中如何根据划手的身高体重、身体素质和技术特点等来安排在船舱

中的坐位，鼓手和锣手、舵手在比赛过程中的相互配合默契程度如何都会对比赛成绩带来很大影响，作为一名龙舟教练员要从整体上来考虑。

一、划手排位

一艘 23 人大龙舟（含 22 人龙舟）由十对划手组成，小龙舟由五对划手组成（中国的传统龙舟可以有几十对划手）。由于每个划手在龙舟上所承担的要求不同，要想使龙舟划得快，就必须融合全体划手的合力，因此保持每位划手的划桨动作一致性和默契是发挥他们最大合力的关键，其中划手的合理排位则可以发挥他们最大潜力，安排坐位时应注意划手在各个位置上的搭配。比如领桨手需要有良好的技术和顽强的意志品质、领导能力、综合心理素质强、集体配合意识好等。其他队员除要有良好的身体素质外，还要有好的战术修养和相互配合的意识。

划手位置排列：一般左桨手为 1、3、5、7、9……右桨手为 2、4、6、8、10……排序依次排列。通常左右划手体重应保持相对平衡，这样可以保证船体的平衡，不至于向一侧倾斜。领桨手与坐末尾的划手，可以选择臂展稍长一些的，在排列划手位置时还要考虑船型座舱的特点，如前舱第一排和后舱最后一排，由于船宽是略呈弧形，二位划手并排坐，其位置空间较小，不宜施展动作，可以安排一个人坐等。此外还要考虑到桨手的身高、体重和力量等因素。

二、鼓手、锣手、舵手临场配合

舵手、锣手和鼓手在划龙舟中的协调配合极为重要，鼓声、锣声是否敲在点上，能否将全船划手的激情调动起来，舵手是否能顺利掌控龙舟，直接关系到本队成绩的好坏。舵手是龙舟行驶完全程的掌控者，负责行船航向，比赛中要同时注意本船两侧其他龙舟情况和队员划桨情况，成功与失败都掌握在他手里，他所承受的心理压力非常巨大，不能出任何差错，比赛过程中要及时将信息传递给鼓手、锣手，便于鼓手迅速调整敲鼓节奏。我们知道鼓手擂鼓的目的是统一全船划手划桨步调一致，他是全船的领导者，鼓手发号施令，控制整个队伍划桨频率快慢，以什么速度和节奏前进，同时还起着鼓舞本队士气，渲染比赛气氛的作用，全船划桨频率一致了，船才可能快速前进。鼓手是整条龙舟上运动员划桨节奏、桨频、体力分配的调控者，是龙舟比赛中指挥全队贯彻战术意识的关键人物。锣手在这中间起到协助鼓手指挥，帮助传递信息（把鼓声节奏传给船尾的队员），让船尾的队员跟上前面队员划桨的节奏，协助鼓手渲染比赛气氛。所以说鼓手和锣手、舵手是执行教练意图的指挥者，三人之间的配合可以用事先准备好的眼神、手势、敲鼓、敲锣等方式联系。

第三节 如何参加比赛

赛前检录是比赛开始的前奏，出发、途中和冲刺是整个比赛过程中的各个部分，了解和掌握各个部分的操作和比赛方法对赢得比赛的胜利起着非常重要的作用。一支队伍参加比赛要对比赛的进程，对比赛的规则了如指掌，才能顺利完成比赛任务。

一、赛前检录

在比赛开始前，队伍要按检录裁判员通知的时间提前 30 分钟到检录处接受检录，并参加该组别的比赛航道（船号）抽签，接受裁判员的点名和身份验证、服装、划桨等检查。在规定的时间内超过 15 分钟未到检录处点名的，将会被弃权处理，作为领队和教练应该及时组织本队参加检录。检录完毕后队伍要按检录裁判员的指令登舟，不得自选龙舟登船，同时要注意不要携带通讯器材、照相机等与比赛不符的物品上船。登舟后要在裁判员的指引下划离码头，并沿辅助航道划向起点，中途不得靠岸离船，也不得影响正在进行的比赛船只（途中遇到比赛龙舟划过来，应主动停船停桨让其划过后再继续前行）。如需参加开幕式点睛的，要配合大会的工作人员在点睛台处就位。

二、进入航道

队伍在到达起点后，要根据发令员的指令迅速进入到自己的航道出发平台处，未能及时进入航道的将会受到黄牌警告。在发令员点名时，全体队员要举桨示意，鼓手要击鼓应答。舵手要握紧调船绳（或杆），迅速调整好船位准备出发，如遇有大风影响船位摆正，鼓手和舵手应该要求船头前两排和船尾后两排划手帮舵。起航时全体人员要安静，注意听发令员发令的口令，同时做好划桨的预备姿势。划桨可以是在水面上，也可以插入水中，但在发令员未发出口令前不得划动桨叶。出发的口令为：各队注意——预备——划（汽笛声或鸣枪）。在发令员发出汽笛声或鸣枪前，凡划动桨叶、鸣哨、敲鼓、敲锣或呼喊指挥者均会被判罚抢航犯规，抢航二次将被取消比赛资格。

三、出发

静止中的龙舟出发时需用很大的力，故在船只启动时，起动力必须很大，才能帮助龙舟迅速前进，所以出发时的前三桨非常关键。全体队员在听到出发信号时需鼓足力气，迅速划动桨叶（出发时可以是桨叶的一半入水、也可以是全桨叶入水），在划动三桨后要迅速的达到最高桨频，这样才能保持船在出发后的高速前进——即迅速从静止状态的龙舟转为动态龙舟。出发桨一般在20~40桨，采用高速桨频划桨，依各队在赛前制定的比赛战术而定。

四、途中

整个比赛途中舵手要自始自终使龙舟行驶在本队的航道里，龙舟的任何部分都不得越出本航道，否则将会被判犯规。鼓手、锣手在比赛中要有节奏地敲鼓、敲锣，鼓手、锣手或舵手也可以吹口哨指挥，但需注意的是在比赛过程中鼓手、锣手、舵手不得助划（中国传统龙舟赛中有的允许舵手可以参与划桨，主要还是以竞赛规程为依据）。途中划是整个比赛距离的主要部分，保持途中划桨动作整齐划一，均衡的速度是龙舟高速行进的关键。鼓手要充分调动起划手的激情，鼓励他们奋勇争先。我们知道比赛全程中，队员不可能从头到尾都气力十足的使用高频率的划桨进行冲刺，因此需要在途中进行划桨的调整，以使队员有一个积极而又充分的调整呼吸时间，便于在最后冲刺中能以高速进行冲刺，不至于划手划到一半没有力气而无法冲刺。

五、终点冲刺

终点冲刺是整个比赛过程中的最后阶段，龙舟（龙头）的前沿到达终点线时，即算划完全程。在到达终点前，队员要倾尽所有体力进行高速度冲刺（加快划水动作频率）。鼓手、锣手要奋力敲鼓、敲锣调动队员的情绪，让桨手在最后冲刺中始终能保持有一个良好体力进行奋勇冲刺，全体桨手要紧跟领桨手的划桨频率。到达终点后，舵手需注意不要立刻打舵转弯，以防后续到达龙舟碰撞。本组比赛结束后，应迅速将龙舟划回码头，以便后继队伍的比赛。

第七章　龙舟训练

龙舟的前进是通过桨叶对水的作用力，产生一个反作用力来推动龙舟向前行驶。众所周知，运动成绩是训练效果的集中体现，龙舟运动是一项大强度、大运动量的水上运动，对身体素质的要求极高。尤其是近年来，中华龙舟大赛、中国龙舟公开赛的相继推出，使比赛日趋激烈、紧张，通常一个项目一场比赛要划2~3次（预赛、复赛、半决赛、决赛），现在各队在比赛中的技、战术差距不大，队伍的整体身体素质成为提高运动成绩和获得好成绩的关键。因此，在平时的训练中，应重视发展队员的全面身体素质和专项身体素质。根据龙舟运动的特点，水上训练和陆上训练要结合起来，才能达到更好的效果。实践证明，陆上训练对龙舟的专项素质和全面身体素质的提高起着重要的作用。

第一节　龙舟的技术训练

一、鼓手的训练

龙舟鼓手的训练既可以在陆地上练习也可以在船上击鼓练习，鼓手通过击鼓来指挥划手划桨。一名优秀的鼓手其敲鼓技术应该是与该队技、战术融合在一起，并通过长时间与划手的协调配合上才能彰显出默契配合，一支高水平的龙舟队应是"鼓桨合一"的同步配合。鼓手的击鼓节奏感与龙舟行驶中的"惯性"要保持一致。对划手来说，要做到听鼓声而不去"抢鼓"；对鼓手而言击鼓不能"乱桨"的节奏。通常情况下，鼓手与划手配合不熟练，则以领桨划手为主，既鼓手以领桨划手的划桨节奏敲鼓。鼓手的训练可以采用跟随节拍器或随船与划手配合练习的方式，也可以限定时间看敲击的次数，体会敲鼓的节奏感。

应该说选择和培养一名好鼓手是一支龙舟队走向成熟和成功的关键，优秀的

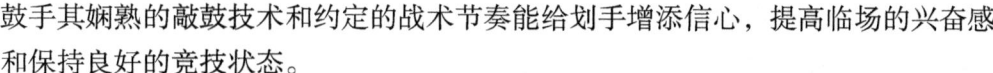

鼓手其娴熟的敲鼓技术和约定的战术节奏能给划手增添信心，提高临场的兴奋感和保持良好的竞技状态。

（一）入水鼓和出水鼓

鼓手击鼓时可采用入水鼓或出水鼓两种敲法，一般根据平时的训练安排确定采用哪一种敲鼓方法。

入水鼓的敲法是指划手插桨入水的瞬间响鼓，余音落在拉桨二分之一时，出水鼓的敲法是指划手拉桨至二分之一时响鼓，余音落在划桨出水的瞬间。不管采用哪一种敲法，按一桨一击鼓这种 1:1 的节奏非常适合训练和比赛，敲鼓声响简单、清脆不复杂，便于划手发挥技术特点。

（二）边鼓

边鼓的敲法是指用鼓槌敲击鼓面的边缘（既鼓皮与鼓桶的连接处）或鼓桶，因为敲边鼓的声响特别，没有余音，通常用于提示运动员准备、调整桨频或转换节奏时使用。如龙舟起航；起航转途中划；途中转终点冲刺划等，均可敲边鼓提示运动员做好心理准备。当然在平时的长距离训练之中，边鼓还可以起到调节运动员神经兴奋作用，需注意的是敲边鼓必须与约定频率保持同样节奏。

（三）花鼓

花鼓则不再是按 1:1 的节奏敲鼓，而是以另一种运动节奏的形式进行敲鼓，这种敲法可使队员产生兴奋，同时调节队员心理疲劳和长时间重复划桨动作时听到单一鼓声的枯燥感。值得推广的是采用加花鼓形式对提高有氧水平的长距离训练效果较好。鼓手训练加花鼓可根据循序渐进的原则，从单手加 1 次、2 次至双手加花无数次。加花鼓必须注意鼓声是压在节奏上，这样才能更有效地刺激划手中枢神经的兴奋性，保持清晰明快的划桨节奏。

（四）鼓手的实战训练

鼓手应该明白鼓声是造势和渲染的一个重要环节，鼓声对队员能间接产生动力。因此，鼓手本身要始终保持兴奋，不能只是保持在表情上，而要通过强有力的敲鼓节奏上体现出来。敲鼓时要注意身体的起伏与船前进的惯性要相吻合，无须身体站立敲鼓或高举双臂过头用最大力量敲鼓。若因身体的起伏没有跟上龙舟前进的"惯性"，则每敲一鼓会压迫使得"龙低头"而影响速度。鼓手击鼓时也可以加上呼喊或吹口哨的形式来配合鼓声，激发和调动队员的情绪。特别是在终点冲刺阶段，如何挖掘队员的潜力，如何使队员的中枢神经更加兴奋而达到超水平发挥，需要鼓手和划手长期训练磨合才能获得。

二、舵手的训练

舵手掌舵水平是一支龙舟队胜负的标志之一，他是核心人物，更是龙舟队走向成功的关键。舵桨一直拖在水中，会给行驶中的龙舟增加阻力，这无疑是影响速度的最大原因。因此，在龙舟正常直线行驶时，应将舵桨柄压下，使舵桨叶离开水面。以下介绍舵手的几种操舵方法。

（一）放舵

放舵要及时，当龙舟偏离航线时，要及时的放舵进行修正航向。方法是提起舵桨杆，使舵桨叶垂直于水面，舵桨叶的入水深浅视偏离航线多与少而定，多则深，少则浅（图7-1）。放舵晚则深，放舵及时则浅，这也说明，若舵放晚了，难度会加大，做功会更多，龙舟走正也会多花时间。

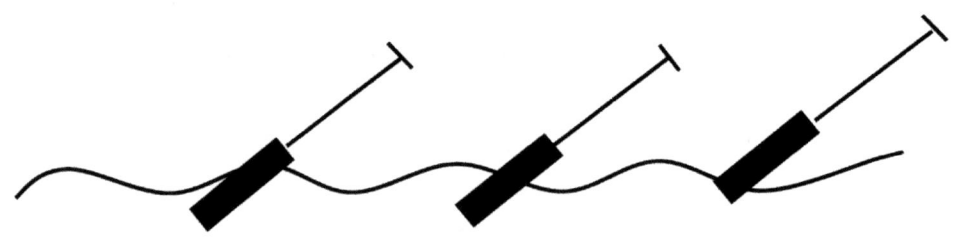

图7-1 舵桨入水深度

(二) 扳舵和推舵

当龙舟行进方向偏离时,扳舵、推舵要及时到位,一般可以采用扳或推舵桨来调整船的走向。如龙头向右偏离直线时,将舵桨杆朝里扳(向心方向),龙头向左偏离直线时,舵桨杆朝外推(离心方向)。如果一次扳或推不能使龙头停止偏离,应该将舵桨柄提起,使舵桨叶吃水深一些,提高纠偏效果(图7-2)。扳或推舵在龙舟修正方向后,就应及时将舵桨柄压下,让舵桨叶离开水面,防止过头,出现龙舟呈"之"字形的行驶。

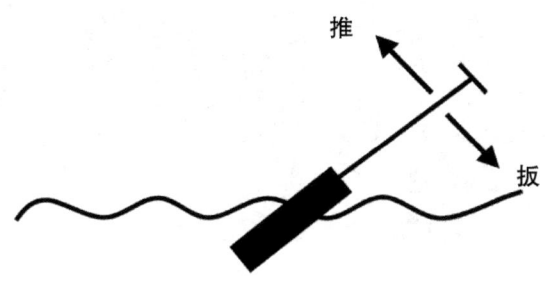

图7-2 扳舵和推舵

(三) 稳舵

龙舟在行驶过程中因受风的影响,如侧顶风,侧顺风,横风等,都会给行驶中的龙舟带来航向上的偏离,因此在整个行驶过程中均需把舵桨叶稳在水中,并一直保持与风的同一方向暗暗用力,以保持龙舟的正确航向。还有一种情况是,环绕赛龙舟转弯偏离航向,由于船速所产生的惯性作用不能得到及时修正,舵手需要将舵稳在水中,并与惯性作用的反方向暗暗用力。稳舵桨叶在水中的深度以龙舟偏离航向多少而定(见图7-1)。原则上,一切都要围绕保持船速和减少阻力而定。

(四) 帮舵

龙舟在直线航道上行驶时,一般单靠舵手的操舵就可以控制船的方向了,但在环绕赛的转弯时由于舵效、船速惯性的问题，有时无法完全控制船的航向，这时可以采用划手帮舵的方法协助舵手控制船的航向。帮舵可以是指定的前后各两名划手或多个划手来实施，在训练和比赛中视龙舟行驶情况，或根据舵手的提示及划手根据经验判断，适时用划桨做出相应帮舵，进行调整航向，确保龙舟的高速行驶，不驶离航道。帮舵应在平时训练中就加以固定帮舵的划手，在发生情况时由这些帮舵的划手进行帮舵，分工一定要明确，避免造成许多划手都来帮舵而影响船速（图7-3）。

头桨、二桨帮舵　　　　　　　　龙尾帮舵

图7-3　帮舵

（五）风对龙舟航行时的影响

由于龙舟船体较长，在行进过程中如遇大风则对船的行驶是有一定影响的。

1. 前侧风

在龙舟行进过程中如遇前侧风（图7-4），舵手应及时放舵调整龙舟的方向，并根据风力的大小，采用点或者拖的掌舵技术将龙舟的航向摆正。例如左前侧风，风的作用力会使龙舟向右侧偏离，这时舵手可以采用扳舵，用连续的点或拖舵桨的方式，使船始终保持航向不变。如果是右前侧风，则舵手的动作应相反。在训练和比赛中可视具体情况采用"混合式"操作方法，即这几种技术交替使用，目的是纠正航向，尽量减少阻力，保持船速。

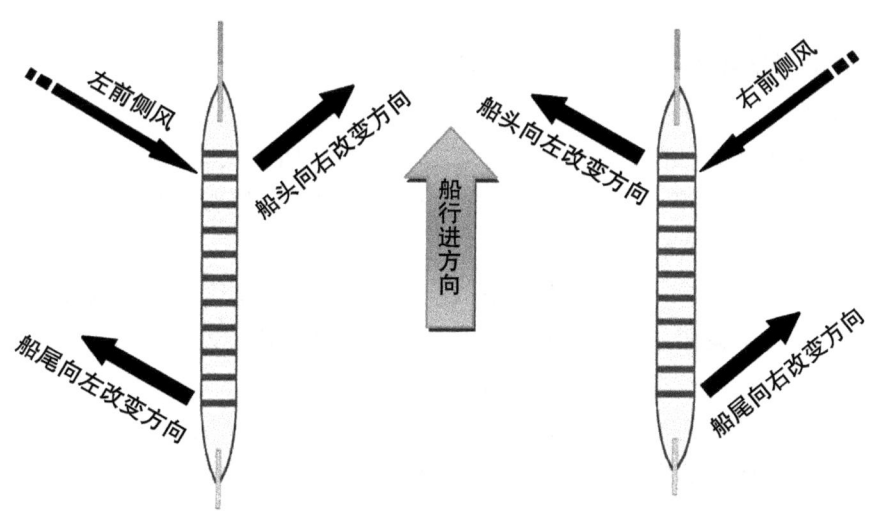

图 7-4　前侧风对龙舟行进时的影响

2. 后侧风

在龙舟行进过程中如遇后侧风（图 7-5），舵手应根据风的方向，借助风力来进行操作。如左后侧风，风力会将龙尾向右侧吹离，使龙舟向左偏离，此时的舵手可采用将舵桨杆向外推，把舵桨拖在水中，用连续的点或拖舵的方式，使船始终保持航向不变，舵手此时亦可站立掌舵，使受风面积增大，借助风力提高船速。

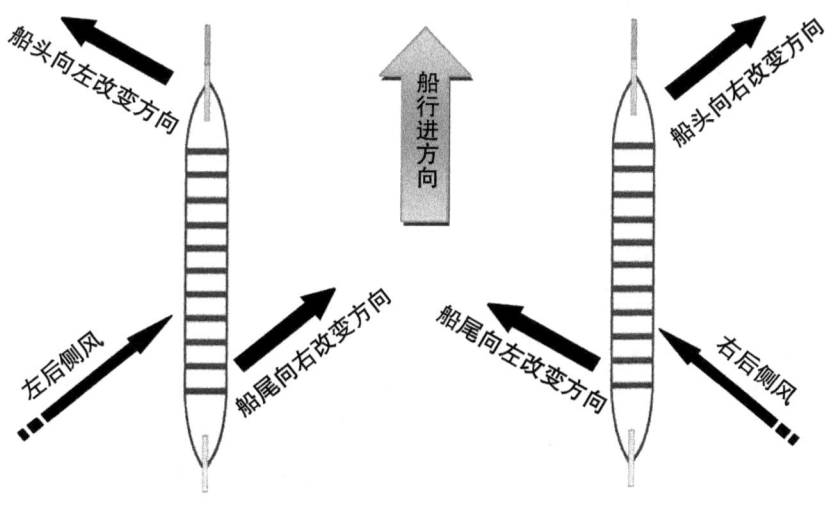

图 7-5　后侧风对龙舟行进时的影响

(六) 训练中舵手应注意的事项

(1) 比赛起航前应及时将龙舟摆正对直航道，如遇风浪不能摆正时，应及时与前后帮舵划手联络实施帮舵，起航时不要将舵桨叶拖在水里。应将舵桨杆压下，减少阻力，提高船的初速度。

(2) 训练和比赛时，要注意认真观察，及时用舵桨调整航向，避免串道。

(3) 及时了解和掌握训练和赛场水域情况。如暗礁、暗桩、水草、绳索、钢丝、水流、暗流、起终点及赛道情况等。

(4) 要有良好的辨别风向和风力的能力，熟知不同风向对船的影响，以便在比赛中利用风力来提高和保持船速。如顺风时可采用站立掌舵，借助风力提高船速；逆风时要坐着掌舵，以减少阻力。

(5) 舵手在掌好舵的同时，还要利用自身的体重帮助平衡龙舟，使之平稳行驶。

(6) 在比赛冲刺阶段要把船提前摆正，尽量少打舵，以免影响船速。

(7) 舵手在比赛中要会选择前方的参照物，使眼睛、船头、参照物成一直线，随时进行调整，以减少无谓的划行，保持最短行驶距离。

(8) 在训练和比赛中，不论舵手采用何种掌舵技术，都要尽可能的减少船的阻力，保持航向和船速。舵手要养成及时预判的习惯，在船体没有完全偏离航线的情况下进行调整，减少大量的操舵对龙舟前进所产生的阻力。

三、锣手的训练

龙舟赛中，大家对鼓手的敲鼓应该说是比较熟悉，鼓手在比赛中通过敲鼓让划手统一划桨频率。而对于锣手在比赛中的作用就不太了解了，甚至有些还觉得龙舟上设置锣手是多余的。其实锣手在龙舟比赛中同样起着很重要的角色，他需要配合鼓手、舵手一起进行指挥和助威，同时在队员疲劳时进行调节划桨节奏，另外它还是渲染比赛气氛和干扰其他队划桨节奏的一种手段（中国传统龙舟由于船体较长，划手有几十或上百，鼓手击鼓声无法传递到船尾，这时就需要锣手来做中间的信息传递）。锣手、鼓手、舵手之间的配合犹如企业中的管理者，他们之间配合好，那么必定能激发划手的动力，在划进中更有节奏感，力度也会更加和谐。一个好的团队要有好的管理者，而好的管理者才能发挥出有效地指挥，他能在你气馁时给你敲响明亮的和激动人心的战鼓。锣手虽然在比赛中不需像划手那样要有强壮的身体素质，但保持一种良好的精神状态，体现的却是一支队伍的精气神。

锣手的敲锣训练有很多方式类似于鼓手的训练，虽然它的敲法形式较单一，没有像鼓手那样变化多端，但是大家千万不要忽视锣手在比赛中所发挥的作用。

（1）入水锣和出水锣。锣手敲锣时可采用与敲鼓一样的手法进行敲锣，既入水锣或出水锣两种敲法，一般根据平时的训练安排确定采用哪一种敲锣方法。入水锣的敲法是指划手插桨入水的瞬间响锣，余音落在拉桨二分之一时，出水锣的敲法是指划手拉桨至二分之一时响锣，余音落在划桨出水的瞬间。不管采用哪一种敲法，按划一桨敲一声锣这种 1:1 的节奏，适合训练和比赛，敲锣声响简单不复杂，便于融入划手划桨节奏。

（2）锣手的训练可以采用跟随节拍器或随船与划手配合练习的方式进行练习。

（3）设定一段时间进行练习，体会敲锣的节奏感和时间的把握。

（4）快慢交替敲击练习，体会敲锣的节奏感。

（5）训练中锣手应注意的事项。

锣手应该明白自己与鼓手一样要为比赛的气氛进行造势和渲染，锣声也是增加比赛喧闹氛围的一个重要环节，同样锣声也能对队员间接产生动力，从而鼓舞划手奋力划桨。如何使锣手、鼓手和舵手协调配合成功，同时需要进行长期训练磨合才能获得。

（1）敲锣时要利用自身的体重帮助平衡龙舟，使之平稳行驶。

（2）锣手在比赛中要始终保持兴奋，这种状态要从有节奏的敲锣声中上体现出来。

（3）敲锣时要注意身体的起伏与船前进的惯性要相吻合，若因身体的起伏没有跟上龙舟前进的"惯性"，则会影响速度。

（4）锣手要时刻注意接收鼓手和舵手的信号，及时传递鼓手和舵手之间的信息。

（5）在终点冲刺阶段，要积极配合鼓手、舵手，使队员在最后冲刺阶段保持兴奋到达终点。同时也要努力敲锣，极力渲染比赛气氛，以鼓舞士气。

四、划手的训练

龙舟运动是一项高协调的划桨运动,它的一大特点是多人参与,要求全体船员协调配合。它不是每个运动员"厉害"就可以了,而是众人合在一起就成为了最"厉害"的,当然必须是训练有素的。划桨需要进行最优的配合,龙舟上每一个划手的划桨动作对比赛成绩至关重要。龙舟比赛中 200 米、300 米、500 米项目其比赛时间都在 2 分以内,可以说这些项目主要是以无氧供能为主,运动成绩受到肌肉力量和爆发力的影响。除了供能能力和力量外,还必须提高运动员的其他方面的能力。在这里,决定龙舟运动成绩的重要因素主要还是在划桨技术上,虽然队员的身体素质很好,但由于缺乏良好的划桨技术,而无法发挥出他们应有的成绩,也无法成为一支优秀的队伍。

综上所述,龙舟运动员在训练划桨时的主要任务是:
(1) 提高运动员的有氧和无氧供能水平。
(2) 提高运动员的划桨速度、力量和爆发力。
(3) 培养和发展高效的划桨技术。

(一) 划桨中桨叶抓水对推进龙舟前进的重要作用

桨叶抓水是指桨叶下插入水过程中开始产生力的那个点。有许多划手以为桨叶下插入水后就可以发力拉桨,这时的桨叶已抓住水了,这个观念会导致许多的划手在一入水时就发力拉桨,从而导致体能的浪费和船速的减慢。因为在桨叶刚入水还没有到达那个发力点上时是不能产生推进力的,反而会使速度降低。所以,训练中如何有效地做到桨叶抓水,这是每个划手必须注意的。桨叶下插入水应注意有一个正确的入水角度,既 60°角入水。在桨叶入水接近垂直时发力拉桨,拉桨时的速度要快,做到干净利落,不要拖泥带水。通常在划桨技术的训练方面可以有陆上和水上两种练习方法。

1. 陆上划桨训练方法

由于陆上划桨练习,桨是悬在空气中没有支撑,故练习时手臂肩关节较累,但却是掌握正确划桨技术的一种好方法,其目的主要是锻炼手臂肩带力量和划桨的统一。

(1) 站立式模仿练习划桨，不触水划空桨。体会划桨动作的完整过程（图7-6）。

(2) 坐凳子上练习划桨，不触水划空桨。体会划桨时插桨、拉桨、出桨和回桨动作（图7-7）。

(3) 坐在岸边或划桨池练习划桨，不触水划空桨。体会划桨的发力动作（图7-8），提高划桨的统一性。

图 7-6　站立式模仿划桨　　图 7-7　坐凳子上模仿划桨　　图 7-8　坐池、岸边模仿划桨

2. 水上划桨训练方法

由于是实地进行操练，水对桨会产生阻力，因此更能体会划桨的水感，提高队伍划桨的协调性和效果以及动作的连贯性，增加手臂力量。

(1) 坐岸边（或划桨池）练习划桨，体会水中划桨技术动作（图7-9）。

图 7-9　池、岸划桨

（2）站在水中（浅水）练习划桨，体会水中划桨技术动作（图7-10）。

图 7-10　浅水中划桨

（3）船上练习划桨，体会水中划桨技术动作（图7-11），提高拉桨的加速度和幅度以及船的平衡感。

图 7-11　船上划桨练习

以上的两种划桨的训练方法，目的是稳定划桨技术，提高队员的配合默契感，划桨动作的连贯性，全队的整齐划一，熟悉鼓手、锣手和鼓点、锣声节奏及变化。

（二）划桨幅度和速度的关系

龙舟运动和其他移动项目一样，都是通过运动员的间歇性用力使船体向前进。我们知道，龙舟的移动速度是单位时间里移动的距离，公式为：速度（V）=比赛距离（S）/时间（T）。划桨频率是指在一定时间内划桨的次数，公式为：划桨频率=划桨次数/时间（T）。划距是指每次划桨龙舟向前移动的距离，公式为：划距=比赛距离（米）/划桨总次数。我们可以用这些数据来评价划手的划桨效率。

以上公式说明，在划桨中，保持一定速度的划桨频率，加大划桨幅度，这是效果最好的划桨技术。当然，但划桨幅度一定是决定龙舟速度的一个重要因素，训练中在保持一定桨频的情况下要加强每一次划桨的划距练习。同样，在保持一定划桨距离的情况下要加强划桨频率的练习，这样才能达到最好的效果。另外，必须注意的是并不是桨频越快越好，也不是划桨幅度越大越好。要想使龙舟的移动速度快，需要根据自己的身体素质、身材条件、划桨技术和战术要求等，选择划桨幅度或桨频，那样才能让龙舟行驶的快。

划桨技术训练时需注意的方面：

（1）桨叶入水下插要迅速。桨叶入水要有力，速度要快。

（2）拉桨划水中桨叶应尽可能垂直划水，并沿船舷直线拉桨。

（3）拉桨时桨叶"入"水深度应始终保持整片桨叶在水中。

（4）保持桨叶入水角度为60°。

（5）拉桨时腰背大肌群要协调发力，不能只靠手臂肌群力量。

（6）保持拉桨时的划距，转肩伸臂要及时，这非常重要。

（7）划桨时保持同步一致，从插桨到拉桨、出桨、回桨都保持一致，就像一个人在划一样。

（8）在划桨节奏上后座队员一定要跟上前座队员，即同步。

一支优秀的队伍其划桨特点是：划桨幅度大，划桨距离长，桨频较低而有力，桨叶入水角度好，拉桨有力快速，桨叶出水效率高，身体动作幅度大，发力协调，体力配合科学，比赛途中划体能利用率高。

第二节　龙舟战术配合训练

龙舟运动由于是一项集体运动项目，它需要良好的集体配合，如果没有好的配合，即使个人能力再强，也很难取得比赛的好成绩，必须依靠全体队员相互间默契的配合才能很好的完成比赛任务。

一、鼓手与划手的配合

在训练和比赛中教练员的意图可以通过鼓手传达给每一名队员，鼓手是教练的有力助手，在比赛中能否很好的发挥水平，鼓手和划手配合的默契程度是非常重要的。鼓手和划手的配合主要体现在平时的训练中，通过事先的约定和反复练习，连续的击鼓配合等。训练和比赛中鼓手是用鼓棒来进行指挥的，有些时候是不需要用语言来指挥的。鼓手的每一个动作、每一次的击鼓，划手们都要知道应该去做什么。例如，鼓手连续的敲击鼓边，就是在提醒划手注意，准备开始划桨了。再比如，鼓手单手轻轻击鼓，另一手挥动鼓棒示意向前或向后划。另外，在训练或比赛中，鼓手击鼓的轻重和节奏的变化，都是在向队员发布指令，队员要根据这些变化进行及时的调整。在比赛中，全体划手要根据鼓的节奏进行划桨，除了用耳朵听鼓的节奏外，还要看自己座位前面的划手，这样才能使得动作整齐划一。鼓手与领桨手的配合是划桨节奏的关键，领桨手与鼓手配合的好，才能发挥出最大的实力。如果鼓手的节奏和领桨手的节奏不一致，这样势必会导致乱桨，所以在配合上鼓手与领桨手要默契。如果在击鼓时出现鼓声与划桨节奏不一时，鼓手千万不能慌乱，应迅速调整击鼓节奏，以领桨划手划桨节奏进行敲鼓。鼓手在比赛中对队员的体能情况、船速快慢、桨频快慢及划距的大小等感觉要非常敏感，在划桨过程中要及时将这些信息迅速反馈给划手，提醒划手此时是否加快桨频或加大划距还是加大用力。鼓手和划手要密切保持信息的沟通和传递，鼓手要根据实际情况用鼓声或喊声、哨音控制好划手的划桨节奏，同时在敲鼓时又不受划手的影响而越敲越快。鼓手与划手是否能协调配合好，划手是否能跟齐桨决定着一个队的成绩，每名划手心中都要对鼓手的指令做到绝对服从。龙舟比赛中战术配合的运用是队员的个人技术合理运用和队员之间相互协同配合的组织形式，优秀的鼓手应熟悉本队技、战术特点，龙舟比赛的技、战术方案是鼓手与划手在长期的训练中磨合形成的，鼓手与划手间的配合都应有较为固定的默契配合模式，或用呼喊或用哨声配合鼓声，使队员对鼓手的指令产生条件反射，通过训练形成最默契的战术配合。

二、划手与划手的配合

在比赛中，一支出色的龙舟队应该是协调配合成熟，那么这支队伍就会无往而不胜。如果相互之间配合不好，即使个人划手都很出色，仍然无法成为一支出色的队伍。在训练和比赛中划手间的配合应注意以下几方面：

（1）左右领桨手之间应配合默契，动作一致。一方面要与鼓手击鼓节奏配合协调；另一方面，二位领桨手还要在节奏、划距、拉桨速度以及插桨入水的时间上完全一致，这是全体划手在划桨过程中整齐划一的基础，如果领桨手的动作不一致，会直接影响船速。

（2）在划进过程中，后座的划手要注意力集中，划桨节奏始终跟住前座队员，用余光兼顾边上的同伴，随时互相提醒。插桨要恰好落在鼓点上，始终跟齐桨频，做到前后呼应，左右照应，互相鼓励，始终保持士气旺盛。

（3）在进入航道、靠岸、转弯、停船等情况下，划手之间要有默契的配合，听从鼓手和舵手的指挥。

三、舵手与划手的配合

龙舟在行驶过程中有转弯、掉头、靠离岸、比赛中遇有大的风浪或者出现舵的损坏等情况，这时仅凭舵手一人把船摆正、保持正确的行驶方向有时是很困难的，这就需要舵手与划手的协调配合，才能在复杂的条件下完成训练和比赛任务。

以下介绍几种配合方法：

（1）在训练和比赛中，由于舵的意外折断而不能正常使用时，舵手可以发布指令给划手请求帮舵（帮舵起到了另外一把舵的作用），当然舵手也可以使用备用划桨当舵使用。划手在龙舟的行进过程中，根据船行驶方向的偏离程度利用划桨做向外的拨桨（扳桨）或者向里拉桨，使船保持正确的行驶方向。

（2）由鼓手发出指令帮舵，1、3号桨手或2、4号桨手做向外的拨桨（扳桨）或者向里拉桨，使船保持正确的行驶方向，舵手可同时采用扳舵或推舵方法调整龙舟的航向。

（3）进入航道时，如遇有大的侧风，使龙舟不能稳定在本航道时，此时舵手可以发出帮舵的指令。船头摆正通常由担任 1、3 号划手和 2、4 号划手根据风的方向进行划桨，实施帮舵调整。如风的方向是由左至右的，则左桨手由外向里拉桨，右桨手由里向外拨桨（扳桨），龙尾则由舵手用扳或推舵的方式来进行调整，把龙舟摆正。如果风向由右至左，则相反。

（4）舵手转弯技术训练。直行一条直线，转弯半径要小，这是对龙舟舵手的掌舵要求。当然，这种技术水平的发挥，除了舵手娴熟的掌舵技术外，还需要划手的实战经验和有效的帮舵技术。转弯技术在龙舟比赛中是一项非常重要的技术，环绕赛中转弯技术的好坏直接影响到队伍的成绩。通常在直道进入弯道第一个浮球处，舵手就要提前做好准备，转弯时应以龙舟左侧船舷靠浮球处约 20 厘米，沿弯道浮球的弧线打舵转弯（以不碰浮球为宜），注意控制角度防止龙舟有较大倾斜，千万要注意的是不打急舵转弯，这很容易造成转弯时龙舟的不平衡和翻船。另外还要注意在弯道转弯时，需注意龙舟两侧其他船只的航行走向，避免相撞。如果是要超越其他龙舟，需保持 4 米以上的水面距离。

四、锣手与鼓手、舵手的配合

比赛中锣手能否很好的发挥水平，与鼓手和舵手配合的默契程度也是非常重要的。锣手每敲击一次锣，划手应该知道去做什么。锣手的敲击点一定要和划手的划桨节奏吻合，否则就会导致乱桨。在训练和比赛中还要密切保持与鼓手、划手、舵手之间的信息沟通和传递，锣手敲锣要不受划手划桨节奏的影响而忽快忽慢，要与鼓手一起协调控制划桨节奏。优秀的锣手应该熟悉本队技、战术特点，在平时的训练中要与鼓手、舵手形成默契。

第三节　龙舟队员的体能训练

一、龙舟运动员体能训练的原则

在安排一般体能训练的同时还必须合理地安排专项体能的训练，任何专项对身体都有特殊的要求，一般体能训练并不能代替专项体能训练。以下是在训练中应注意的原则。

（一）合理安排一般体能训练和专项体能训练

一般训练是在训练中用多种的练习、方法和手段提高运动员各器官系统的机能，全面发展运动素质，改进身体形态等。一般训练的目的是根据专项运动需要，为运动员专项素质、技术、战术打好基础。安排一般体能训练可全面地发展运动员的力量、耐力、速度、灵敏和柔韧等身体素质，提高运动员各个器官系统的机能，使身体各个部位得到均衡的发展。

专项训练是训练中以专项运动本身动作与专项运动本身动作特点上类似的练习。专项训练的目的是提高运动员专项运动所需要的各器官系统的机能，发展专项素质、技术和战术。具有专门化性质，能最大幅度提高运动员的专项成绩。

虽然一般训练和专项训练两者在内容、手段及所起作用不同，但其目的是一样的，都是为提高运动员专项运动成绩。

（二）体能训练应和技术、战术、心理和智能训练有机结合

体能训练在整个训练中所占的比重要根据一般体能训练和专项体能训练的比例确定，要因时、因项、因人而异。体能训练的主要内容是运动素质训练，体能训练中运动员常常会感到非常疲劳，有些体能训练的手段又比较单调枯燥。所以，在训练中应加强对运动员的思想教育，提高他们对身体训练重要意义的认识，培养具有吃苦耐劳的顽强意志品质。教练员在训练中也应采用多种有效的训练手段和方法，培养运动员对训练的兴趣，使运动员减少对训练的枯燥感和无味感。

二、龙舟运动员体能训练的方法

（一）身体形态训练的方法

1. 手持轻器械训练法

手持哑铃、木棒、实心球、体操凳等轻器械进行训练的方法。这种训练方法

有不同的训练内容与运动方式，可训练身体任何一个部位，能有效地影响运动员身体形态。

2. 瑞士球练习法

在没有稳定支撑的条件下，完成各种徒手和器械的练习。其目的是在发展局部肌肉的同时，提高全身肌肉和神经的控制能力。

3. 舞蹈训练法

舞蹈动作是经过提炼、组织加工的人体动作，其基本要素有动作的姿势、协调能力、明显的节奏等，对身体姿势的形成有特殊意义。

（二）运动素质训练的方法

运动素质是指机体在活动时所表现出来的各种基本运动能力，主要有柔韧、灵敏和协调能力、力量、耐力和速度等。龙舟运动员的运动素质显露出的特征是神经、肌肉系统能协调运动，躯干力量强、专项耐力和无氧能力好，乳酸耐受速度与个体乳酸阈强。

1. 柔韧素质的训练

柔韧素质是指人的各个关节的活动幅度、肌肉和韧带的伸展能力。肌肉和韧带的伸展能力对关节的活动幅度有较大影响，但关节的活动幅度更受关节骨结构的制约。柔韧素质通常分为一般柔韧素质和专项柔韧素质两种。

一般柔韧素质是指适应一般身体、技术、战术训练所需要的柔韧素质。比如机体各关节的活动幅度和肌肉、韧带的伸展性。

专项柔韧素质是指龙舟专项所特殊需要的柔韧素质。如技术要求的转体、前伸等，这种专项柔韧性是掌握和提高专项技术必不可少的。

（1）柔韧素质训练的方法。

1）动力性拉伸法。是指有节奏地多次重复同一动作的练习，使有关部位的肌肉、韧带逐渐拉长。例如，有节奏地重复体前屈，拉伸腿后部肌群、韧带和腰椎关节的练习，就属动力性拉伸法。

2）静力性拉伸法。是指先通过动力拉伸，缓慢地将所需发展的部位肌肉和韧带拉长，当拉长到一定程度时，就静止不动一段时间，以持续刺激该部位的肌肉和韧带，达到拉长的效果。例如肋木上的静止扳腿练习。

3) 主动性练习。是指在动力或静力性拉伸时，不依靠外力，而只是依靠自己的力量将肌肉、韧带拉长。

4) 被动性练习。是指在动力或静力性拉伸时，依靠外力作用将肌肉、韧带拉长。如教练员用力帮运动员压腿、压肩等。

(2) 柔韧素质训练的要求。

在运用拉伸法发展柔韧素质的训练中，要解决好练习的强度、重复的次数、组数、间歇时间和动作要求。

1) 练习的强度。柔韧素质训练的强度主要反映在用力的大小和负重的多少两个方面。无论是主动或被动练习，其用力均需逐渐加大。加大的程度，以运动员的自我感觉为依据，当感到胀痛难以忍受时应停止，这种火候的掌握与运动员的自觉、刻苦训练的精神有关。

采用负重进行柔韧素质训练，一般可控制在 3~5 公斤重量之内，动力拉伸负重可轻些，静力拉伸负重可重些，水平高的运动员比低的可略重一些。例如持轻杠铃片的转体练习，增加练习的强度要逐渐实施，不可过快、过猛，防止拉伤。

2) 练习重复的次、组数。在发展柔韧素质和保持柔韧素质阶段是不同的。各关节练习的次数、组数的参考——每组可做 10~12 次，在 6~12 秒之间。在静力拉伸时，可固定控制在 30 秒或 30 秒以上；这要视运动员的水平而定，组数亦如此。

3) 间歇时间。可根据运动员的感觉确定，并与练习的关节部位有关。当运动员在一组练习后感到基本恢复可进行下一组练习时就可开始。大关节练习后的间歇，要比小关节练习后的间歇时间长些。在间歇时间里，可做一些放松活动和按摩。

4) 动作要求。做动作时幅度要逐渐增大，以尽量拉长肌肉和韧带。动作完成的速度，可以缓慢的速度也可以急骤式的速度进行，并相互交替。但由于比赛中大多是急骤式的拉长肌肉和韧带，因此在保持柔韧素质的训练阶段应较多地运用后者。

(3) 柔韧素质训练的注意事项。

由于柔韧素质受多种因素的影响，为取得最佳训练效果，在训练过程中还应注意以下几点。

1) 结合专项特征控制好柔韧素质的发展水平。柔韧素质的发展水平以能满足专项运动的需要为准，并有一定的"柔韧性储备"，以备在训练和比赛中突然发生的急剧拉伸时用。过分地发展可能会导致关节和韧带的变异，影响弹性和力量与技术的发挥。

2）柔韧素质训练要经常进行，持之以恒。通过训练，柔韧素质可以得到较快的发展，但停止训练，消退也较快。因此在训练的全过程都应连续地安排一定比重的柔韧素质训练。

3）要做好准备活动和具有适宜的外界温度。柔韧素质训练前，通过准备活动可提高肌肉的温度，降低肌肉内部的黏滞性，防止拉伤。外界温度以 18°C 为好；在这个温度下进行练习，肌肉和韧带的伸展性较好。

4）柔韧素质训练要与其他素质训练结合。柔韧素质训练要与其他素质训练结合进行，特别是与力量素质训练相结合，做到柔韧素质的发展使肌肉、韧带柔而不软，韧而不僵，刚劲有力，使关节的活动幅度掌握自如。

（4）柔软性、伸展性练习内容（图 7-12）。

图 7-12 柔软性、伸展性练习内容

2. 灵敏素质的训练

灵敏素质是人体综合能力的反映，很大程度上受遗传因素的影响。为了提高灵敏素质，应加强儿童少年时期的训练。此时，运动员神经系统的可塑性高于青年期和成年期，有利于充分发展灵敏素质。

（1）灵敏素质的训练方法。

发展灵敏素质，应尽可能采取逐渐增加复杂程度的练习方式，或通过改变练习条件、器械、器材等方式，增加练习动作的复杂性和难度，并着重培养和提高运动员掌握动作的能力，反应能力、观察与判断能力、平衡能力、时空感、节奏感等。

1）徒手练习法：包括单人练习和双人练习。

2）器械练习法：包括单人练习和双人练习。

3）组合练习法：两个动作的组合、三个动作的组合和多个动作的组合练习等。

4）游戏法：发展灵敏素质的游戏，具有综合性、趣味性和竞争性的特点，能引起练习者极大的兴趣，身体力行、积极思维、迅速判断、巧妙应对复杂多变的活动、有效提高神经过程的灵活性，发展运动素质和运动技能。发展灵敏素质的游戏很多，主要包括各种应答性游戏、追逐性游戏和集体游戏等。

（2）灵敏训练的主要手段。

1）在跑、跳中迅速完成改变动作方向的躲闪、急停、转体、变向跑等练习。

2）非常规的练习。

3）反向完成动作。

4）各种调整身体姿势或身体方位的练习。

5）限制完成动作的时间和空间。

6）改变习惯性的动作速度或速率的练习。

7）利用各种条件、完成复杂多变的练习。

8）做各种变换方向的追逐性游戏或对各种信号快速做出应答性反应的游戏。

3. 协调能力的训练

协调能力可理解为：第一，合理地建立完整运动动作的能力；第二，改造已形成的行动形式或根据不断变化的条件从一些行动转入另一些行动的能力。

在近代运动训练理论和实践中，日益重视协调能力的作用，把协调能力看作是发展运动员技能和战术能力的基础。

(1) 协调能力训练的方法。

龙舟运动员协调能力训练方法选择的基本原则是利用一般训练和专项训练手段进行大量的练习，克服动作困难因素建立机体间协调的联系。

龙舟运动员充实其运动技能储备的主要手段是竞技辅助性体操练习（包括技巧练习）、活动性球类项目、游泳等水上项目以及与专项相近的其他项目。训练的有效性不仅是采用在协调方面与竞技专项相近的练习，而且是采用在本质上不同协调结构的练习，后者在培养协调能力方面起了特别重要的作用。在这种情况下技能掌握不是为了它们本身，而是为了在形成新的动作协调形式或与已掌握的协调形式相互作用的过程中获得发展效应，从而锻炼了自己的协调能力和提高了能力总水平。

在每一个训练阶段中在使用已习惯的和新的训练手段方面必须遵守一定的比例。众所周知，随着一个个阶段的推进，增加了用于专项练习中完善的时间，越来越难安排时间用于掌握辅助性练习。因此，随着龙舟运动训练过程中专项化的深入，在完善已习惯的行动时引入不寻常性的因素，以保障对动作协调性不断提高的要求，是培养协调能力主导性的方法路线。这一路线在方法方面可具体分解为三种处理办法：第一，按严格的规定改变已习惯的运动行动的某些特点或整个形式，增加动作协调的难度；第二，在不习惯的组合中完成已习惯的动作；第三，使用不同的外部条件，迫使改变已习惯的动作协调形式。每一个处理办法都可以通过许多局部性的方法来实现。

(2) 协调能力训练的要求。

根据协调性练习的要求高度集中注意力、精细的分化和调节和较大的意志集中等特点以及形成新的动作协调形式或改造已巩固的协调联系，对于神经系统来说是极为困难的任务。最好是在训练课基本部分开始时安排协调能力性训练负荷，并适当控制总负荷量，一般不超过60分钟，使运动员能保持最佳的心理状态和运动状态完成练习。

4. 力量素质的训练

力量素质是指人体神经肌肉系统在工作时克服或对抗阻力的能力。依完成不同体育活动所需力量素质的不同特点，可分为最大力量、快速力量和力量耐力。

(1) 最大力量素质的训练方法。

1) 大强度法。

要求逐渐达到用力的极限，以后继续用中上强度训练，直到对这种刺激产生惰性的反应时止。

①负荷强度：85%以上。

②负荷数量：每组一般做1~3次，安排6~10组。

③间歇时间：由于训练强度大，每组练习后体能消耗得比较多，所有休息时间可长一些（3分钟左右）。

2）极限强度法。

极限强度法的特点是负荷强度达到极限值。先采用接近本人的最大强度进行练习，然后递增。这种方法又称为"阶梯式"的训练方法。以卧推为例，暂定第一阶段训练强度为100公斤，经过一个阶段训练之后，当运动员对此强度已经适应，并能用该强度连续举起两次时，便可增加重量，如增加到102.5公斤，便开始了第二阶段的训练……这样一个"阶梯"一个"阶梯"地增加强度，从而不断提高运动员对高强度负荷的适应能力，使力量素质得到发展。

①负荷数量：由于负荷强度是极限的，所以练习的重复次数和练习组数均很少。

②间歇时间：组间间歇时间相对要长些。

3）极限次数法。

极限次数法是以某一个强度达到极限练习次数的训练方法。极限次数法的训练强度不大，要求每组的重复次数达到极限次数，直到不能再做为止。这种方法，对促进肌肉肥大、增加肌肉横断面积效果显著，对运动系统和心血管系统有深刻影响。

运用此方法时应注意把握好负荷强度增加的幅度和适应的时间，此方法只用于高水平的运动员训练，切不可用于儿少运动员的训练，要十分注意对运动员腰部的保护，防止发生外伤事故。

4）静力练习法。

静力练习法用于提高运动员的最大力量有较好的作用。

①负荷强度：用静力练习法发展最大力量，负荷强度为40%~50%时，持续时间可为15~20秒钟；负荷强度为60%~70%时，持续时间可为6~10秒钟；负荷强度80%~90%时，持续时间可为4~6秒钟；负荷强度为95%以上时，持续时间可为2~3秒钟。

②练习组数：不宜太多。

③间歇时间：相对长一些，以利于运动员的恢复。

④注意事项：持续时间要适当，不可过短或过长；如果使用不当，会导致肌

肉协调功能下降，并对技术训练造成不利影响。注意将静力练习和动力练习结合起来训练；注意练习后的放松练习；再练习前提醒运动员做深呼吸，用力不可过猛，否则会出现一些生理性反应。

5) 变换训练法。

变换训练法的负荷强度、练习重复次数与组数，以及组间的间歇时间等因素都可变化，如金字塔式训练法：85%×5 次+95%×3 次+100%×1 次的安排等。

(2) 快速力量的训练。

由于速度力量是力量和速度有机结合的一种特殊的专项力量素质，具有速度和力量的综合特征，运动员在完成某一个动作时所用的力量大、速度快，则其所表现出的速度力量就大，所以只有使最大力量和速度两方面都提高，才能取得速度力量训练的最佳效果。因此提高速度力量往往广泛采用发展力量的练习，在力量提高的同时注意发展动作速度。

快速力量训练的主要方法有负重练习和不负重练习两种。

1) 负重练习发展速度力量的方法。

①负荷强度：负重量要适宜。若负重过大，必然影响动作完成的速度；相反，负重过小，又难以表现出速度力量。一般多采用本人最大力量的 40%~60% 的强度，兼顾力量和速度两方面的发展。练习中应要求运动员尽量体会最大用力和最大速度感。如要发展爆发力，则其强度伸缩性较大，既可用较大的负荷强度，也可用低于 40% 的强度。在使用较大的负荷强度（如 70%）训练时，要注意动作完成的速度。如动作速度变慢，动作变形，则可减少重量或停止练习。

②练习的次数和组数：通常每组重复练习 5~10 次，做 3~6 组。但组数的确定应以运动员不降低完成动作的速度为限。如动作速度下降，可停止练习。

③组间的间歇时间应比较充分，但也不宜过长。间歇时间如过长，会导致中枢神经系统兴奋性下降，影响下一组练习。通常为 2~3 分钟。

④练习的动作要求协调、流畅、正确，并尽量与专项技术动作结合。

2) 不负重练习发展速度力量的方法。

①不负重练习可采用克服自身体重的练习。青少年运动员采用这种练习较多，如："跳深"练习可发展下肢的速度力量，特别是爆发力。发展上肢则常用引体向上和俯卧撑等练习。

②完成专项比赛性动作的快速练习。这种练习可以是徒手的，也可以是带轻器械的。带轻器械的重量一般不超过比赛的用力重量，其目的主要是通过发展动作速度来发展快速力量。练习可 6~10 次为一组，做 6~10 组，组间间歇 2~3 分

钟。练习中要注意动作的快速有力，并符合专项比赛动作的技术要求。通常可以采用哑铃、壶铃、杠铃杆和实心球等。

(3) 力量耐力训练的方法。

①练习的强度：若是发展克服较大阻力的力量耐力，可采用本人最大力量的75%~80%的负荷进行重复练习；若是发展克服较小阻力的力量耐力，其最小负荷强度不能小于本人最大负荷强度的35%；若低于35%的负荷强度，则练习效果不大。

②练习的重复次数与组数：一般要达到极限的重复次数，即坚持做到不能再做为止。这样才能改善血液循环和呼吸系统的供氧能力和糖酵解供能机制，保证力量耐力的增长。练习的组数也应视具体情况而定，通常在保证每组达到极限的重复次数前提下，确定练习的组数。

③练习的持续时间：若是采用动力性练习，可由练习的次数和组数确定，以完成预定的次、组数为其练习持续的时间；若是采用静力性练习，单个动作的持续时间一般是10~30秒。这取决于负重的大小，负重大则持续时间短一些，负重小则持续时间长一些。

④组间的间歇时间：要在未完全恢复的情况下就进行下一组练习，以达到疲劳积累和发展力量耐力的目的。如进行几组练习后，运动员已相当疲劳了，就可适当延长组间休息时间。

(4) 力量训练的主要形式。

1) 负重抗阻力练习：如运用杠铃、壶铃、哑铃等训练器械。可用于机体任何一个部位肌肉力量的训练，是训练最常用的手段。

2) 对抗性练习：如双人顶、推、拉等，依靠对抗双方以暂时的静力作用发展力量素质。对抗性练习不需要任何训练器械及设备，又可引起练习者的兴趣。

3) 克服弹性物体的练习：如使用拉力器、拉橡皮带等，依靠弹性物体变形而产生的阻力发展力量素质。

4) 利用力量训练器械练习。利用力量训练器械，可以使身体处在不同的姿势（或坐、或卧、或立）进行练习，可直接发展运动员所需要的肌肉力量，使训练更有针对性。使用力量训练器，还可以减轻运动员的心理负担，避免伤害事故的发生。

5) 克服外部环境阻力的练习。如沙地和草地跑、跳练习等。做这种练习往往在动作结束阶段所用的力量较大，每次练习要求不用全力，动作要轻快。

6) 克服自身体重的练习。如引体向上、倒立推起、纵跳等。这类练习均由四肢的远端支撑完成，迫使机体局部承受体重，使机体局部部位的力量得到发展。

7）电刺激。用电刺激发展力量能力，将电极置于肌肉的起止端，电流强度以人体不感痛苦为宜。经刺激后，肌肉体积没有明显增大，脂肪减少，力量得到提高。

8）瑞士球练习。在没有稳定支撑的条件下，完成各种徒手和器械的练习。在发展局部肌肉的同时，提高全身肌肉和神经的控制能力，有助于运动员在艇上在动态的划船状态中保持好身体姿势和有效的用力与传递力量。专项力量的训练手段见表7-1。

表 7-1　专项力量训练手段

增加阻力	减小阻力
在舟内附加重量划	顺水流划
在舟体增加阻水物划	减小桨叶面积划
逆水流划	减轻桨的重量划
增大桨叶面积划	
增加桨的重量划	

(5) 力量训练的基本要求

1）注意不同肌群力量的对应发展。根据专项竞技的需要，在主要发展运动员大肌肉群和主要肌肉群力量的同时，也要十分重视小肌肉群、远端肌肉群、深部肌肉群的力量训练。

2）选择有效的训练手段。应根据完成训练任务的需要，正确地选择有效的训练手段，规范并明确正确的动作要求。如发展股四头肌力量，可选负重半蹲起的练习，应要求运动员在练习时双脚平行或稍内扣站立，以求有效地发展股四头肌的力量。

3）处理好负荷与恢复的关系。在一个训练阶段中，负荷安排应大中小结合，循序渐进地提高负荷量度；在小周期训练中，应使各种不同性质的力量训练交替进行。如在每周星期一、三、五可安排发展爆发力或最大力量为主的训练，在每组重复练习中，注意组间的休息。一般来讲，训练水平低的运动员组间休息要长一些，力量训练后，要特别注意使肌肉放松。肌肉在力量训练后会产生酸胀感，肌肉酸胀是肌纤维增粗现象的反映，也是力量增长的必然。但应采取积极措施消除肌肉的酸胀感，以利于减少能量消耗，并更好地保持肌肉弹性。

4）注意激发练习的兴趣。肌肉工作力量的大小与中枢神经系统发射的神经冲动的强度有着密切的关系。神经冲动的强度越大，肌纤维参与工作的数量越多，冲动越集中，运动单位工作的同步化程度也就越高，表现出的力量也就越大。因此在运动训练中应注意有意识地提高运动员练习的兴趣与积极性，以求提高力量训练的效果。进行爆发力训练对神经系统兴奋性要求更高。

（6）发展力量及协调性练习举例。

1）利用运动员体重的练习。

①爬绳或爬杆，单杠或肋木（图7-13）。

②采用不同的位置和握法上拉或引体向上（图7-14）。

③俯卧撑；在双杠上做双臂屈伸（图7-15）。

图 7-13　爬绳与肋木练习

 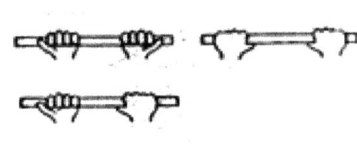

图 7-14　不同握法的引体和上拉练习

图 7-15　俯卧撑和双臂屈伸练习

④在单杠上做"擦窗子"动作或腿部扭转（图7-16）。
⑤在不同的位置和地方做躯干肌（腹肌）练习（图7-17）。
⑥在不同的地点做躯干肌（背阔肌）练习（图7-18）。

图7-16 单杠上腿部扭转练习

图7-17 腹肌练习

图7-18 背阔肌练习

2）负重训练。
①卧推、坐推，成45°卧推（图7-19）。
②凳上划或拉至胸部和摆动，"T"杠（图7-20）。
③单臂拉，单臂拉抬体（图7-21）。
④用杠铃抓举、硬举（图7-22）。
⑤负杠铃跪膝抬体或转体（图7-23）。

图 7-19 卧推和坐推练习

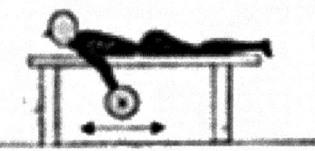

图 7-20 双臂卧拉练习

图 7-21 单臂提拉练习

图 7-22 抓举和硬举练习

图 7-23 负重腰腹练习一

⑥坐位或站位负杠铃转体（图7-24）。
⑦仰卧将轻负荷置于头后，臂拉起或仰卧起坐（图7-25）。
⑧负杠铃在斜板上转体（图7-26）。
⑨持杠铃用直臂或屈臂做"蝴蝶"动作（图7-27）。

图7-24　负重腰腹练习二

图7-25　负重腰腹练习三

图7-26　负重腰腹练习四

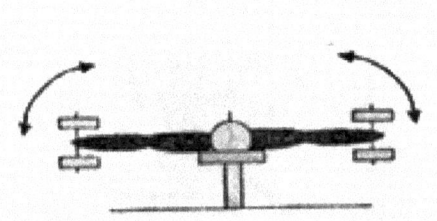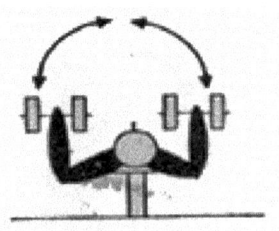

图7-27　仰卧"飞鸟"练习

3) 动力器械练习

①直臂拉、转体或双臂划（图 7-28）。

②在体前或体后，单臂拉至头上（图 7-29）。

③在头前或头后双臂下拉（图 7-30）。

图 7-28　拉力练习一

图 7-29　拉力练习二

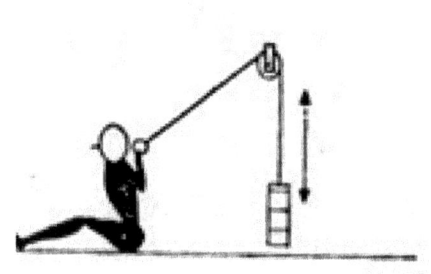

图 7-30　拉力练习三

4）瑞士球练习。

①撑球腾起（图7-31）。

手撑地，足背和小腿撑住球，腰腹肌突然发力将身体拱起，在此瞬间足尖点球，上体几乎与地面垂直，然后还原。

练习目的：提高腰背肌肉的爆发力。

②撑球侧起（图7-32）。

一手臂扶球，身体侧卧，将身体抬离地面然后下落，交替进行。注意保持身体成一直线，此时的两个支撑点分别足球和脚。

练习目的：提高腹内斜肌、腹外斜肌和整个躯干的力量与控制能力。

③仰卧飞鸟（图7-33）。

仰卧于球上，双脚撑地，大小腿弯曲90°，持哑铃或徒手在胸前做飞鸟动作。

练习目的：提高身体在不稳定条件下的控制能力，增强胸大肌和肱二头肌的肌肉力量。

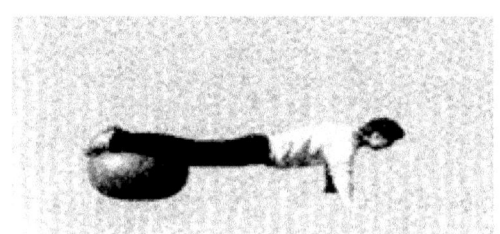 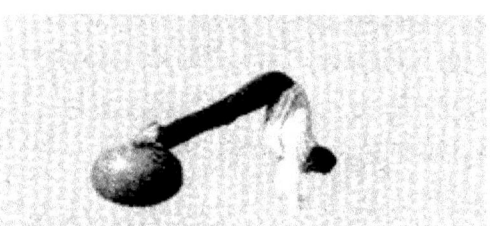

图7-31　撑球腾起练习

图7-32　撑球侧起练习

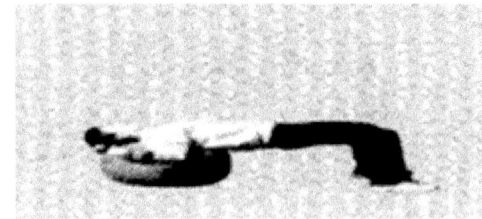 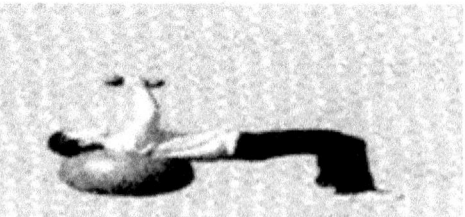

图7-33　仰卧飞鸟练习

④坐球上举（图7-34）。

端坐在球上，双脚开立同肩宽，双手置于体侧，持哑铃交替上举，手臂与身体始终在一平面上。

练习目的：发展三角肌和肱三头肌力量，增强躯干肌肉紧张度。

⑤球上翻转（图7-35）。

手臂侧举，在球上做横向翻转。

练习目的：在动态过程中运动，提高身体在不稳定支撑条件下的控制能力和运动能力。

⑥挺腰滚球（图7-36）。

双手合拢放于球上，上体与地面平行，膝头节着地，大小腿弯曲90°。腰、腹、背部肌肉发力和推球前滚，将身体完全展开，然后反向将球拉回还原。

练习目的：此动作主要发展腰、腹、背部肌肉，在推拉球的动态过程中，全身肌肉处于紧张状态。

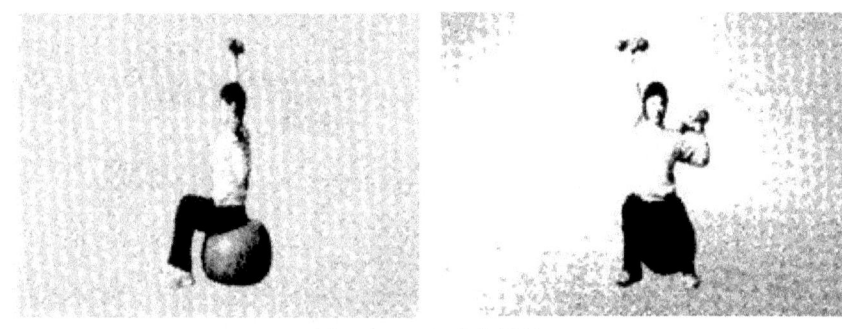

图7-34　坐球上举练习

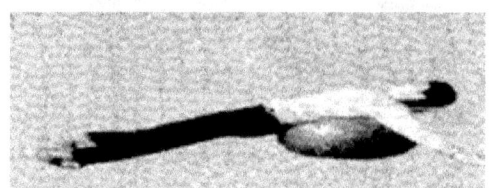 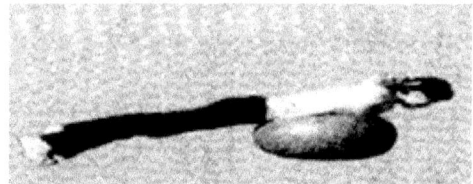

图7-35　球上翻转练习

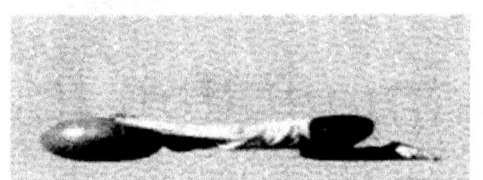 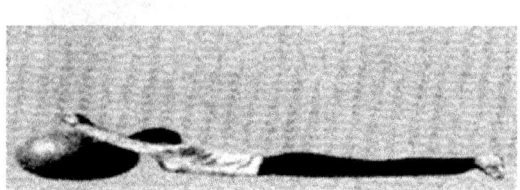

图7-36　挺腰滚球练习

⑦球上滚摆（图7-37）。

练习一：双手撑地，双腿夹球左侧向摆腰动作，带球横向滚动。

练习二：双脚着地，手臂前平举，手掌合拢，上体接触球，腰腹肌肉发力，上体在球上左右摆动。

练习目的：增强腹部斜向肌肉（腹内斜肌、腹外斜肌）和臀部肌肉的力量，提高身体平衡能力。

⑧球上平衡（图7-38）。

俯卧在球上，身体保持在同一平面，由同伴压住双脚在球上做前推和后拉动作，在此过程中要始终保持身体的平衡和流线型。

练习目的：随着身体在球上的前后运动，在支撑点不断变化的过程中提高全身肌肉提控制能力，增强肌肉的紧张度。

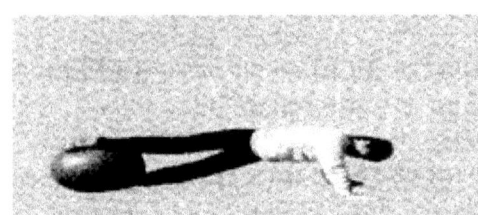

图7-37-1　球上滚摆练习一

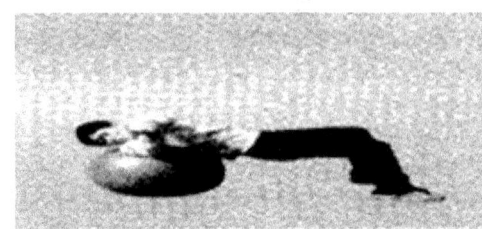

图7-37-2　球上滚摆练习二

图7-38　球上平衡练习

5. 速度素质的训练

龙舟运动员的速度素质是指队员在龙舟比赛时所表现出的快速运动能力。它包括对出发信号刺激的快速反应能力、快速完成划桨动作的能力和使舟快速行进的能力。

（1）反应速度的训练。

反应速度由神经反射通路的传导速度所决定，基本属于纯生理过程，不受其他因素影响。纯生理过程的提高是相当困难的，很大程度上取决于遗传因素，但通过训练可使运动员潜在的反应速度能力表现出来并稳定下。在训练中运动员注意力集中与不集中大不一样，运动员注意力集中，可使神经系统处于适宜的兴奋状态，使肌肉处于紧张待发状态，此时肌肉的反应速度要比处于松弛状态时可提高60%左右。反应速度的提高很大程度上取决于运动员对信号应答反应的动作熟练程度上。动作熟练，信号一出现，就会立刻做出相应的反应动作。

反应速度训练常用的方法：

1）信号刺激法：利用突然发出的信号提高运动员对简单信号的反应能力。

2）运动感觉法：运用运动感觉法一般要经过三个阶段——第一阶段时让运动员以最快的速度对某一个信号做出应答反应，然后教练员把所花费的时间告诉运动员；第二阶段先让运动员自己估计做出应答反应花费了多少时间，然后教练员再将其实际所用的时间进行比较，目的在于提高运动员对时间感觉的准确性；第三阶段是教练员要求运动员按事先所规定的时间去完成某一反应的练习，这种练习可以提高运动员对时间判断的能力，促进反应速度的提高。

3）选择性练习：随着各信号复杂程度的变化，让运动员做出相反的应答动作。如教练员喊蹲下同时做下蹲动作，运动员则站立不动。教练员喊向左转，运动员则向右转。教练员喊一、二、三、四中某一个数字时，运动员应及时做出相应（事先规定）的动作等。

（2）提高动作速度训练的方法。

1）利用外界助力控制运动员的动作速度。如多人划训练等。

2）减小外界自然条件的阻力。如顺风划等。

3）利用动作加速度或利用器械重量变化发展动作速度。如变速划等。

4）借助信号刺激提高动作速度。如利用同步声音的伴奏，使运动员伴随着声音信号的快节奏做出协调一致的快速动作。

5）缩小完成动作的空间和时间界限。如，小桨叶划、高桨频划等。

（3）速度训练的基本要求。

1）速度素质训练一个结合运动员所从事的专项运动进行，如对龙舟运动员的反应速度训练，应着重提高他们听觉的反应能力。

2）速度素质训练应在运动员兴奋性高、情绪饱满、运动欲望强的情况下进行，一般应安排在训练课的前半部。

6. 耐力素质的训练

耐力素质通常理解为运动员有机体长时间工作抗疲劳的能力。疲劳是训练后的必然结果，没有疲劳就没有训练。但疲劳又会使有机体的工作能力下降，而不能保持长时间的工作，所以疲劳又是训练的障碍。运动员在训练和比赛过程中抗疲劳的能力，反映了他的耐力素质水平。

耐力素质可分为一般耐力和专项耐力。从器官系统分类，把耐力分为肌肉耐力和心血管系统耐力，从供能特征来看又将心血管系统耐力分为有氧耐力（糖酵解和脂肪元供能）和无氧耐力（包括磷酸肌酸供能和无氧糖酵解供能）。

（1）有氧耐力的训练。

1）持续训练法。

①负荷强度：采用持续训练法发展有氧耐力的训练强度相对较小，心率可控制在145~170次/分之间。这个训练强度对提高运动员心脏功能尤为有效，对改进肌肉的供血能力、改进肌肉的直接吸收氧的能力也有特殊意义。有氧耐力训练的适宜心率可通过公式：安静心率+最大心率–安静心率）×60%~70%来计算。据研究，心率控制在这个水平线上，机体的吸氧量可达到最大值的80%左右，心输出量增加，促进骨骼肌、心肌中的毛细血管增生。假如超过这个界限，如170次/分以上，机体就产生氧债，使训练效应发生变化。假如低于这个界限，如140次/分以下，心输出量达不到较大值，同时吸进的氧气也少，则会影响训练的效果。

②负荷数量：负荷数量取决于运动员的训练水平，训练水平高的运动员可承受大负荷量，如持续跑可坚持两个小时，训练水平低的运动员只能承受较小的负荷量。但是一般地讲，发展运动员有氧耐力训练时间不能少于20分钟。

③工作方式：运用持续训练法发展运动员的有氧耐力工作方式很多。如中长跑运动员可采用匀速持续跑。心率控制在150次/分左右，时间坚持在1小时以

上，这种练习节省体力，效果好。

A. 越野跑。工作时间为 1.5~2 小时，跑的速度可匀可变。自然环境中练习可提高运动员的兴趣，有利于推迟疲劳的产生。

B. 变速跑。为发展运动员的有氧耐力水平，可广泛使用变速跑，负荷强度可从较小强度（如心率 130~145 次/分）提高到较大强度（如心率达 170~180 次/分），持续时间在半小时以上，使用变速跑可提高运动员比赛的适应能力。

C. 法特莱克跑。法特莱克跑有利于提高运动员训练的兴奋性，吸进更多的新鲜氧气，推迟疲劳的出现。

2）间歇训练法。

①负荷强度：采用间歇训练法发展有氧耐力，在工作进行中，心率可达到 170~180 次/分。如果工作距离长，心率就会低于这个数值。

②负荷量：间歇训练中的分段练习的负荷量常常用距离（米）或用时间（秒）两个指标来表示。依时间指标来表示，持续工作时间不超过两分钟，少则仅有几秒钟，这是因为间歇训练法工作的强度大，一次练习的持续时间就不可能过长，否则会导致训练效应的改变。

③间歇时间：运用间歇训练法必须严格控制间歇时间，一般要求机体尚未充分恢复、心率恢复到 120 次/分左右时，便可进行下一次练习。

④休息方式：运用间歇训练法两次（组）练习之间应进行积极性的休息，以利于恢复。

⑤练习的持续时间：运用间歇训练法练习所需持续时间较长，有时需半小时以上，时间过短则难以取得理想的训练效果。

3）循环练习法。

要选好训练内容，根据训练的具体任务，应选作用于心血管耐力的练习为主要练习手段，每站练习负荷，可按极限负荷的 1/3 左右安排。

（2）无氧耐力的训练。

1）负荷强度：提高糖酵解无氧代谢供能的无氧耐力训练的强度为 80%~100%，以使运动员机体处于糖酵解供能状态，其强度为 80%~100%。

发展糖酵解无氧代谢供能的无氧耐力训练，一次练习的持续时间介于 1~2 分钟之间，一般水上 300 米、跑步 400 米、游泳 100~200 米为宜。

2）重复练习的次数与组数：每组练习的重复次数不必过多，如 3~4 次，以保证必要的训练强度。练习的重复组数应视运动员训练水平而定，一般地讲，训练水平低的新手重复组数少，如 2~3 组；对训练有素的运动员可安排 3~5 组。确定练习重复组数的基本原则是，使运动员在最后一组也基本能保持所规定的负荷强度，而不应下降得过多。

3) 间歇时间：发展糖酵解无氧代谢供能得无氧耐力得间歇时间安排有两种做法。一种是次间间歇时间以恒定不变的方式安排，如每次练习之间休息 4 分钟等。另一种是采取逐渐缩短时间的方式安排，如：第一、二次之间间歇 6~5 分钟，第二、三次之间间歇 5~4 分钟，第三、四次之间间歇 4~3 分钟，这样做有利于使体内乳酸堆积，达到较高值。间歇时间的确定又受负荷距离及强度的影响，距离长、强度大，间歇时间就长；距离短、强度小，间歇时间就短。组间的间歇时间一般要长于组内间歇时间，以利于恢复。

(3) 专项耐力的训练。

是指有机体克服专项运动负荷所产生的抗疲劳的能力。龙舟运动的比赛距离从短距离到长距离，各比赛距离的专项耐力具有不同的特征。短距离是以无氧糖酵解供能为主的速度耐力，长距离则是以有氧供能为主。由于龙舟运动反映出力量性的特点，具有力量耐力的特征，所以在有氧和无氧条件下发展专项耐力是提高比赛速度的一个重要途径。

(4) 耐力训练的基本要求。

重视运动员呼吸能力的培养。通过摄取坚持长时间工作必需的氧气，机体是通过提高呼吸频率和加深呼吸深度来吸取氧气的。一般地讲，没有参加过训练的人在长时间工作过程中，主要以加大呼吸的频率来供给机体氧气的需要，而高水平运动员则主要以加大呼吸的深度来改善对体内氧气的供给。

在运动训练中，当运动员进行中等耐力训练时，就会出现每分钟耗氧量与氧的供给量之间的不一致，在大负荷时其不一致的程度就更为明显，可见培养运动员呼吸能力是十分必要的。在耐力训练时，应加强对运动员用鼻呼吸能力的培养，从卫生角度看，鼻腔黏膜既可以净化空气，又可以使氧气缓和一下再吸入气管，这样就会减少尘埃和不使冷气直接进入肺部。在训练中应加强运动员呼吸节奏与动作节奏协调一致的训练，呼吸节奏紊乱，会使动作节奏遭到破坏，从而影响运动成绩。

另外，在耐力训练中还应加强对运动员的意志品质培养。运动员的意志品质在耐力训练中会起很重要的作用，意志坚强者比意志薄弱者耐力表现要好得多。如温度过高、气压过低，对一个人的耐力也会产生较大的影响，抵抗这些不利因素就需要运动员有坚强的意志品质。

第四节　龙舟运动员赛前心理训练

龙舟运动员赛前心理训练的主要目的是使龙舟运动员在赛前有一个最佳的稳定心理状态，以便在即将开始的重大的比赛中，能充分发挥出自己的体力和技、战术水平，从而取得优异的竞赛成绩。

一、龙舟运动员赛前心理训练

（一）确定适宜的比赛目标

适宜比赛目标能够最大限度地调动运动员的参赛动机，最充分发挥运动员的运动潜力。可以通过目标设置技能，帮助运动员确立具体的、符合实际的且具备挑战性的比赛目标。

（二）形成最佳的心理状态

龙舟运动员最佳心理状态的主要特征是：精神与身体非常协调的感觉；思想高度集中，无抑制感；动作自然、放松、无费力感；无焦虑感和恐惧感；有创造感与表现欲。为了使运动员在比赛中能出现最佳竞技状态，除了进行长期和系统的心理技能训练外，还要进行赛前心理暗示的训练和赛前的模拟训练，制定切实可行的和稍低于训练水平的比赛操作目标，并使其成为运动员自觉的内在目标，树立正确和积极的心理定势，形成最佳的心理状态。

（三）适应比赛环境

对于龙舟运动来说，能否适应比赛环境对于运动水平的发挥影响极大。赛前进行适应环境的训练，就是让运动员在接近比赛的规模、气候、水质、对手、器材和饮食等等条件下进行训练，使运动员对此进行预感知逐步达到或尽可能对新的比赛环境产生习惯化的反应，从而提高对比赛条件的适应水平，让运动员在比赛中的心理具有稳定性。

二、龙舟运动员赛前心理训练的阶段、任务与措施

从表 7-2 中可以看到，在比赛期的准备过程中，龙舟运动员心理训练的一项重要工作赛前心理活动程序化训练。赛前程序化心理训练是指按照赛前准备活动的内容与时间安排，以及比赛中对运动的技、战术要求与心理控制要求等制定出参赛程序，并要求运动员在此基础上进行赛前的模拟训练。

表 7-2 龙舟运动员赛前心理训练的阶段、任务和措施

阶段	相应的时期	任务	心理训练
长期的准备	从参加运动训练开始到准备重大比赛	1. 教练员要学习心理学的理论及提高应用理论知识的素养 2. 教练员了解运动员参加训练和比赛的目的、动机、情绪、个性、专项心理能力等全部心理素质，以及运动之外的情况，防止负担重和干扰 3. 对运动员进行心理测试获得各种信息 4. 加强集中注意力的训练	说明疏导、想象训练、放松训练、智力训练，形成良好的生活制度和规律
训练期的准备	重大比赛前一年左右，运动员正值高水平的运动成绩阶段	主要任务是心理调整或心理矫正，把心理素质稳定在一定的水平上，培养积极的态度、强烈的动机，以及肯于拼搏的精神。排除对一定对手或情势的害怕心理、情绪压抑及神经过敏，树立信心，培养运动员独立作战的竞技能力、高水平的心理调整和控制能力	心理调整、心理矫正，稳定技术，想象训练，建立赛前程序化习惯行为
比赛期的准备	从临赛阶段开始直到重大比赛结束	创造适宜的激活水平和情绪状态，确定比赛目标，在临赛和比赛中对运动员进行心理指导，向运动员提供完成任务所需的信息，解决各种心理障碍和情绪干扰	进一步激发动机和情绪，面谈、诱导、鼓励、自我暗示，赛前行为程序化

赛前模拟训练分为实战模拟和语言形象模拟两种。

实战模拟如模拟主要对手的战术划法，按照比赛的日程安排训练，到与正式比赛场地、气候相似的环境进行训练，以及组织与比赛要求相同的测验性比赛等。

语言模拟主要是利用语言和表象在头脑中描绘未来比赛的情景，还可以配合技术图片、电影和录像等以加深表象活动。

教练员在安排模拟训练时应注意，明确模拟条件与比赛目标的关系，完整的实战模拟的次数不宜过多，避免引起运动员过重的心理负荷和反感情绪。因此，离比赛的时间越近，语言模拟越可适当增加，实战模拟则应逐渐减少。

关于运动员赛前心理活动程序和比赛时的心理活动程序可参考表 7-3 和表 7-4，教练员可以根据运动员与自身特点制订出更为详细的心理活动程序。

表 7-3　500 米赛前心理活动程序

比赛倒计时	时间	技、战术准备	心理准备
80~55	25	肌肉和神经系统的协调轻松，利用负重或阻力计划体会划桨动作的用力感	平静、轻松、愉快
55~40	15	强化跟划并冲上去的战术要点，加速和节奏感的体会	5 分钟自然放松，在大脑过 1~2 遍全程，体会最佳动作感觉
40~30	10	全面检查比赛用具及各自的设备	目空一切，对对手不屑一顾
30~10	20	体会和感觉划桨动作节奏及合力，感觉龙舟速度的变化	注意力集中在肌肉及划桨的水感上
10~5	5	启动做到插桨迅速，拉水狠，动作连贯	注意力集中在启动加速环节上的速度合力
5~0	5	注意神经、肌肉的放松协调	调节呼吸，排除干扰，充满自信

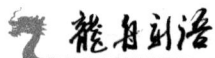

表7-4 500米比赛心理活动程序

赛程	技战术要点	心理控制	语言提示
起航 0~25 米	敏捷果断，动作稳定短促发力，齐跟领桨	划桨合力是关键	稳、跟！
加速 25~125 米	猛发力保持与对手齐头并进	同步加力与动作协调是保证	上、加！
转换 125~150 米	稳桨频，保持力度和幅度，以我为主	动作自如，出神入化	动作打开，注意幅度和力度！
途中划 150~300 米	稳桨频，保持动作节奏	控桨频，保力度，跟对手	拉长！
途中向冲刺转换 300~400 米	逐渐加大划桨速度	注意每桨效果，加快动作节奏	准备加力、加快
冲刺 400~500 米	桨力、桨速、桨频同时达到极限	猛虎下山，势不可当，猛冲到底	冲！拼！加！加！加！

三、优秀龙舟运动员赛前心理咨询

（一）优秀运动员赛前心理咨询的原则

心理咨询是为了帮助优秀龙舟运动员克服比赛、训练及生活中的各种心理障碍，引导他们形成良好的心理准备，取得成绩成功。其遵循的原则是：服务性原则、交友性原则、教育性原则、理论联系实际的原则、整体性原则、循序渐进的原则、个别对待的原则、预防性原则、保密性原则和实事求是的原则。

（二）优秀运动赛前心理障碍与咨询

现将优秀龙舟运动员赛前常见的心理障碍的表现、产生的原因及解决的方法举例。

1. 对大运动量训练的排斥和恐惧的心理

（1）产生的原因

对身体超负荷的运动量产生不适感和劳累感；因有伤病或者怕伤病会严重影响个人的身体健康、运动寿命、奖牌、待遇和个人的前途命运等，由此产生与自己的身体健康、前途命运相关联的心理障碍。

（2）解决办法

加强医务监督，进行心理诱导，及时反馈与强化训练，考虑运动训练方法，适当调整训练内容与要求，让运动员在逐渐增加身体负担量的过程中逐渐适应高强度和高密度的训练，增强信心，注意训练后的身体、心理和生活调整，加快恢复过程。

2. 厌烦训练的心理

（1）产生的原因。

- 生理上的原因：长期伤病或多次受伤，身体和生理方面不能适应，产生害怕或厌烦训练的心理。
- 心理上的原因：如参加训练与比赛的价值观有改变，认为参与比赛或训练与自己无利或者有害，训练动机减弱或消失，对训练失去兴趣，甚至产生厌烦心理。
- 训练与竞赛上的原因：如长期训练进展不大或无效果，对训练计划、内容和方法长期不适应，训练任务长期脱离实际等。
- 社会因素方面的原因：如家庭亲友的影响，对专业产生动摇，人际关系紧张，训练中失去心理动力与心理平衡。

（2）解决办法。

加强诱导，创造良好训练和比赛环境，提高注意力和排除杂念，加强自信力和自觉性方面训练。

3. 技术动作发生变形

（1）产生原因。

运动技术本身具有不稳定性。在训练和比赛中技术动作并非是任何时间都是千篇一律的，运动员完成动作时受到客观与主观条件的影响。如环境、身体、技术及心理状态上的变化与差异，其中特别是心理上的自控能力，对完成技术动作时的稳定性尤为重要。

(2) 解决办法。

进行技术动作瞬时走样的心理诊断，找出具体原因，加强心理训练，特别是自控能力和念动的训练。在做每套动作时首先在头脑中"过电影"，特别是对难新动作多次反复地"过电影"。加强完成新动作的信心，培养战胜困难的意志和情绪的自我调节。

4. 配合不好，与队友难以默契

(1) 产生的原因。

队员对战术意图没有理解，导致难以默契配合或因队员身体反应不佳，技术动作多次失误。产生情绪波动时相互埋怨，互不信任，难与同伴默契。队内人际关系紧张，缺乏相应的集体战术的心理训练与调整。

(2) 解决办法。

加强相互间的心理沟通，彻底理解战术意图及个人的职能。改善人际关系，增强队员间的相互沟通，缩小队员间的心理距离，从而达到相互默契的目的。队员之间在训练、竞赛和生活中要相互尊重，深切理解，在行动上做到同步，增强队内的亲合力和凝聚力。科学地组织训练，不断改进训练内容与训练方法，使运动员对每一次训练都产生直接兴趣。

5. 缺乏信心的心理

(1) 产生原因。

运动员对自己完成比赛任务缺乏信心，但对比赛成功的期望值很高，过多考虑竞赛结果与个人利益相关的各种后果。训练型运动员经受不了竞赛超强刺激，来自社会、家庭和队内外的影响与压力。

(2) 解决办法。

进行心理诊断，找出产生理压力和包袱的主要原因。对运动员进行赛前心理控制训练，编订参加赛前心理训练的程序，把想象和思考参加比赛的过程作为心理训练的重点，超脱对比赛胜负影响的过多考虑。

6. 害怕比赛失败的心理

(1) 产生的原因。

这是竞技运动争名次和分输赢的特点在运动员头脑中的反映。比赛结果涉及个人功利、运动成就以及精神和物质需要能否得到满足的反映。是运动员的社会责任感、归属感和荣誉感等高级社会需要能否得到满足的反映。

(2) 解决办法。

进行认知心理训练，使运动员树立正确的胜负观。从实际出发，把全部精力集中于竞赛过程，充分调动自己的身心潜能，不断调整或减弱集中于竞赛结果的动机。对集体进行胜负观的正面教育，认真客观地对竞赛失败的结果进行科学的总结，以减轻由于失利而造成的心理压力。进行注意与情境转移的训练，培养正确对待输赢的优良心理素质。领队、教练员应正确对待运动员比赛的胜负，掌握和了解运动员参加比赛全过程的心理活动，及时进行诱导和调整，对运动员不论胜负都要一视同仁，热情和关心。

7. 害怕同强手交锋

(1) 产生原因。

是在与对手多次交锋的失利中形成了恐惧与害怕心理，舆论与心理上的"从众"社会心理，对"强手"缺乏分析。

(2) 解决方法。

在加强身体训练和技、战术训练的同时，进行不畏强手的强化心理训练。搜集强手训练、比赛、队风以及个人心理特点的情报信息，进行针对性的模拟训练，克服"从众"心理，提高增强取胜的信心。加强信心训练，针对运动员气质性格特征的消极表现进行心理训练。

8. 不适应比赛场地、环境和气候

(1) 产生原因。

赛前训练缺乏针对性，运动员适应性差或适应过程与时间较长。

(2) 解决办法。

认真观察，找出运动员对赛场环境与气候不能适应的具体表现与原因。进行赛场适应性的训练，避免由于赛场生疏产生的新异刺激干扰运动员参加比赛。对气候的适应，一是要进行模拟实战训练，提前到达赛区进行训练；二是对运动员进行意志训练，增强运动员克服由于气候不适带来的种种困难的信心。

9. 赛前失眠

(1) 产生原因。

赛前身心紧张带来的过度疲劳引起失眠，过度训练或伤病引起生物节奏紊乱

导致失眠，赛前就增强的心理压力以及对比赛过高的期望值，社会、家庭和个人各种社会性干扰因素等。

（2）解决办法。

注意科学、合理地进行赛前训练和安排作息时间。采用自我暗示放松催眠、气功催眠、超觉静坐和音乐催眠等消除失眠现象的赛前心理调整训练方法，进行认知调节。教练员可以举一些世界著名运动员的实例来安慰运动员。

10. 对某件服装、器材或比赛日期迷信的心理

（1）产生原因。

运动员在比赛胜负的经历中曾与某件服装、器材或比赛日期联系起来，在头脑中形成情绪记忆。比赛胜负归因的偏差是把某次比赛的胜负与某件衣物、日期的偶然巧合视为必然联系，从而形成某种比赛胜负的心理定势，未能科学总结与概括胜负的真正原因。

（2）解决办法。

进行认知训练，具体分析胜负的真正原因，使运动员明白比赛胜负与某件衣服及比赛日期的偶然巧合并非必然联系。培养赛前最佳的心理定势。使运动员在自我实践中逐步淡化已经形成的心理定势，转变原有的不正确的比赛胜负的心理定势。

第五节 常用训练方法和训练计划

运动训练水平的提高，在很大程度上取决于训练方法的运用。在训练中可根据需要运用这些训练方法。由于运动训练有其本身的特点，在训练中必须遵从其训练原则才能达到最好成绩。

一、常用训练方法

龙舟训练通常采用的方法有重复训练法、变换训练法、间歇训练法、综合训练法等。

（一）重复训练法

指在相对固定的条件下按一定要求，反复进行某一练习的方法。其依据是有机体机能的提高是通过能量物质消耗—恢复，尤其是超量恢复的不断积累的结果。既运动员通过一次又一次的重复练习，使这种积累得到不断增加，使身体训练水平从而得到提高。其实质就是运动员通过一次又一次的重复练习，让条件反射得到建立和巩固。

重复训练法的作用在于能有效地发展运动员的运动素质，提高身体训练水平，掌握和改进运动技术，培养运动员的意志品质。

重复训练法的注意方面：

（1）要根据训练任务、对象的具体情况确定练习的数量。如距离、重量等；负荷强度、重复次数等。

（2）尽可能选择一些简单、有效的练习。这样做一方面可以使运动员在短时间内掌握和运用，另一方面可以保证练习的准确性，提高练习效果。

（3）要根据实际情况，不断提出新的要求，逐步提高练习质量。

（4）重复训练法的条件相对固定，运动员可能会感到枯燥乏味，会产生厌烦情绪，在训练中要加强训练目的教育和培养运动员兴趣，调动他们的训练积极性。

（二）变换训练法

指在变换连续的环境、条件和改变练习的速度、时间、速率以及动作组合等情况下进行的训练方法。

变换训练法由于练习强度、时间、速率等变换会使运动员机体产生适应性变化，这样可以提高运动员对训练和比赛的适应能力。经常变换训练环境和条件，能消除运动员由于长时间在一种环境和条件下训练而产生的枯燥感，有利于提高运动员训练的积极性和推迟疲劳的出现。

变换训练法的注意方面：

（1）根据具体任务变换训练的各种条件。如是改进和提高技术，训练时可以降低动作的速度、时间、重量、速率等，让运动员在不是很困难的条件下去体会、完成动作。如是用于巩固动作情况下，则可以提高要求，使运动员在困难条件下，保持技术的正确性和熟练性。

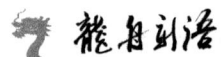

（2）在运用变换训练法时要做到循序渐进，不要过于突然。

（3）由于训练环境、条件的改变，会激起运动员的训练热情，训练时要充分利用这一有利因素，提高训练的质量。

（三）间歇训练法

指运动员在练习后，严格按间歇时间休息再进行练习的方法。间歇训练法主要特点是严格控制每次（组）练习之间的休息时间。由于严格控制休息时间，运动员机体在还没有恢复时就要进行下一次的练习，这可以有效提高运动员的呼吸和心血管系统的机能。

间歇训练法的注意方面：

（1）要根据训练任务来安排间歇训练方法。练习中要根据5个要素进行变化组合，既每次练习的数量、负荷强度、重复次数（组）、间歇时间和休息方式。

（2）要贯彻超量负荷的原理。提高每次练习的强度，增加练习的重复次数和调整间歇时间。如练习短距离，可以提高每次练习的强度。长距离练习可以采用增加练习的重复次数。

（四）综合训练法

指将以上的训练方法结合起来使用。综合训练法能更好的调节训练负荷和休息，符合练习内容的要求，有效发挥运动员素质，提高运动技术水平，取得好效果。

综合训练法可以采用以下两种方式。

1. 将各个训练方法组合运用

在训练中把各种方法进行不同的组合，制订出多种综合训练方案。如将重复训练法和变换训练法组成的综合训练方法，间歇训练法和变换训练法组成的综合训练方法等。

2. 循环练习

它是综合训练法的一种组织方式，是根据任务，有目的地建立几个或多个练习"点"，每一个点由一个或几个练习组成，运动员按规定的顺序、路线、数量、方法、要求等依次进行练习，可循环一次或多次，一周或几周等。循环练习对血液循环系统、呼吸系统的锻炼作用明显，可以使各部分肌肉得到锻炼，又能使局部肌肉负荷与休息得到交替。循环练习由于练习多样化，方法变化灵活，身体各部位活动交替进行，对提高运动员的兴趣，推迟疲劳的产生具有积极意义。

循环练习应注意的方面：

（1）有目的地突出重点任务，结合专项需要进行选择。

（2）因人而异确定循环练习负荷。

（3）"点"与"点"之间安排，要注意发展到不同运动素质和机体的不同部位。

（4）练习时，严格注意练习的质量。

二、训练计划

制订训练计划是训练工作中的一个重要环节，切实可行的训练计划可以使训练目标、任务得以落实，保证训练有系统、有步骤地进行，同时也便于检查和总结经验，不断提高训练效果。所以训练计划是实现有效训练的一个前提，训练计划必须反映训练的客观规律。训练计划主要有多年、全年、阶段、周和课训练计划。

（一）多年训练计划：是对整个训练工作的一个大致规划，内容包括：

（1）多年训练的设想和任务。

（2）对运动员的思想、身体素质、技术、文化水平、个性特点等的基本分析。

（3）对各个年度的训练任务、练习指标、实现的途径和措施。

（4）运动负荷逐年提高的大致安排。

（5）参加比赛的大致安排。

（6）测定和评定训练水平发展的时间、方法。

（7）全面检查、考核办法。

（二）全年训练计划（表7-5）：根据多年训练和比赛计划、任务制订，内容包括：

（1）对上一年度的训练工作情况说明、存在问题、解决方案、措施等。

（2）全年训练的基本任务。

（3）身体素质、技术、战术的各项指标，训练手段与实现措施。

(4) 各个训练时期的划分、训练负荷等。

(5) 比赛安排。

(6) 定期检查、机能测验等医务监督安排。

(7) 检查和测定各项训练指标的时间、次数等。

(8) 训练考核、总结等。

表 7-5 龙舟全年训练计划参考表

比重% 时期(月) 训练内容	准备期						竞赛期				休整期	总时数	百分比	备注
	12	1	2	3	4	5	6	7	8	9	10	11			
一般身体训练															
专项身体训练															
技术训练															
战术训练															
测验或比赛															
龙舟理论知识学习															

（三）阶段训练计划（表 7-6）：根据全年训练计划具体落实到阶段训练中。如将训练任务、各项训练内容比例、运用手段、训练负荷等进一步的在阶段训练中体现出来。

表 7-6 龙舟阶段训练计划参考表

年 月 日— 年 月 日训练总时数： 小时

任务：

目标：

内　容					负荷	时数	百分比
一般身体训练							
专项身体训练							
技术训练							
战术训练							
测验或比赛							
龙舟理论知识学习							

（四）周训练计划（表7-7）：以阶段训练计划为依据，结合队员的实际情况制订，内容包括：

(1) 一周训练的任务、要求。

(2) 一周训练的次数、每次训练的时间。

(3) 每次练习的内容、负荷。

(4) 测验、比赛安排。

表7-7 龙舟周训练计划参考表

年 月 日— 年 月 日

训练任务					
课次	日期	星期	时间	练习内容	负荷、强度

（五）课训练计划（表7-8）：根据周训练计划对依次训练课的具体安排，内容包括：

(1) 课的任务、负荷。

(2) 准备活动的内容、要求，练习分量。

(3) 训练时间安排。

(4) 训练方法、手段等。

(5) 课的时间分配。

(6) 整理活动内容、分量、要求等。

(7) 课的小结、课外作业。

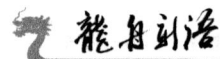

表 7-8　龙舟课训练计划参考表

课次：　　课任务：

日期：　年　月　日　时间：　时　分—　时　分

顺　序	练习内容、数量、时间	训练的组织、方法
课后小结		

第八章　龙舟运动损伤的预防和处理

随着龙舟运动的不断普及与发展，以及一系列的新战术运用，训练强度和比赛日益激烈，运动员划龙舟过程中的运动损伤可能性也大大增加，呈现出伤病率高、损伤分布广的特点。

龙舟运动员在训练和比赛过程中由于其强度和负荷力较大，发生运动损伤是不可避免的，在划龙舟的过程中，出现运动损伤是影响龙舟运动水平提高的一个主要原因之一。划龙舟中出现损伤的主要有过度疲劳，肌肉局部力量负担过重，准备活动不充分，带伤或带病训练、比赛，划桨技术动作不正确，自我保护意识不强等因素。由于龙舟运动是一项水上运动项目，训练和比赛中较为艰苦，技术要求也较高，可以说龙舟是一项整体配合要求极高、技术性很强的速度耐力项目，运动员需要有有氧、无氧耐力素质，极好的速度和力量素质。在这样高强度训练和比赛过程中发生运动损伤是在所难免的，然而出现运动损伤直接关系到队伍的训练成绩和比赛能否取得优异成绩。因此，了解了龙舟运动的损伤规律，可以改进平时的运动训练方法，减少在比赛中发生各种损伤的几率，将损伤降到最低程度，这也有利于提高运动成绩，使划龙舟锻炼能更好地起到促进身心健康的效果。目前龙舟运动员造成损伤的部位与龙舟运动项目及划桨的技术动作特点有着密切联系。龙舟运动员受伤的部位通常是在手掌、手腕、手臂、肩、腰背部、臀部和腿部。龙舟的划桨技术动作主要依靠手臂、肩背部、腰部肌肉群的连贯发力动作完成一个划桨的周期性动作，因为手臂、腰背部肌肉等用力不均，承重发力负荷过大，极易造成急、慢性肌肉损伤。

划龙舟中产生损伤的主要原因归纳起来主要有：训练水平不够，身体素质差，动作不正确，缺乏自我保护能力，活动前不做准备活动或准备活动不充分，身体状态不佳，缺乏适应环境的训练，以及教学、竞赛工作组织不当等。

第一节　龙舟运动损伤的预防

手掌、臀、腿的皮肤磨损、擦伤、刺伤等，手臂、腰、背部肌肉拉伤等是划龙舟中出现损伤频率较高的主要特征。

一、运动损伤的原因

（一）准备活动不充分

过度疲劳、局部肌肉力量负荷过大、训练和比赛时思想上不够重视，有许多运动损伤的发生常与教练员和划手对预防运动损伤的意义认识不足，思想上产生麻痹大意，缺少预防损伤的有关常识。有许多人存在着某些片面认识，平时不重视安全预防，在训练和比赛中也没有采取各种积极有效的预防措施，一旦发生运动损伤后，亦不认真分析原因吸取教训，使伤害事故时有发生。另外准备活动不充足或缺乏准备活动、以及准备活动不合理，都是造成运动损伤的原因。

（二）划桨技术动作上的错误

划桨动作的错误，违反了人体结构功能的特点以及运动力学的原理从而造成损伤，这是刚刚参加运动训练的人或学习新动作时常发生损伤的主要原因。

（三）局部肌肉力量负荷过大

训练中没有充分考虑到队员的身体条件，或比赛太激烈，运动负荷超过了可以承受的生理负担量，尤其是局部的一些肌肉负荷过大，引起细微的损伤，长时间的积累而发生劳损，这是专项训练中引起肌肉运动损伤的主要原因。

(四) 带伤或带病训练

睡眠或休息不好，生病、受伤或伤病初愈阶段，以及训练过度疲劳时，肌肉力量、动作的准确性和身体的协调性显著下降，警觉性和注意力也减退，反应比较迟钝，这时参加剧烈运动或练习较难的动作，很可能发生损伤。

(五) 训练组织方法不当

在训练中没有遵守循序渐进、系统性和个别对待的原则，在组织训练方法方面，平时教练缺乏正确的教导示范和耐心细致的保护和自我保护教育，组织性、纪律性较差等，这些都可成为受伤的原因。

(六) 场地器材设备的缺陷

训练和比赛场地有碎石或影响安全的杂物，使用器材缺乏维护或保养等。

(七) 环境因素的影响

气温过高易引起疲劳和中暑，气温过低易发生肌肉僵硬，身体协调性降低而引起肌肉韧带损伤。潮湿高热易引起大量出汗，发生肌肉痉挛或虚脱。光线不足，能见度差，影响视力，使兴奋性降低和反应迟钝而导致受伤。

二、划龙舟练习中几种常见的损伤

(一) 皮肤损伤

原因：划龙舟训练中经常会发生手掌、臀、腿的皮肤磨损、擦伤、刺伤等。
预防：训练前做好保护身体的工作，如戴上护掌手套、护膝、座垫等或用橡皮膏贴在手掌易磨损的部位。了解场地器材设备的使用情况，如划桨、座椅有否损坏，船舷有无棱角等损伤处。

（二）肌肉韧带拉伤、关节扭伤

原因：划桨技术动作掌握不好，准备活动不充分、气温较低、身体训练水平不够，过度疲劳，柔韧、关节周围肌肉力量小、协调性差、划桨动作违反人体结构功能等。

预防：充分做好准备活动，在正常天气情况下锻炼，气温低的天气注意保暖，运动量要循序渐进，练习的速度可适当放慢，及时调整运动量，掌握正确的划桨技术。

（三）运动中腹痛

原因：呼吸肌出现痉挛——准备活动不足，肺透气低，运动与呼吸不协调。胃肠痉挛——运动前吃得过饱、饭后过早参加训练，空腹或喝水太多等。

预防：运动前进行健康检查，充分做好准备活动，练习时做到呼吸匀畅，合理安排运动饮食，吃饭前后1小时后再进行训练，不要空腹活动，口渴了少喝水。

（四）肌腱、小腿肌痛

原因：经常提脚跟或过分蹬踹用力动作造成的。

预防：运动前后的准备活动和放松要多伸展肌腱、小腿肌肉，可以防止损伤和减轻疼痛。

第二节 龙舟运动损伤的处理

根据划龙舟的特点，其运动损伤大多在手、臂、腰等部位，易伤部位的处理过程中要依据急、慢性的发病情况做出不同的处理。总的来说，手掌、臀部皮肤，肌肉软组织的小损伤、慢性的伤较多，骨折、关节脱位等严重伤、急性损伤少。这些慢性的小损伤不影响一般人的日常生活，但却严重影响运动员的训练、运动成绩提高和运动寿命。而情况更重者还会使人残疾、死亡，给人们带来极坏的生理和心理阴影，妨碍了龙舟运动的正常开展。可见运动损伤对龙舟运动参加者造成的影响是十分严重的。因此，我们必须对运动损伤的发生加以重视和深入研究，作出针对性的处理，才能使运动员的损伤得到早日恢复，重新进行龙舟运动的练习。

一、运动损伤的处理

对意外或突然发生的伤病事故，通常要进行紧急的临时性处理。这时的处理首先要分清轻重缓急，抓住主要矛盾，即救命在先，做好休克的防治处理，然后再做一般的处理。通常出现骨折、关节脱位、严重软组织损伤或合并其他器官损伤时，伤员常因出血、疼痛而发生休克，在现场急救处理时，要注意预防休克和止血，若发生休克，必须优先抢救休克。如果是严重损伤并危及生命的必须分秒必争，处理力求迅速、准确、有效，做到快救、快送医院，其目的是保护伤病员的生命安全、避免再度伤害、减轻伤病员痛苦、预防并发症，并为伤病员的转运和进一步治疗创造条件。其次，对没有危及生命的运动损伤要做好各方面的处理工作，这对运动员日后的恢复是十分重要的。

（一）24小时内为急性期

方法：停止运动、对受伤部位或采取冷敷、包扎或抬高受伤部位位置等。

处理：休息或减慢运动速度、减小运动量和强度，对呼吸出现痉挛的加深呼吸、调整运动呼吸节奏、手按疼痛部位，实在不行停止运动，严重的可以口服减痉挛药物，如阿托品、十滴水等。

（二）24小时后为恢复期

方法：配合按摩、微动、康复或恢复性锻炼。

处理：减慢运动速度、减小运动量和强度，加深呼吸、调整运动呼吸节奏、注意放松、休息、按摩、热水洗、伸展助减痛等。

二、伤后的锻炼与治疗原则

(一) 合理安排伤后训练量

保持运动员已获得的良好训练状态,防止因伤后突然停训而引起"停训综合症"。

(二) 合理使用保护带

练习时为防止发生劳损、再伤或肌腱韧带的松弛。

三、加强局部治疗

改善受伤部位的代谢,消除水肿,防止深痕粘连与收缩。预防应遵从运动训练原则,科学安排运动量,提高身体素质,加强医务监督与安全教育。另外还应提高运动员的相互保护以及自我保护的能力。

第三节 龙舟训练和比赛中的医务监督

医务监督是用医学的内容和方法帮助和指导体育运动参加者合理进行体育锻炼、训练和比赛,使体育运动获得最大的效果。通过医务监督可以促进体育参加者的身体发育和健康状况,积极预防运动性伤病、提高训练水平和运动成绩。

医务监督的内容很广,一般包括:运动员的自我监督、健康分组、运动训练的医务监督、体育教学的医务监督和比赛期间的医务监督。

在运动训练过程中,有计划、系统地对运动员进行医务监督,可以了解运动员身体训练水平和机能状态的变化,了解不同性质的训练方法和运动量对运动员身体形态和机能的影响,并早期查明运动员机体内出现的初期病理状态。

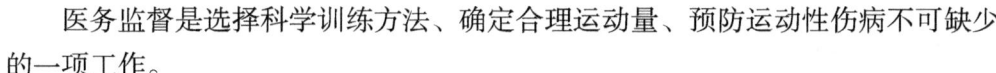

医务监督是选择科学训练方法、确定合理运动量、预防运动性伤病不可缺少的一项工作。

一、训练中的自我监督和主客观检查

自我监督是指参加体育运动的人，在训练或比赛的过程中，主动观察自己的身体健康状况，并将观察结果定期记载在训练日记或专门设计的表格上的检查方法。

通过自我监督可以间接地评定运动量的大小，有助于及时调整运动量，并可预防过度疲劳和运动创伤。因为自己最了解自己的状况，所以，自我体格检查的是别人（队医、教练员和队友等）等客观观察和检查的重要补充，也是预防运动性伤病和安排训练、比赛的重要依据之一。

自我监督的内容包括两大部分：

（一）主观感觉

1. 一般感觉

这一指标反映整个机体的活动状况，首先是中枢神经系统的状况，经常参加运动的人在正常情况下都是精神饱满、愉快、积极性很高的，而有病或疲劳的人则表现精神萎靡不振、无力、倦怠、容易激动等，例如人累了爱发脾气等。

评定标准：

（1）良好；

（2）一般（平常）；

（3）不良（需写清异常感觉的性质）。如：

1）局部肌肉关节酸软无力、疼痛——说明局部负担过重，运动量过大。

2）头晕、恶心、呕吐或胸部正中科——说明整体疲劳，（长期）过度训练。

3）患病：发烧、腹泻、腹痛等。

4）疲乏（无力）——是疲劳的主观感觉，有这种感觉的人应写清是否与训练或其他原因有联系；持续时间长短；运动水平越高，恢复越快。

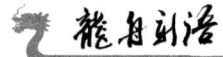

2. 运动心情

心理与机能是反映皮质机能状态的指标，它反映一个人的心理状态，也往往反映体育运动参加者的生理机能状态。

评定标准根据个人的心情可描述为：

(1) 极想训练：情绪高涨，机能良好。
(2) 愿意训练：正常反应。
(3) 不想训练：方法不当或疲劳。
(4) 冷淡与厌倦：过度训练早期症状。

3. 睡眠

人生命的 1/3 是在睡眠中度过的。睡眠是大脑皮质抑制过程加深的结果，也是恢复疲劳的有效手段之一，应当重视运动员的睡眠问题。运动后必然会产生一定程度的疲劳，为了使机体能更好地恢复，就应该有良好的作息制度，保证足够的睡眠时间。

正常的睡眠表现为：入睡快、睡得熟、不做梦或少做梦，次日晨起来感觉精力充沛。

如果出现：入睡困难、失眠、多梦、屡醒、瞌睡、早晨精神不佳、头昏、无力，则是疲劳未恢复或有病，以及训练方法、训练量不适当或过度训练的表现，是疲劳造成的神经系统功能的紊乱。

不良的睡眠状态反过来又会影响身体机能的恢复，加重过度训练和疾病的程度。一般情况下，应有7~8小时，大运动量训练时应有9~10小时的睡眠保证。

改善睡眠的方法很多，常用的有催眠术、按摩、气功、自我暗示和药物等。

评定标准：

(1) 睡眠的时间；
(2) 睡眠的状态是否良好。

4. 食欲

运动本身造成的损耗需要补充，这些能量的唯一来源就是食物中所含的各种能源物质，于是中枢神经系统便向消化系统提出要求：增加食欲，提高消化和吸收的能力，以求得到体内供求关系的平衡。

正常情况下——由于经常参加运动，机体的物质代谢过程进行得比较完善和快速，因此食欲增加，消化吸收功能亦加强。

疾病（"脾胃不和"等）——食欲不振。

过度训练、过度紧张以及机能不良时——食欲减退。

评定标准：

（1）增加、良好；

（2）正常、一般；

（3）减退、厌食。

注意：在一次剧烈训练或比赛之后，即时的食欲下降是暂时的（精神因素、血液重新分配、口渴等），不要与不正常的食欲下降混为一谈。

5. 排汗量

是反映人体植物性神经系统功能的指标之一。一般人天天都要出汗，即使在冬天不活动的情况下，成年人一天的出汗量为 1.5 斤，热天可达 10 斤，甚至达 20 斤以上。汗的成分 98%~99% 是水，1%~2% 是其他物质，其中氯化钠含量最多，每百毫升汗水中约含盐 300 毫克。

出汗量的多少与气温、湿度、饮水量、运动量、训练水平以及个人特点有关。如果其他因素相同，则没有经过训练的人运动时出汗较多，随着运动训练水平的提高，由于体内多余水分的释放增多，体内代谢水平提高，运动中排汗量可减少。因此，训练时排汗量是反映运动员身体训练水平的重要指标。

日本学者的实验研究表明：经常运动者较能耐高热。一个平时训练有素的运动员，如果其他条件不变而出现大量排汗现象，往往是植物性神经系统状况不良的一种征象，可能与过度训练有关。

评定标准：

（1）汗量如常。

（2）汗量增加。

（3）汗量减少。

（4）大量排汗，面部或汗衫盐渍。

（5）盗汗（指睡眠时出汗）。

（二）客观检查

1. 脉搏

主要指"晨脉"或"基础脉搏"，是身体机能状况的晴雨表。

（1）概念。

由于心脏收缩而引起的动脉管壁产生的搏动称为脉搏。

脉搏是反映心血管系统功能的指标，临床上反映的是心率。一般人相对安静时脉搏正常值为60~100次/分钟，高于100次/分钟为心动过速，低于60次/分钟为心动过缓，儿童、少年比成年人快。

运动员心脏的特点之一是"心动过缓"，通常44~46次/分钟。脉搏频率和训练水平密切相关，如果其他因素相同，则脉搏减少表示训练水平较好。

（2）用晨脉评定身体机能状况。

晨脉指早晨醒来后，未做任何活动、卧床时的脉搏频率，是一天中最低的脉搏。它受其他因素干扰较少，数值稳定，便于观察、比较，掌握规律。

测定部位：通常为腕部桡动脉。

测定方法：测10秒钟脉搏数值，求其稳定值，即连续测2~3次，数值一致时说明心脏处于稳定状态，然后乘以6，计算出每分钟的数值。

用晨脉监督训练，在运动实践中被广泛应用，被国内外教练员所重视。如澳大利亚的卡莱尔认为晨脉可作为"警戒指标"，美国的康西尔曼用晨脉做"临界指标"，认为若晨脉增16~18次/分钟，为"警戒线"。我国的"警戒线"为12次/分钟。

评定标准：

1）基础脉搏逐渐下降或不变——说明机体反应良好，训练尚有潜力。变化幅度为2~6次/分。

2）若晨脉每分钟增加12次以上——机能反应不良。

3）经常保持较快水平而又无其他原因——可能为过度训练之征兆。

（3）脉搏的节律与机能状态。

正常节律：每两次跳动之间的间歇时间几乎相同，心脏按一定节律，有规律地收缩和舒张着。

心律不齐：时快、时慢、间歇时间不等。如期前收缩（早搏）、脉搏短绌

（脱落）、传导阻滞等在运动员中较多见。

运动员出现心律不齐时，必须严密观察其机能状况，这往往是大运动量训练的一种表现。儿童少年运动员较多见心律不齐，但不一定是病态，很可能是心脏功能暂时失调的表现。一般的节律不齐，在运动后即可消失。如运动后不消失，反而增多并伴有胸闷、心慌、头晕、心前区不适或疼痛等，多表示机能不良，应调整运动量。

2. 体重

（1）概念。

体重是反映身体发育状况的三项基本指标之一。从体重可观察到人体肌肉骨骼的发育程度和营养状况，因而是运动员医务监督的重要指标之一。

（2）体育运动对体重的影响。

除参加体育活动者，体重变化分为三个阶段：

1）体重有逐渐下降的趋势。锻炼最初的 3~4 周或更长时间内，由于新陈代谢作用加强，脂肪及水分的丢失，肌细胞还没有充分增长，因而体重呈下降趋势。一般可减轻 2~5 公斤或 4~10 公斤。

2）体重达到稳定阶段。体重保持相对稳定，运动后减轻的体重可以完全恢复，此阶段可持续 5~6 周。

3）体重增加并保持稳定。经过 2~3 个月的体育锻炼，因肌纤维增长，体重上升，并可稳定在一个水平上。

体重稳定后，清晨或同一时间测量体重，如有体重持续下降，常常为运动员患病或过度训练的结果。一般认为，体重下降 1/30 时（不可逆的），又无营养等方面的原因，可能为早期过度训练的征兆。

（3）训练和体重的变化。

每次训练和比赛后，体重可发生暂时性下降，下降的幅度反映了运动量的大小，一般下降 1 公斤，次日可恢复。而大强度的训练后可下降 2~4 公斤，1~2 天后恢复。

通过训练课前后体重的测定，可反映运动量的大小，根据体重恢复情况可反映机能状况。

3. 运动成绩

成绩与合理训练及身体机能状况有关。身体机能状况好，成绩会逐渐上升或保持在较高水平上，训练时动作协调。身体状况不佳则反之，动作协调性遭到破坏，成绩下降，也可能是过度训练的早期症状。

评定标准：

（1）上升；

（2）保持较好成绩；

（3）下降、明显下降。

二、训练中的医务监督

（一）医务监督对大运动量训练的意义

超过机体机能负荷能力的训练叫大运动量训练。大运动量训练开始时，人体发生一系列强烈反应，如显著疲倦、瞌睡、肌肉酸痛，在一段时间内体重下降、动作不协调等。经过一个阶段训练，这些反应会好转或消失，出现适应现象。在这个基础上若再加大运动量，上述反应又会出现。如此反复训练，就能不断提高训练水平。

（二）大运动量训练中常用的评定指标

大运动量训练常用的评定指标有：脉搏、血压、尿蛋白、血红蛋白、最大吸氧量、无氧功尿胆原、体重、心电图、超声心动图、脑电图、气体分析仪、呼吸循环系统机能试验等。

1. 脉搏

在大运动量训练中，脉搏多用于观察机体对运动负荷的反应情况。

（1）基础脉搏。清晨醒来后起床前未做任何活动时的脉搏频率，称为基础脉搏。

（2）运动前和运动后恢复期脉搏的测定有助于了解运动员的身体状况和衡量运动量。

1) 强度的观察。

肌肉活动必然引起心脏血管系统活动加强，肌肉活动强度越大，心率与脉搏频率越快。运动后立即测脉搏：

大强度　　　　180 次/分以上

中等强度　　　150 次/分以上

小强度　　　　144 次/分以上

2) 运动量的观察。

运动后，脉搏即逐渐恢复。运动量和强度越大，需要恢复的时间越长。一般来讲，小运动量训练课结束后，5~10 分钟内可恢复到运动前水平；中运动量训练课结束后，5~10 分钟脉搏较安静时快 2~5 次/10 秒；大运动量训练课结束后，5~10 分钟脉搏较安静时快 6~9 次/10 秒。

(3) 将脉搏与运动成绩结合起来，观察机能状况和训练水平。

由于运动员在一定时期内某专项运动后脉搏与成绩变化具有相对稳定性，所以，在运动场上把完成某一专项训练后的脉搏与该项运动成绩联系起来观察，可以了解运动员机能状况与训练水平。

(4) 在训练课中进行连续观察。

若运动员每次划的成绩不变或有所提高，脉搏不变或稍下降，则说明机能状况良好，运动量亦适宜，训练水平良好；若成绩下降，脉搏过快，说明机能状况不良，运动量不适宜，训练水平下降；若成绩下降，脉搏减慢，则反映运动员没有尽最大努力去划，应查找一下原因。

目前在间歇训练法的使用过程中，常用脉搏与成绩配合作为一项指标，要求运动员在每次重复划时，速度控制在若干秒内完成规定的距离，使运动强度保持在一定范围，则运动后立即测得的脉搏频率就保持在一定水平；经过一段训练后，进行同样活动，如果脉搏频率有所减慢，说明训练水平有所提高，则可将运动强度稍加提高进行训练。这样，通过脉搏变化来了解训练水平，有利于合理安排训练强度，不断提高训练水平。

(5) 在训练中，根据脉搏的恢复情况来控制休息时间。如反复跑百米，常在脉搏恢复到 120 次/分时再重复跑。

(6) 应用脉搏频率来反映运动员负荷的强度，并通过控制运动中的脉搏频率来掌握运动员负荷的强度

我国中长跑训练中常以 25 次/10 秒的强度负荷来调整训练中跑的速度。国外有人研究认为，耐力训练的强度应保持在本人最高脉搏频率加上训练前安静时的脉搏频率除以 2 这样一个水平上，即：

耐力训练的最适宜负荷强度=（本人最高脉搏频率+训练前安静时脉搏频率）/2

2. 血压

血压也是评定运动量和训练水平常用的简易指标。训练中多用下列方法：

（1）早晨血压。训练中如果早晨血压较平时高20%以上，或经常保持在140/90毫米水银柱以上，则可能是过度疲劳的征象，应调整训练量。

（2）训练期间血压的变化与强度有关，一般有三种情况：

1）小强度训练后，收缩压上升20~30毫米水银柱，舒张压下降5~10毫米水银柱，多在运动后3~5分钟恢复到正常水平。

2）中等强度训练后，收缩压上升20~40毫米水银柱，舒张压下降10~20毫米水银柱，多在运动后20~30分钟恢复到正常水平。

3）大强度训练后，收缩压上升40~60毫米水银柱，舒张压下降20~40毫米水银柱，一般在运动后24小时恢复到正常水平。

若训练后收缩压上升明显，舒张压亦上升，恢复时间延长，表明身体机能下降；若训练后收缩压上升不明显，舒张压上升，并出现一些异常反应，恢复时间延长，则说明身体机能不良。

3. 心功能指数

心功能指数可用来评定训练期间的运动量和身体机能状况，方法是在运动后立即测量收缩压和脉搏频率。如公式：$K=Bps/P$

Bps代表收缩压（毫米水银柱）

P代表脉搏频率（次/分）

这个公式说明：心脏在某一时期内做功能力的大小与心脏收缩力成正比，而与心脏的代偿作用成反比。一般来讲，心脏功能处于良好状况时，脉搏频率适当升高，收缩压也升高，两者相对稳定并呈正比关系。如果脉搏升高明显，而收缩压升高不明显，甚至在训练中有逐次下降的趋势，则心功能指数下降，说明机体已不能承担较大的运动负荷，心脏开始出现疲劳。

因此，心功能指数测量法在运动训练和医务监督工作中是一种简易的比较有实用意义的生理指标之一。

4. 最大吸氧量

是身体在一定强度负荷中利用氧的最大限度。与呼吸循环功能密切相关，能比较真实地反映出机体在训练中利用氧的情况，常用间接法测定。

5. 尿蛋白

尿中的蛋白质。运动量较大时，肾脏由于缺血、缺氧、酸性物质增加，肾小球滤过率下降等原因，使尿中蛋白质增多并可检查出来，这种现象叫运动性蛋白尿，已被国内外广泛用来作为评定运动量和运动员身体机能状况的生理指标。

三、比赛期间的医务监督

运动员在比赛期间神经系统处于高度紧张状态，心血管和呼吸系统以及内分泌系统等机能也都处于较高水平，以适应比赛中体力的负担和消耗。因此，为了保证运动员的健康，使比赛顺利进行，赛期的医务监督工作显然十分重要。

（一）赛前医务检查

（1）比赛之前应再次进行体格检查，对参赛运动员体检的重点是心血管系统。除了一般的医学检查之外，还要进行机能检查。必要时可做肝功能及心电图等特殊检查。要严格把关，不允许机能不良者去参加力所不能及的比赛；不允许有感冒、发烧、心动过速、心电图有异常改变、外伤未愈或各种内脏器官疾病者参加比赛。发现心脏杂音者要作具体分析。如果是生理性杂音，心血管机能试验反映正常，平时照常训练且无任何不适的自觉症状或疾病史，则可允许参加比赛。因为生理性杂音在运动员中较多见，尤其是青少年和儿童运动员。对那些有疾病史或心血管检查及心电图检查异常的心脏杂音者，需要慎重，可进一步做专门检查后再决定是否可以参赛。

（2）应协助做好比赛程序的组织和编排工作，避免和防止运动员连续参加比赛及不考虑性别、年龄的编组现象。

（3）应对比赛场地、路线、器械设备和服装进行卫生检查。

（二）赛中医务监督

（1）协助做好赛期伙食的调配和管理工作，为运动员提供充足的营养。

（2）建立赛期临场医疗急救点。

（3）开展体育卫生宣传工作。如比赛前充分做好准备活动；注意饮食饮水卫生；遵守比赛规则；遵守生活制度；讲究个人卫生等。

（三）赛后医务监督

（1）根据比赛项目的特点和需要，进行赛后体格检查，从中发现是否有异常改变，以便及时处理。尤其是对那些能量消耗较大的比赛，赛后要密切观察身体恢复情况。

（2）消除比赛产生的疲劳，促进体力恢复，比赛引起的疲劳以及体力的消耗常常不可能在一两日内恢复，采用数种不同的恢复方法是必要的。虽然睡眠对于疲劳的消除十分重要，其他如温水浴、按摩、热敷和局部负压等手段，也有相当的效果。

（3）赛后注意及时补充必要的营养成分。在休整期间还可以听听优美的音乐、散步、各种娱乐活动等积极性休息，不论对于精神疲劳还是体力疲惫的消除都有良好的作用。

第四节 龙舟训练和赛后的身体恢复

疲劳是指人在持续一定的工作或运动后出现的工作能力暂时下降的状态，包括最大肌力降低、最大速度下降等。疲劳出现时，体内可发生各种各样的变化。有学者认为，疲劳是组织器官的兴奋性低下的现象，是人体的一种防御反应。

一、疲劳产生的机制

目前有如下几种学说：

（一）中枢神经失调学说

有的学者认为，人体连续地运动或工作，可使大脑皮质的兴奋程度与抑制之间均衡性遭到破坏，造成过度兴奋或过度抑制，破坏了原有的动力定型，导致皮质下功能发生紊乱，从而引起各器官系统的功能失调，是一种神经官能症。

（二）能源物质消耗学说

机体在运动或工作时，各种能源物质的消耗比安静时有所增加，而且工作量越大、持续时间越长，其增加幅度越大。随着糖、脂肪、蛋白质等能源物质的消耗和体内维生素含量的下降以及无机盐、水分的减少，机体不能继续胜任工作。

（三）疲劳物质累积学说

当人体短时间激烈运动时，氧供应不足，能量释放由无氧代谢过程完成。此时，代谢产物和乳酸、尿酸、尿素、肌酐、肌酸等作为疲劳物质在体内大量蓄积，使肌肉活动发生障碍，产生疲劳。

（四）机体内环境变化学说

长时间的激烈运动使机体内部环境的稳定性发生改变，致使皮质下中枢协调机能紊乱，引起某些内脏器官的机能改变、效率低下，进而产生疲劳。

二、疲劳的分类

（一）肌肉疲劳

表现为肌力下降、肌肉收缩时间和松弛时间延长，严重影响肌肉的快速协调动作。肌肉疲劳时，可出现僵硬、肿胀和疼痛等感觉，这可能是由于机械负荷肌纤维发生细小损伤，乳酸等代谢产生的存在以及水分的蓄积所致。

（二）神经疲劳

表现为大脑皮质机能低下，如反应迟钝、判断失误、注意力不集中等。此时，大脑皮质其他部位及皮质下中枢机能亢进，出现颈反射亢进、膝反射改变、脑干及小脑机能低下，动作协调性破坏和血压调节恶化。

（三）内脏疲劳

长时间耐力运动后，呼吸系统出现疲劳，使气体交换能力下降，呼吸肌疲劳，呼吸变浅、变快。

三、疲劳的三个阶段

（一）急性疲劳

局部肌肉持续工作后，肌力低下，出现疲劳感，此时为局部疲劳，肌肉仍能继续工作。再进一步，肌力显著低下，不能继续工作，全身无力感出现。急性疲劳经休息、睡眠及营养补充可完全恢复体力。

（二）慢性疲劳

急性疲劳未经完全消除，又增加运动量，使疲劳加重，疲劳积累就成为慢性疲劳，短时间恢复体力仍不能恢复。此时，不仅生理机能低下，还有种种器质性损害。

（三）过度疲劳

慢性疲劳再加重，伴有对健康的损害时称为过度疲劳。此时不仅出现神经体液调节机制的紊乱，还可伴有组织器官的形态学改变，临床上称为一种病理状态。

四、疲劳的预防和恢复

(一) 预防疲劳的方法

1. 补充能量

应有补充供应能量的措施,在急性疲劳时,首先要供给糖,其次是维生素 B_1 及 C,夏季或出汗很多时应注意补充盐。供给容易消化的食物,多给碱性食物如新鲜蔬菜和水果。慢性疲劳时应给蛋白质、糖及磷酸盐等。

2. 消除神经系统的抑制

应采取积极休息的方法,而不采用消极的休息,可采用减少运动强度或改变活动内容的训练,这样可以促进神经系统抑制部位的休息,急性与慢性疲劳均适用于此法。

3. 减轻肌肉、肌腱机械应激,消除局部疲劳

可做放松的体操,全身及局部按摩,温水浴。入浴水温 36~39℃,淋浴或盆浴均可,一般入浴时间 10 分钟左右,避免长时间洗浴。水浴除对局部或全身肌肉有放松作用外,温水浴刺激副交感神经,起镇静作用,产生舒服感觉。水浴同时可进行按摩。

(二) 疲劳的恢复手段

1. 调整运动量

训练和比赛造成过度疲劳时,应调整训练内容,可暂停专项练习,但不要完全中止体力活动。

2. 睡眠要充足

有人称睡眠是疲劳者最好的"补药"。失眠者应用药物治疗,也可采用气功、

心理暗示、催眠术等促进睡眠。

3. 补充能量

应注意多给容易消化的食物，蛋白质、糖、维生素要充足，多吃新鲜蔬菜和水果。

4. 合理安排生活制度

学习、工作、休息、文娱活动和训练、比赛要统筹兼顾，要有计划地随着体力的变化调整运动量。

5. 药物治疗

要根据不同情况选择应用。可给维生素 C 每日 300 毫克、维生素 B_1 每日 60 毫克，肌肉注射维生素 B_{12} 100 毫克，每日一次，共 10~20 天。

6. 按摩

按摩是恢复的重要手段。其中人工按摩是最受运动员欢迎的消除疲劳的手段，但因人力有限，不能满足需要，可以用其他方式代替人力按摩的方法，如：

（1）机械按摩：有按摩椅、带式按摩机、按摩床等。
（2）水力按摩：如脉冲式水力按摩机等。
（3）气压按摩：如高低压舱、负压舱等。

7. 温水浴和冷热水浴

训练后进行温水浴是最简单易行的消除疲劳的方法。温水浴可促进全身的血液循环，调节气流，加强新陈代谢，有利于机体内营养物质的运输和疲劳物质的排除。水温为 42±2℃为宜，时间为 10~15 分钟，勿超过 20 分钟。训练结束半小时后，还可进行冷热水浴。冷水温为 15℃，热水温为 40℃，冷水淋浴 1 分钟，热水淋浴 3 分钟，交替 3 次。

8. 桑拿浴

桑拿浴是在特制的小木屋内加热空气，造成一个高温干燥的环境，它除了有镇静、使肌肉关节组织充血之外，还可促使大量排汗，常用于赛前减体重。

常用的桑拿浴的方法如下：

(1) 在 54~71℃的环境中，停留 10~20 分钟。

(2) 在 100~120℃的环境中，停留 5~7 分钟。

反复 4~5 次，每次间隔时间用冷水淋浴 10~15 秒钟，或用温水淋浴 2~3 分钟。结束后，在更衣室内休息 5~7 分钟。

9. 蒸汽浴

这是将蒸汽通入特制小屋或者封闭的房间内，造成一个高温、高湿的环境。起作用与桑拿浴相似，但较桑拿浴易造成身体疲劳。

10. 理疗

利用光疗、电疗等作用于身体局部或整体，可促进血液循环，加速疲劳的消除及机能恢复，同时具有治疗损伤的作用。

11. 吸氧

利用高压氧舱，在 2~2.5 个标准大气压下，吸入高压氧，可使血氧含量增加，血液二氧化碳浓度下降，pH 值上升，提高组织内氧的储备量，对训练引起的极度疲劳、肌肉酸痛、僵硬、酸碱平衡失调等有明显疗效。

12. 心理疗法

通过语言、暗示、诱导等方法，调节大脑皮质的功能以达到消除疲劳的目的。

第九章　龙舟运动员的膳食营养

运动员的比赛成绩取决于科学的训练、良好的竞技状态、心理素质和合理的饮食营养。合理的饮食营养有助于提高运动员训练效果和竞赛能力并促进运动后体力的迅速恢复。

龙舟运动员在临近比赛时往往心理压力比较大，机体处于高度应激状态，需要有合理的营养补充作为良好体能的保证，否则运动员易出现赛前机能状况不佳，免疫力下降等现象，很容易影响比赛成绩。如果比赛周期比较长，赛期更要注意营养问题，以保存体力，防止运动员在比赛的后一阶段出现体能下降，影响竞技水平的发挥。同时，赛后合理营养对运动员尽快消除疲劳，促进体力的尽早恢复也是非常重要的。

第一节　赛前饮食

比赛前的合理营养有助于龙舟运动员赛前具备良好的身体状态，有利于比赛时发挥出比较好的水平。由于比赛项目不同，比赛持续时间长短不一，因此赛前营养要求也不一样。

一、赛前膳食原则

比赛前期运动员所摄食物要满足其能量的需要，食物体积与重量要小，同时易于消化和吸收。饮食应具备高糖、低脂肪、适量蛋白质的特点，同时要有充足的水分，适量的无机盐和维生素。避免摄入高脂肪、含粗纤维较多的粗杂粮、易产气的食物以及难以消化的食物。

龙舟运动员赛前一餐应在比赛开始前 3 小时之前完成，赛前 30 分钟禁食。比赛当日不应更换新的食物，不要改变运动员饮食习惯和时间。比赛如在高温环境下进行，运动员赛前应补液 500~700 毫升，以防机体脱水。赛前不宜服用浓茶和咖啡，以免引起利尿作用。

二、赛前糖的饮食原则

糖是运动时机体可动用的重要能源物质，机体糖储备的多少直接影响运动员的运动能力，因此运动员赛前要加强糖的摄入。

（一）赛前一周糖的补充

糖原储备的多少直接影响龙舟运动员的竞技能力，龙舟运动员赛前应注意调整饮食结构，提高体内糖原储备，以利于比赛时运动能力的发挥。

赛前一周提高机体糖原储备可以采用糖原负荷法来实现。糖原负荷法指采用饮食与运动相结合，使肌糖原储备大大增加的方法。

糖原负荷法有两种，一种是经典的糖原负荷法，还有一种是改良的糖原负荷法，现在多用后者，因为前者副作用大。

1. 经典的糖原负荷法

经典的糖原负荷法指在赛前一周进行一次力竭性运动（85%最大摄氧量运动1小时以上），其后三天继续中等强度，膳食中糖量减至每日250~350克，同时食用高蛋白和高脂肪饮食，机体由于运动和低糖膳食会尽可能耗尽体内糖原储备。赛前三天减少负荷，同时服用高糖饮食（500~600克糖/天），另外其他营养素作为高糖饮食的一部分予以保留，经过这种措施机体肌糖原储备可以增加2~4倍。

经典的糖原负荷法有一定的副作用，肌糖原储备过多时会引起肌肉僵硬，出现肌肉疼痛的现象。这是因为糖原储备时要结合水，肌糖原储备过高会导致肌肉水储留过多，降低肌肉的弹性，增加体重。同时高蛋白和高脂肪饮食可引起高血脂和高胆固醇，另外运动员突然改变饮食习惯会引起心理不适。因此，对传统的糖原负荷法进行了改良，采用改良的糖原负荷法。

2. 改良的糖原负荷法

改良的糖原负荷法取消力竭性运动和三天高蛋白和高脂肪膳食，采用赛前一周逐步减少运动量，赛前一天休息，直接在赛前三天吃高糖膳食（每日525克或

8~10克/公斤体重）或逐步增加膳食糖至总热量的60%~70%，并注意全面营养。富含糖的食物主要有谷类、豆类和根茎类，但要避免食用含纤维较多的粗杂粮，以及易产气的食物。通过这种方法肌糖原储备可达到经典糖原负荷法所达到的数值，肌糖原储备可增加20%~40%以上。这种方法与经典糖原负荷法一样有效，同时避免了经典糖原负荷法的副作用。

改良的糖原负荷法使用对于耐力性、大量消耗肌糖原的划船运动使用较多。当然，运动员赛前一周除了高糖的摄入，还要注意全面营养，以防免疫力下降。

（二）比赛当天糖的补充

比赛当天运动员的饮食要注意摄入体积小、热量高的食物，同时仍然要注意糖的补充。即使运动员已经进行了糖原负荷，也要注意比赛当天糖的补充。赛前饥饿会使运动员肝糖原储备低下，出现低血糖症，影响比赛成绩。赛前2~4小时补充含糖丰富的膳食可显著提高肝糖原储备，保持血糖浓度。因此运动员不可空腹参加比赛，赛前2~4小时补充高糖膳食对于运动员非常重要。

研究发现比赛前即刻补糖有利于提高血糖浓度，以赛前30分钟内补充为宜，且以补充糖饮料为主。饮料浓度不超过8%，建议采用5%~7%，以低渗或等渗饮料为主，如每100毫升水中含葡萄糖2~2.5克对运动有利，糖浓度太高会影响胃肠道吸收。糖的种类以单糖或低聚糖较好，研究表明，服用低聚糖的效果比服用葡萄糖要好，因为低聚糖渗透压较小，吸收快，甜度小，口感好，有利于糖的转运和吸收。

除了传统的糖补充外，1,6—二磷酸果糖是目前赛前可补充的特殊糖。1,6—二磷酸果糖FDP是一种多功能的运动营养品，国际上公认的细胞强壮剂，能改善和增强糖无氧代谢的调节能力，加速糖酵解合成ATP。赛前补充可改善细胞在缺氧后的生理机能和应激水平，促进内源性FDP、二磷酸甘油酸、ATP成倍增加。同时它还能促进红细胞向组织释放更多的氧，增加心肌供血，改善微循环，促进心肌细胞能量代谢，使心肌收缩加强。因此1,6—二磷酸果糖可作为赛前选择补充的糖之一。

三、赛前蛋白质和氨基酸的饮食原则

蛋白质和氨基酸在机体具有重要的生理作用，运动员补充蛋白质和氨基酸对运动能力有促进作用。

(一) 蛋白质的补充

运动员赛前要适量补充蛋白质，蛋白摄入过多会加大肝脏、肾脏负担，导致机体脱水，同时蛋白质的代谢产物呈酸性，易造成运动员提早出现疲劳。因此运动员赛前蛋白质的补充应适量，以占膳食总热能的12%~15%为宜，同时以摄入优质蛋白为主，以提高蛋白质的利用率。研究发现乳清蛋白具有吸收快、生物价高、水溶性好的特点，可以作为赛前蛋白的良好选择。

(二) 氨基酸的补充

氨基酸在运动中具有抗中枢疲劳，节省肌糖原，减少运动中乳酸的生成的作用，在赛前补充氨基酸对运动员提高运动能力有帮助。

对于氨基酸的补充多采用小剂量补充，如0.5克/小时，大剂量补充会带来一些副作用，如使血氨浓度升高等。在补充氨基酸类物质时一般宜口服且单独服用，如果和其他的氨基酸或蛋白质类物质同时服用会使吸收出现相互竞争，使服用效果受到影响。

可供选择补充的氨基酸主要有支链氨基酸，补充支链氨基酸可以避免中枢疲劳过早出现。精氨酸、鸟氨酸可促进机体GH的分泌，提高IGF-I的水平，促进肌肉生长。谷氨酰胺是机体强有力的胰岛素分泌刺激剂，能最大限度地促进肌肉增长，同时可使运动员赛前增强免疫力。

四、赛前补充肌酸

赛前补充肌酸，对高强度重复性，短距离以及间歇性运动项目有支持作用。不是对所有的运动员都有利，如果运动员机体原有肌酸水平较高，补充肌酸效果会不明显，而原有肌酸水平较低者补充肌酸效果较好。在补充肌酸的同时结合运动则效果会更好。补充肌酸能提高短时间、高强度运动项目运动员的运动能力，对耐力项目运动员运动能力的作用目前尚未见权威性报道。

补充肌酸也会有副作用，常见的是肌肉酸胀，体重增加，同时内源性肌酸合成受抑制。肌酸的补充并不是越多越好，超过机体吸收的极限负荷，多余的肌酸会从尿液中排出。因此,口服肌酸时要注意服用的时间和剂量,不能在整个训练阶段都服用。运动员口服肌酸常采用以下方法:以 0.2~0.3 克/公斤体重的剂量作为肌酸符合阶段补充 5 天,然后以 0.02~0.03 克/公斤体重的维持量保持一个月,肌肉中肌酸会在数周保持较高水平。在口服肌酸的同时补充蛋白质和氨基酸等,可以更好地促进蛋白质合成,有利于运动员速度和力量的提高。

五、赛前水的摄入

龙舟运动员赛前补水是必须的,尤其是在高温或湿热环境中进行比赛时,更要注意赛前补水。运动前 30~120 分钟补液 300~500 毫升,能增加机体排汗,减少体温上升幅度,延缓机体脱水的发生。在特别炎热的天气,还应额外补液 250~500 毫升。由于胃排空的最大速度是 600~800 毫升/小时,同时冷水或温水在胃内排空速率高于体温水,以及纯水或低渗、等渗水胃排空速率高于高渗水,故摄入水时水温和渗透压不可过高。同时不可一次饮入大量水,以免增加心脏和胃肠负担。

六、赛前补充碱性物质

龙舟运动中,乳酸的生成是导致机体疲劳的主要因素之一。赛前增加碱储备可以提高机体缓冲酸的能力,有利于延缓疲劳的出现。运动员可在队医的指导下直接摄入适量的碳酸氢钠或磷酸盐,摄入的剂量要因人而宜。但最为简单和安全的方法就是摄入新鲜蔬菜和水果,因为它们的代谢终产物呈碱性,对机体不会造成不利影响。

七、赛前补充无机盐和维生素

维生素参与机体各种代谢,赛前维生素缺乏或不足对运动员的运动能力会产生不利影响。因此,运动员在赛前要注意维生素的补充。当然维生素的补充注意不要过量,否则对机体会产生副作用。

运动员赛前对维生素 E、维生素 C、β—胡萝卜素的摄入可予以加强,因为它们具有抗氧化作用,某些无机盐也具有此类作用,如硒等,也可加强摄取。由于运动员赛前大多较紧张,故适当补充锌、磷、VB_1 和 VC 有利于神经系统维持正常机能,缓解心理压力,提高机体免疫力。有些维生素要在机体通过生物合成予以转变后才能起作用,因此补充维生素时间各有不同。B 族维生素至少要在赛前 2~3 周予以补充才能发挥它的作用,维生素 C 在赛前数日或赛前 40 分钟补充即可发挥作用。

第二节 赛中饮食

运动员在比赛中通常会大量消耗糖,同时出汗会导致机体水和无机盐的丢失,因此运动员在比赛中要注意加强对这些物质的补充。

一、赛中水的补充

对机体来说,水能起到调节体温、输送营养物质和氧气并运走代谢废物,维持正常的水平衡和电解质平衡的作用。运动员赛中由于出汗将丢失大量的水分、无机盐和维生素,使体液处于相对高渗状态,对机体体温调节、电解质平衡等有破坏作用,因此运动员赛中要注意补水。补水时不要等机体出现口渴之前就补水,或者说要尽量避免机体出现口渴。

水的补充应该选择低张或低渗溶液,同时水溶液中含有适量的无机盐和维生素为好,如钠、钾等,钠的浓度可为 18~25 毫摩尔/升。同时水的补充采用少量多次的原则,每 15~20 分钟补充 100~300 毫升,每小时不超过 800 毫升。运动员要避免一次性补充大量的水,以防增加胃肠道和心脏的负担。

二、赛中糖的补充

长距离项目运动员在运动中补糖是必要的,由于长时间运动时,机体肌糖原和肝糖原大量消耗,肌肉将更多地依赖于摄取血糖。血糖是中枢神经系统的主要能量来源,肌肉大量摄取血糖会导致血糖浓度持续下降,出现低血糖,由此导致中枢疲劳。运动中补糖,可有效地保持血糖浓度,延缓疲劳的发生。近几年的研究证实,运动员赛中补糖也有益于高强度、间歇性项目运动员运动能力的发挥。因此,比赛中补糖有利于运动员保持较好的运动能力。

运动员途中补糖以摄取糖饮料为好，宜选用葡萄糖、果糖、低聚糖的复合糖饮料，糖的浓度不超过 8%。糖浓度与胃排空和小肠吸收有关，糖浓度太高胃排空速度将减慢，小肠吸收也受影响，糖浓度太低则不能满足机体对外源性能源物质的需求。糖浓度以 5%~7%，渗透压为 250~370 毫渗透压为宜。每隔 20 分钟补充一次，补充量可以为 20~60 克/小时或 1~2 克/公斤体重。

第三节　赛后饮食

运动员赛后进行合理营养对其尽快消除疲劳，保持运动能力是必要的，尤其是对那些次日仍要比赛或持续比赛几天的运动员，合理营养的补充就显得更为重要。因此运动员要加强赛后营养，以期维持良好的体力。

一、赛后水的补充

龙舟运动员在比赛中会丢失大量的水、无机盐和维生素，因此赛后要及时补充水和电解质，以维护机体正常的水平衡和电解质平衡状态。补液的量以使体重达到赛前水平的要求，补液仍以少量多次为原则，不可一次大量饮水，一次大量饮水只会暂时抑制口渴的感觉，但会增加机体心脏和肾脏的负担，增加血浆容量，促进排尿，反而增加机体脱水程度。运动后以摄取含糖—电解质饮料为好，饮料的糖含量为 5%~7%，钠盐含量为 30~40 毫克当量，以获得快速复水。同时也可饮用果汁，以获取维生素和无机盐。

二、赛后糖的补充

由于人体最大肌糖原合成速率仅为最大肌糖原分解速率的 1%，因此运动后肌糖原的恢复相应需要较长的时间。

运动后影响机体糖原恢复的因素主要有：

（一）运动后糖摄入的速率

运动后每小时至少摄入 50 克葡萄糖，才可使肌糖原的合成达到最佳的速率

（每小时 5~7 毫摩尔/公斤体重），此外要使膳食中摄入的糖所提供的能量占总能量的 70%。以一名每天消耗 3000~4000 千卡能量的运动员为例，每天应该摄入 565~700 克的糖，即每千克体重 8~10 克的糖。

（二）运动后糖摄入的时间

运动后糖的补充越早越好，因为运动后 6 小时内糖原合成酶活性都较高，运动后 2 小时肌糖原的合成速率为 7~8 毫摩尔/公斤体重/小时，较一般的速率 5~6 毫摩尔/公斤体重/小时要快，随后降低为 4.1 毫摩尔/公斤体重/小时。如果运动后数小时不补糖或补糖量较少的话，肌糖原的合成速率将减为 2.5 毫摩尔/公斤体重/小时左右。因此，尽早补糖有利于肌糖原和肝糖原的恢复，保证运动员有足够的体力进行下次比赛。研究发现只要补糖的时间和量适宜，糖原在 24 小时内就可以基本恢复。

运动后补糖的理想时间是运动后即刻、运动后头 2 小时以及每隔 1~2 小时连续补糖，6 小时内补糖效果好。运动后 2 小时补糖量为 1.2~2.0 克/公斤体重，24 小时内补糖量可达到 9~16 克/公斤体重。只要总糖摄入充足，肌糖原合成就不受食物摄入次数的影响。即刻以补充糖饮料为好，因为这时运动员的食欲较低，食用固体物质不利于运动员的消化和吸收。休息 1 小时左右可以摄入含糖丰富的膳食。

（三）运动后糖摄入的种类

不同类型的糖胃排空的速率不同，在肠道的吸收速率各异。葡萄糖的胃排空时间比混合糖的时间长，小肠吸收葡萄糖速率最快，果糖的吸收速率也快，但容易引起胃肠道不适。研究发现葡萄糖有利于肌糖原的恢复，果糖有利于肝糖原的恢复，因此将葡萄糖和果糖联合使用更有利于糖的吸收。

三、赛后无机盐、维生素的补充

运动员运动过程中机体代谢旺盛，其中无机盐和维生素的消耗量会增加，运动后适量补充无机盐和维生素有利于机体尽快消除疲劳，早日恢复。

钠和钾的丢失易造成机体出现肌肉无力、血压下降、恶心呕吐等现象，运动中大量出汗往往会导致钠和钾的丢失，因此运动后应适量补充钠和钾以满足机体所需。通常在运动饮料中含有一定量的钠盐和钾盐，通过运动饮料的补充可以获得部分所需，另外新鲜的蔬菜和水果中也含有大量的无机盐可作为良好选择。汗液中同时有铁和镁的丢失，长时间大强度项目运动员血红蛋白的破坏造成铁的丢失，因此运动员在膳食中要注意摄取含镁和铁丰富的食物。研究发现硼和锌能影响体内睾酮的产生，适量补充硼和锌能促进机体睾酮的分泌，有利于体能的尽快恢复。

VB_1 在糖与蛋白质的代谢中起重要作用，运动员大量出汗易导致水溶性维生素丢失，同时比赛期间神经活动较紧张，都会导致机体 VB_1 大量消耗，因此运动员赛后要注意 VB_1 的补充，可多摄入主食以获取足量的 VB_1，或服用复合维生素片剂来获得。VC 可以从新鲜的蔬菜和水果中获得补充。运动员运动过程中会产生大量的自由基，而自由基的产生是导致运动员疲劳的主要因素之一，赛后适量补充 VE、β—胡萝卜素和硒有利于自由基的清除，尽快消除疲劳，有助于体力的恢复。

四、赛后蛋白质、氨基酸的补充

运动员比赛中蛋白质以消耗为主，同时长距离项目运动过程中蛋白质还参与供能，加上运动时出汗使汗氮丢失增加，因此运动时机体蛋白质是净消耗的。运动后机体红细胞的合成，运动中消耗的组织蛋白的恢复，损伤组织的修复，肌肉蛋白的合成等都需要蛋白质作为原料，因此运动员赛后补充蛋白质和氨基酸，对加速机体的恢复有着至关重要的意义。

赛后蛋白质的补充量视运动项目而定，一般耐力项目运动员蛋白质需要量为 1.0~1.8 克/公斤体重，力量项目运动员需要 3.0 克/公斤体重。赛后蛋白质的补充以摄取优质蛋白为主，如鸡蛋、牛奶、牛肉、大豆蛋白等。游离氨基酸是较好的蛋白质补充形式，不受蛋白质中氨基酸成分限制，可根据需要随时补充。

运动后适量补充谷氨酸对防止运动员免疫力下降有作用，同时谷氨酸胺具有促胰岛素分泌的作用，能促进肌肉蛋白合成，对运动员保持和增加肌力有利。补充牛磺酸同时结合多种矿物质可促肌肉合成。甘氨酸、精氨酸、鸟氨酸等能促进生长激素的分泌，运动员赛后补充对尽快恢复体力有益。

五、赛后碱性物质的补充

运动员在比赛中往往会有酸性物质的生成,其中又以弱酸的合成为主。赛后酸性物质的消除对运动员恢复体液酸碱平衡,消除疲劳,促进恢复非常重要。

根据酸碱中和的原则,赛后适当摄入一些碱性食物有利于体内酸性物质的消除。大多数水果、蔬菜、菌藻等富含钙、镁、钾等碱性元素,它们在人体内代谢终产物为碱性。而肉、米面、蛋主要提供脂肪、糖类、蛋白质,氯、硫、磷含量较多,在体内代谢物呈酸性,是酸性食物。故机体可通过摄入足量碱性食物,以缓冲酸性代谢物,促进疲劳的尽快消除。另外,运动员在高温环境下训练时,体内电解质随汗液丢失过多,如钠、钾、氯等,往往引起脱水和电解质紊乱。及时补充碱性饮料,可以促进体内电解质的平衡。

六、特殊营养物质的补充

现代龙舟运动的快速发展对运动员的体能要求越来越高。除了在普通膳食中获得相应的营养物质外,研究发现运动员摄入一些特殊营养物质对机体尽快消除疲劳,促进体能的恢复有利。下面列举一二。

(一)螺旋藻

螺旋藻是地球上最古老的微生物之一,其总蛋白含量在60%以上,比鸡肉、鱼肉、牛肉、鸡蛋、黄豆等优质蛋白的含量还要高,是天然食物中蛋白含量最丰富的。螺旋藻不仅蛋白含量最高,同时营养价值也很高,所含8种必需氨基酸俱全,相互比例合理,比值接近人体组织蛋白的模式,极易被人体消化吸收。除了含有高蛋白,螺旋藻还含有丰富的钙、镁、钾、磷、硫、铁、锌、锰等矿物质以及多种维生素和生物活性物质。同时螺旋藻还含有亚油酸和亚麻酸,能为机体提供所需的必需氨基酸。除此之外,螺旋藻还具有造血功能,有利于运动员赛后疲劳恢复。

(二)活性肽

近年来,功能活性肽的研究已成为营养学界研究的热点,其产品的研究与开发备受人们重视。所谓活性肽指蛋白质的结构片段，是数个氨基酸通过肽键相连而成的功能片段，具有重要的生物活性。

活性肽的分子量比蛋白质小得多，但生物活性非常高，少量的钛就能发挥非常重要的作用。作为蛋白质的主要消化产物，能以完整钛段的形式被机体直接吸收，是机体氮源的快速补充形式。活性肽的摄入可减少肌肉蛋白质降解，促进肌肉快速修复，有利于运动疲劳的消除。同时活性肽具有其他许多生物学性质，可参与调节机体的生理活动，影响运动机体糖和蛋白质等物质代谢。活性肽还可清除体内氧自由基，提高红细胞载氧能力，对运动员疲劳的消除有利。

（三）磷脂

磷脂是含磷酸根的类脂化合物，普遍存在于动植物细胞的生物膜中，对机体的正常代谢起着非常重要的调节作用。磷脂是人体细胞膜的重要组成成分，在细胞膜的流动性、通透性和完整性方面起重要作用。研究发现补充磷脂对机体维持细胞结构的完整性，改善细胞膜结构功能，抗膜脂质过氧化起重要作用。同时磷脂具有良好的乳化作用，能降低血液粘度，促进血液循环，改善机体供氧能力。磷脂对改善脂肪的吸收和利用，对机体脂肪代谢有调节作用。运动员赛后普遍氧自由基生成增加，适当补充磷脂有利于维持细胞膜结构的完整性，有利于消除疲劳。

合理营养对保证运动员在比赛期发挥出正常的水平至关重要，运动员应根据运动项目特征和比赛要求进行安排。

（1）赛前运动员的营养主要是加强能源物质的储备，尤其是糖的储备，可以采用糖原负荷法进行。赛前补充蛋白质和氨基酸有利于维持肌力，防止免疫力下降。摄取碱性食物可提高机体缓冲酸的能力，维生素和无机盐的补充对提高机体抗氧化能力有利。

（2）赛中运动员要注意水、无机盐、维生素和糖的补充，补充的形式为运动饮料。

（3）赛后运动员应注意尽快补糖，同时注意补糖的种类、用量、速率和时间。水的补充应及时，以尽快消除机体脱水的状况。同时加强其他能源物质的摄入，以尽快消除疲劳，恢复体力。

第四节　龙舟运动反兴奋剂

一、兴奋剂的危害

兴奋剂本是指提高神经系统兴奋性的一类药物。它是在体育运动中最早被发现服用的药物。国际奥委会对兴奋剂的含义规定为："竞赛运动员应用任何形式的药物或以非正常量或通过不正常途径摄入生理物质，企图以人为和不正当的方式提高他们的竞赛能力即为应用兴奋剂。"兴奋剂实为国际体育界违禁药物的总称。目前，国际奥委会医学委员会规定的兴奋剂可以分为刺激剂、合成类固醇、肽类激素及衍生物、利尿剂、麻醉止痛剂、β-阻滞剂、禁止使用的方法七大类。

（一）刺激剂

刺激剂是对中枢神经系统有强烈兴奋作用的一类药物，包括苯丙胺、咖啡因、麻黄素等，此类药物可以提高神经系统的兴奋性，增加机体新陈代谢，使运动员的行为和能力直接得到迅速调整。有些运动员认为刺激剂可以通过提高肌肉的效率和减少疲劳而延长大强度运动的时间。事实上，这些药物能够促进葡萄糖、糖原和脂肪酸代谢，导致能量更快的消耗，并掩盖疲劳所致过度的兴奋与焦虑，影响运动员的判断能力而使运动中受伤的几率大大增加。此类药物还能作用于周围β-肾上腺受体，使外周血管收缩、血压升高和心率加快。这种对心血管刺激的副作用被竞技比赛进一步加强，可造成致命性心率失常、心肌梗塞、脑梗塞等，甚至会引起猝死。另外大量服用刺激剂还可引起短期或长期的行为改变，包括失眠、焦虑、神经过敏、慌乱、攻击行为、偏执狂、幻觉等。

（二）合成类固醇

合成类固醇是雄激素（睾酮）的衍生物，最常用的有：大力补、康力龙、苯丙酸诺龙。由于其具有类似雄性激素的生理作用，能够促进蛋白质的合成，减少分解代谢，因而能够加速肌肉增长，提高肌肉力量。这些药物作为兴奋剂使用可以说是频率最高、范围最广的一类，但是它的副作用也是非常明显和严重的。

1. 对垂体—性腺轴的副作用

正常人体睾酮和精子的生成受下丘脑—垂体—睾丸轴的控制。大脑中的下丘脑以脉冲的方式分泌下丘脑促性腺释放激素，这一分泌受大脑中多种神经传递体的控制。下丘脑促性腺释放激素刺激垂体腺分泌两种促性腺素，即促黄体素和卵泡刺激素，继而刺激睾丸分泌睾酮，促进精子生成。分泌的睾酮可产生负反馈在下丘脑水平调节下丘脑促性腺释放激素，并随之调节垂体释放促性腺素。

使用合成类固醇将会抑制垂体释放卵泡刺激素和促黄体素，从而导致睾丸萎缩和自身睾酮生成的减少。

2. 对肝脏的副作用

几乎所有的口服合成类固醇制剂都可以引起肝功能异常。动物试验研究结果认为，合成类固醇是一种弱致癌物质，在现有的其他致癌物质存在时它可以诱发，促进肿瘤生长，因此有人认为它与肝细胞癌变有一定关系。

3. 对脂肪代谢和心血管系统的副作用

合成类固醇可以降低血液中高密度脂蛋白胆固醇的水平，而升高甘油三酯和低密度脂蛋白胆固醇的水平，因而增加患冠心病的危险性。合成类固醇还能引起水、盐和氮滞留而诱发高血压。

4. 对肌肉、韧带和肌腱的副作用

长期使用合成类固醇可使韧带和肌腱失去弹性，一旦过度拉长，就会造成撕裂。这与用药后肌肉力量的爆发式超常增长而肌腱又不得不全部承受这种难以控制的力量增长有关。另外使用合成类固醇的运动人群会感到肌肉发胀、发紧和变硬，甚至痉挛，这可能与水盐滞留有关。

5. 主观毒性副作用

主要指运动人群用药后自身的主诉和体征。这些副反应以性欲增强、攻击性增加、肌肉痉挛及性欲减退为多见。

6. 对女运动人群的副作用

合成类固醇对女子的影响是破坏性的,几乎所有副作用都是不可逆的。包括:由于声带变厚而使声音变低;阴蒂增大;脸部毛增多;秃头;皮肤增厚;闭经;过度的攻击行为;与肝功能相关的副作用。

7. 对男运动人群的副作用

合成类固醇对男性性征的影响虽然不会像对女子性征的影响那样严重,但是其副作用还是很明显的:性欲增强或者低下,睾丸萎缩、精子生成减少,女性样乳房增大,阴囊痛等;肌肉痉挛;明显的皮脂腺分泌增多和皮疹。

(三) 肽类激素及其衍生物

这是一类人体能够自身分泌的物质,包括人体生长激素、促红细胞生长素和人体绒毛膜促性腺激素等。许多健美健身运动人群认为,生长激素具有合成类固醇一样的作用,能够使肌肉增大,也有研究认为肌肉体积的增大可能是由于结缔组织增生。在医学生,儿童时期生长激素分泌增多会引起巨人症,现在虽然没有使用外源性人体生长激素引起巨人症的例子,但是由于人体生长激素的早期作用使运动员面貌变得粗鲁、皮肤粗糙和颌骨增厚等肢端肥大症的早期症候的例子并不少见。特别与运动人群相关的是典型的肢端肥大症发展成肌病、末梢神经病和心脏病(包括冠心病和心肌病)。尽管人体生长激素水平可恢复正常,肌病却是不可逆的。长期使用人体生长激素还可以导致糖尿病、关节炎等并发症和使生命缩短。

(四) 利尿剂

利尿剂是一种增加排尿的药物。运动人群使用利尿剂的目的主要在于:快速减轻体重；逃避兴奋剂检查；排出体内贮留的水和无机盐。从理论上讲，利尿剂能够迅速减轻体重，但使用利尿剂造成的脱水将使血容量减少而降低运动能力。而且几乎所有的利尿剂都能引起低血钾和缺钾的发生，当血清钾低于正常时会产生不适、疲劳、无力、肌痛、肌肉痉挛、麻痹，甚至肌肉坏死等临床症状。

（五）麻醉止痛剂

麻醉止痛剂即吗啡、其衍生物及同类合成制剂。使用后能使人产生快感及心理亢奋，给运动人群造成能超越体能的幻觉，并降低疼痛使运动员感觉不到受伤的真实情况，仍继续参加比赛从而造成更为严重的伤害。大剂量使用是可发生肌肉僵硬、呼吸抑制和高血压。常用则会成瘾，而且很快产生耐药性，故还易引起严重的生理及社会问题。

（六）β-阻滞剂

这类药物具有镇痛的作用，使用范围主要在技能类和准确类项群中，目的是为了减少心脏的过度兴奋，降低焦虑，稳定情绪。

β-阻滞剂的副作用主要与它的阻断作用本身有关。有心功能异常的人，可能出现心功能抑制和继发的充血性心力衰竭。由于一些β-阻滞剂是高亲脂性的，所以很容易通过血脑屏障而引起中枢神经系统的症状如失眠、噩梦和抑郁。β-阻滞剂还可引起男子性功能异常如阳痿等。

（七）禁止使用的方法

这类方法包括血液回输、导尿、替换尿样等，以及非医疗用途的静脉注射等。使用自体血液回输可使血红细胞增多，可在一定程度上提高有氧运动能力。但易导致血液黏稠，血液速度减慢，加重心脏负担。而异体输血危害更大，可导致静脉血栓的形成、静脉炎和败血症的发生，甚至还会导致肝炎、艾滋病等传染性疾病的传播。

二、运动营养食品与兴奋剂的区别

许多人对运动营养食品的认识存在误区,认为运动营养食品就是兴奋剂或药,使用了对人体会有副作用。运动营养食品是专为从事运动的人群而设计的一类特殊营养品。它与兴奋剂的本质区别在于,运动营养食品不含上述违禁成分,不会对人体的健康造成危害。相反,配合运动适当地补充,可以及时补充运动时体内消耗的营养物质(体液、碳水化合物、蛋白质、维生素等),提高运动能力,促进疲劳的消除,防止运动损伤的发生。

第十章 龙舟赛事的组织与管理

体育赛事的概念是从"运动竞赛"演变而来的。运动竞赛是人类一种特殊的实践活动,它是一个特殊的过程,有明确的目的性,有鲜明的竞技特征,有完善的规则和一整套竞赛办法及决定竞赛胜负的依据。1992年国家体委训练竞技综合司统编的《运动竞赛学》中指出,"运动竞赛是在裁判员主持下,依据统一的规则而组织与实施的运动员个体或运动队之间的竞技较量。"近年来,随着观众、媒体、赞助商等赛事利益相关者的介入,体育赛事已经成为市场经济条件下竞技体育的重要组成部分。同时体育运动竞赛的项目化特征也越来越明显起来,国外学者普遍将体育赛事纳入特殊事件的范畴。黄海燕等人认为,体育赛事是以体育竞技为主题,一次性或不经常发生,且具有一定期限的集众性活动。它不仅能够推动举办地旅游业的发展、提升举办地知名度、改善城市形象,还能够对举办地经济、社会、环境等诸多领域产生影响。

据不完全统计,我国每年各地方举办的大大小小的龙舟比赛有几千多场,其中大型龙舟赛事主要有中华龙舟大赛、中国龙舟公开赛、全国民族运动会龙舟比赛、全国水上运动会龙舟比赛及国际龙舟邀请赛等赛事。

本章以中国龙舟协会主办的《中国龙舟公开赛赛事指南》为例,介绍大型龙舟赛事的组织与管理,其中主要包括赛事的申办、竞赛的组织与管理、场地与竞赛系统、裁判员工作职责与用具、竞赛保障与服务等内容。

第一节 龙舟赛事的申办

龙舟赛事申办是指某一城市或机构为了获取龙舟赛事的举办权而根据赛事所有权的规定和要求所开展的一系列活动的过程。因为申办的标的是龙舟赛事的举办权,所以具备举办龙舟赛事所需的基本资源和能力是申办的前提和基础。

一、龙舟赛事申办的资格主体

地区的发展水平决定了承办体育赛事的基本资源和能力，龙舟运动的普及和发展程度也为龙舟赛事的举办提供了基础条件。

申请承办龙舟比赛的主体必须是具备独立法人资格的机构或团体（企业、部门）、县级以上人民政府以及其职能部门。

二、龙舟赛事申办的程序

龙舟赛事的申办程序由赛事拥有者确定，不同级别的龙舟赛事，其申办程序也不尽相同。级别较低、规模较小的龙舟赛事，申办程序相对简单，更加侧重于对赛事本身的要求；而级别较高、规模较大的体育赛事，申办程序则相对复杂，更加侧重于对赛事申办城市的考量。

（一）组建申办团队

组建一支优秀的申办团队有助于申办机构顺利开展相关工作，是申办工作取得成功的基础。一般来说，一支优秀的申办团队应具备以下几个特点：

(1) 明确自己职责的范围；
(2) 工作中不能出现模棱两可的状态；
(3) 成员之间分工明确，不能出现重叠；
(4) 在参与申办工作的过程中，要勇于承担责任。

（二）动员所有利益相关者

利益相关者指受一件事的原因或者结果影响的任何人、集团或者组织。鉴于龙舟赛事的特殊社会影响力，应该从最广泛的角度定义利益相关者，即一切能对龙舟赛事申办产生影响的团体和个人都属于利益相关者的范畴。所有利益相关者共同做出支持的承诺及努力对成功申办赛事有着重要的意义和作用。但是，利益相关者不可能对赛事申办中的所有问题都保持一致意见。因此，如何平衡各方利

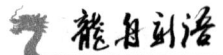

益，争取所有利益相关者的支持就成为赛事申办的重要前期工作。

（三）关键路径分析

在利用关键路径分析龙舟赛事申办活动时，有以下几个问题需要确定：一是确定最终要做的工作以及工作计划的基本特征，包括比赛场地、设施、交通和管理系统等方面；二是确定优先的工作目标及确定各项工作之间的联系；三是确定每项工作的时间结点，如每项工作要花费多少时间，截至什么时候必须完成，由谁来完成每项工作等；四是确定各项工作的先后顺序以及完成工作所需要花费的最少时间。

（四）制订赛事申办计划

龙舟赛事申办计划的制定分为了解申办程序和申办战略管理两个方面。体育赛事申办计划围绕着赛事申办目标，系统地确定赛事申办的工作任务、安排申办进度、编制资源预算，从而保证能够在合理的工期内，用尽可能少的成本和尽可能高的质量完成赛事申办。赛事申办程序是正确制定赛事申办计划的前提，一切计划皆应该按照程序来操作。计划目标要根据体育赛事申办的程序以及内外环境情景与形势而制定。赛事申办战略管理内容包括以下等几个方面：

（1）确定申办组织当前的目的、目标；
（2）分析赛事申办的内外部环境；
（3）对申办成功机会的可能性和威胁进行识别；
（4）对申办地区或城市的资源和举办能力的分析；
（5）识别申办赛事的优势和劣势；
（6）构建赛事申办战略。

（五）实施赛事申办计划

龙舟赛事申办计划的实施是申办计划实现的过程。在计划实施过程中，有效地调控和管理是赛事申办计划顺利实施的保证。在计划实施中要注意相应的人员关系、资金以及场地设施的合理安排，加强信息的搜集和分析，不断调整和完善申办计划。

中国龙舟公开赛的具体申办流程为：申办方向中国龙舟协会递交承办赛事意向书；中国龙舟协会安排技术官员到申办地勘察并提出竞赛场地器材要求；申办地向省级体育部门提出正式申办申请报告；由省级体育部门按程序向中国龙舟协会递交申请报告；签署承办协议书后申办地获得龙舟赛承办资格。

三、龙舟赛事申办报告的内容

申办报告的撰写是申办过程中最重要的工作之一，是评估申办资格的主要依据。申请承办中国龙舟公开赛报告应包括以下一些内容：

(1) 竞赛目的；
(2) 竞赛名称及规模；
(3) 竞赛时间、地点；
(4) 竞赛组别、项目；
(5) 水域情况及赛道说明；
(6) 所用龙舟种类；
(7) 经费来源；
(8) 联系人姓名、地址、电话、传真、电子邮箱；
(9) 承办单位组织和安全保障、承诺书等。

四、对龙舟赛事申办方的考察和评估

龙舟协会在接获申请报告后，将派出协会工作人员和技术代表、总裁判长对赛区进行实地考察，考察程序一般为：听取汇报，了解情况，考察场地，检查器材，抽查一至两个接待宾馆，交换意见等。

申请单位应做好充分的准备。汇报材料的内容包括：筹备机构的组成人员情况，对赛场修建和布置的意见，器材准备的情况，运动队及官员的住宿安排，交通运输的设想，安全保卫工作的方案等，提供赛场平面图并回答有关其他工作的问题（宣传、接待、开闭幕式、大型活动、食品卫生等）。

如赛区要求，赛前龙舟协会可再次派出技术代表、总裁判长具体指导赛区筹备工作，以保证比赛完全符合规则、规程的要求。

第二节 龙舟赛事的竞赛组织与管理

竞赛是龙舟赛事的核心内容，竞赛管理是龙舟赛事管理的重要组成部分。一般而言，赛事的竞赛管理是指竞赛组织管理者为了有效地实现体育赛事的竞赛目标而对各级各类体育赛事的竞赛进行计划、组织与协调的过程，包括体育赛事竞赛的前期筹备、现场运行和赛后收尾等工作。竞赛管理具有相对的规范性和周期性的特点。

竞赛管理的最终目标是建立公平、公正、公开的竞争机制，为运动员提供展示竞技运动技术水平的平台，促进竞技水平的提高。为了达到这样的目标，竞赛管理至少要保证实现以下目标：

第一，以公平、公正、公开的原则制定、执行竞赛规程与规则，确保竞赛的严肃性和公正性，从根本上保障竞赛的直接提供者，特别是运动员的权益。

第二，提供安全、完备和性能良好的竞赛环境，包括符合规程和规则要求的场馆、器材、设备和其他条件，为竞赛的顺利进行和运动员的安全提供保障。同时，为运动员创造更好的竞技成绩提供良好的环境。

第三，进行科学合理的竞赛编排。为赛事各利益主体提供良好的竞赛服务，既要保证竞赛的质量，又要提高竞赛的观赏性。

第四，建立严谨、周密、及时的竞赛成绩统计和公布体系，确保竞赛成绩的准确性和时效性（表10-1）。

表10-1 竞赛管理的内容一览表[①]

管理项目	管理内容
赛前阶段	考察和评估、合作协议的达成、测试赛
资格/报名	资格系统、报名过程、替换/改变
竞赛	竞赛方式、竞赛日程、赛场、体育设施、运动员服装、颁奖仪式、表演、竞赛彩排、技术会议
竞赛人员	技术官员、志愿者、联络员
竞赛场地	坐席分类、通行控制、运动员设施和服务、给养、礼遇、媒体、观众、场地管理等
训练场地	区域运作、技术运作、使用、通行控制
赛事服务	住宿、制证、广播、仪式、营销、出版、安全、交通

①肖林鹏，叶庆晖. 体育赛事项目管理 [M]. 北京：北京体育大学出版社，2005：230.

一、竞赛组织管理机构的设置

竞赛的组织与管理必须依托具体的组织机构。根据竞赛的规模分别设立不同的竞赛组织机构，这些机构主要负责竞赛记录的管理、竞赛纪律、竞赛仲裁和违禁药物的管理。建立竞赛组织机构是竞赛组织管理工作的关键环节。虽然不同规模的竞赛其组织机构的设置不尽相同，但多数竞赛的组织机构都会采用委员会的形式，竞赛的组织委员会是全面领导整个竞赛工作的最高权力机构。竞赛组织委员会直属职能部门根据竞赛需要完成各项任务来设置，并与竞赛规模相适应。一般包括办公室、竞赛、宣传、保卫、行政、后勤等主要工作机构。另可根据竞赛需要，设外事接待、大型活动、工程、科研、集资等部门。机构成立后，根据精简、高效的原则，视实际需要分批借调工作人员，以节约人力、财力。大型赛事的组委会一般由政府行政领导担任组委会主任，主办单位的领导为组委会副主任，吸收包括体育部门各职能机构的领导、竞赛委员会主任、与赛事有关的新闻服务、公安等单位负责人，以及部分有代表性的参赛单位负责人为委员。组委会一般设主任一名，副主任和委员若干。

二、竞赛的过程管理

龙舟赛事的过程管理包括赛前、赛中和赛后的组织与管理。赛前工作的组织与管理主要包括研究制定组织方案、制定竞赛规程、建立竞赛组织机构、拟定工作计划、建立规章制度和编制竞赛秩序册；赛中工作的组织与管理包括开幕式的组织、赛事活动的管理、人员管理、后勤管理和闭幕式的组织；赛后工作的组织与管理包括赛后人员、财务和其他后续事物。

（一）赛前工作的组织与管理

赛前管理工作主要包括确定组织方案、制定竞赛规程、组建组织机构、拟定具体工作计划和行为准则、编制秩序册等。申办中国龙舟公开赛的机构在获中国龙舟协会同意承办的批复后，应成立竞赛筹备委员会。赛前管理工作在竞赛组委会正式建立前，由竞赛筹备委员会负责。组委会正式建立后，则由组委会负责。

筹备委员会一般下设：办公室、竞赛部、交通部、接待部、安全保卫部、宣传部以及根据活动需要另外设立大型活动部等相关机构，并配备相应人员，制订工作计划和工作流程。而竞赛部的工作则要围绕如何保证比赛顺利进行来实施。除制订详细的计划和工作流程外，最主要的工作有以下几项：

（1）尽快申请成立竞赛机构，下发竞赛规程，确定比赛的时间、地点、项目、参加办法、竞赛办法、奖励标准、参赛人员以及报名报到、离会、经费和其他规定，除发给有意参加比赛的队伍外，还在中国龙舟协会网站公布，报名日期截止前，再次确认参赛队伍。

（2）订制器材，除非另有规定，一般龙舟需到中国龙舟协会认定的厂家订制，以保证比赛器材的质量和标准。

（3）与交通、安保、接待及其他部门协调，就有关运动队的食宿、交通和安保等工作做好预案，并确定专人负责。

（4）落实奖牌和奖品，奖牌和奖品的式样，没有严格规定，但需体现本次比赛的要求。

（5）做好场地、航道的设计方案，按规则要求布置好场地。

（6）除上级指派的裁判长外，还需做好本地裁判的选调和培训工作。一般来讲，赛前技术代表、总裁判长考察场地时，给本地裁判做一次短暂的培训，时间为一天或一天半。

（7）如举行开幕式，还需安排运动队的入场和之后的比赛等协调工作，指定专人负责，反复论证运动队登舟码头和参加开幕式的地点距离、开幕式需要的时间、路途需要的时间、运动队的准备活动时间、抽签及登舟再到起点中间需要的时间，对开幕式后的比赛是否会造成影响。

（8）根据竞赛规则的要求，准备比赛所需要的各种裁判器材和表格，提前购置和制作，根据各裁判组工作需要分别装袋，所有裁判报到后，交裁判组使用。

（9）制订颁奖工作方案，除非另有规定，一般安排在每次决赛后当场颁奖。

（10）从竞赛筹备工作一开始，就需安排一名专人负责接听电话、传真，负责有关竞赛队伍和新闻单位的信息回复，对所有的资料进行收集和整理，赛后一般归档。

（11）布置好会议室、准备会议资料、领导的讲话稿、做好报到工作。

（二）赛中工作的组织与管理

1. 开幕式的组织

为了保障开幕式的顺利进行，一般应成立开幕式临时指挥机构，负责控制、指挥开幕式各项活动准确进行。大型龙舟赛事的开幕式临时指挥机构一般由活动部牵头，组委会及其他部门临时选派有关人员配合组成开幕式总指挥部。根据需要，可以在总指挥部下设置负责开幕式各项具体工作的分指挥部。

龙舟赛开幕式的程序一般应包括：宣布开幕式开始，奏乐（国歌、会歌）升旗，领导致开幕词，裁判员和运动员代表宣誓，龙舟点睛，开幕式表演，宣布开幕式结束。

2. 竞赛活动的管理

比赛正式开始后，赛事的主要指挥管理人员要深入赛场第一线，对赛事活动实行全面、具体的组织。要以果断、及时、准确为原则，严格掌握比赛进程，加强各职能部门之间的协调、配合，防止比赛出现脱节、漏洞和误差。遇到困难或问题应及时召集现场办公会、仲裁委员会或组委会会议，应特别注意研究和及时解决比赛中出现的弃权、争议、罢赛、弄虚作假、赛风等方面的问题和各种突发事件，确保赛事活动顺利进行。

3. 人员管理

竞赛期间的人员管理，主要包括对裁判员、运动员及现场观众的组织和管理工作。

（1）裁判员的管理。

竞赛能否顺利进行，与裁判员队伍的水平高低密切相关。竞赛中要抓好裁判员的职业道德教育，将"公正、准确、严肃、认真"八字方针贯彻于裁判员工作的始终。应在赛前组织裁判员认真学习竞赛规程、规则和裁判法，统一认识，统一尺度，周密研究可能出现的问题和处理方法；重要岗位的裁判员要反复培训，并组织必要的考核；要开好赛前裁判员准备会，合理分工，重要场次比赛要提前认真研究，慎重安排水平较高的裁判员担任临场工作；尽量安排与参赛队无关的裁判员执裁，确保公正准确；要及时认真地组织每一场比赛的赛后裁判总结，不断提高裁判工作水平。

(2) 参赛运动员的管理。

应召开赛前联席会议，提出统一要求和具体规定，并做好各队之间的协调工作。领队、教练应负责全队运动员的管理，通过严格、切实有效的管理，使各队自觉做到公正竞赛、团结拼搏、文明礼貌、互相尊重，以便保持良好的精神面貌，创造优异的运动成绩。

(3) 现场观众的管理。

现场观众是体育比赛的重要参与者，特别是当比赛处于紧张激烈的状态下，若对现场观众的组织管理不当，很可能影响比赛的顺利进行，甚至破坏社会的安定。竞赛组织者应从人们的社会心理和赛场特殊氛围出发，建立防患于未然的观众预警系统。

4. 后勤管理

竞赛期间的后勤管理主要包括认真检查比赛场地、设备和器材的布置与使用管理情况，落实运动员、裁判员的住宿、用餐、交通和安全保卫工作，监督竞赛各项预算的执行情况，以及医务方面应急准备情况等。

5. 闭幕式的组织

在各项竞赛活动结束后，根据事先确定的闭幕式组织方案，闭幕式的各项组织工作必须提前准备完毕。龙舟赛闭幕式的基本程序包括：宣布比赛成绩和获奖名单，发奖，致闭幕词，宣布大会闭幕，闭幕式表演开始。闭幕式的组织工作和指挥系统由开幕式指挥机构负责。

(三) 赛后工作的组织与管理

通常情况下，竞赛活动结束后，赛事管理者还要进行一系列的赛后工作，具体内容包括：

(1) 办理各队离赛手续，确保及时离会。
(2) 借调人员返回原单位。
(3) 比赛场地、器材、用具等物质设备及时归还和处理。
(4) 财务决算。
(5) 汇编、寄发比赛成绩册和其他技术资料。

(6) 移交、整理有关文档资料。

(7) 向新闻单位发布竞赛的有关情况。

(8) 完成竞赛工作总结，上报上级主管部门。

(9) 评比表彰工作。

第三节　竞赛场地与竞赛系统

一、竞赛场地设施

(一) 比赛/训练场地

赛区提供至少长度 700 米、宽度 85 米的比赛和训练场地，用于布置 200 米、500 米直道竞速赛道和 5000 绕标赛比赛场地，以及 100 米起点区、100 米缓冲区，宽 30 米的附航道和 6 米以上的安全警界水域（图 10-1）。水面必须是在静水水域，一般设 4 条赛道，每条赛道都是同样的宽度，规格为 9~13.5 米。赛道线必须与起航线和终点线垂直，起航线和终点线必须是平行，禁止使用固定的木桩、竹竿和类似的东西标注赛道，赛道内不能有障碍物（含水草、暗礁等）。赛场底部应基本平坦，水深至少要达到 2.5 米，全国锦标赛和综合性运动会水深必须达到 3.50 米。

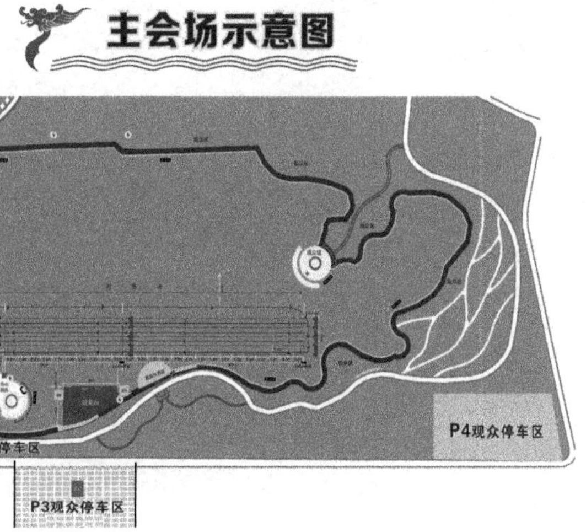

图 10-1　竞赛场地示意图

(二) 码头

登舟码头应有利于运动员登舟和靠岸,有利于保护比赛器材,并保证安全。

标准码头:一般设四个附平台,每个平台向水面方向伸 20 米,宽 4 米,高出水面 0.5 米,平台之间的间距为 10 米(图 10-2)。

图 10-2 登舟码头

(三) 起点平台、终点塔

在起点线的延长线上,航道外侧 6 米处,设置 6 米×5 米高出水平面 0.3 米的发令台,配备扩音设备和遮雨设施。起点平台必须要用浮桥式,长度与航道一致,宽不少于 2.5 米,高出水面 0.3 米,安置在起航线后,并且坚固稳定(图 10-3)。

图 10-3 起点平台

终点计时塔（三层高、每层 30 平方米），第一层电子计时和编排、第二层人工计时、第三层电视转播（图 10-4）。

图 10-4　终点塔

(四) 其他设施

配备一定的功能用房（VIP、技术官员、仲裁、体育展示工作用房 10 间）。

赛场根据运动员的人数设置运动员休息区、准备活动区、候检区、检录区。在终点处设置主席台和颁奖区（表 10-2）。

表 10-2　龙舟竞赛器材配备目录（例）

器材名称	型号	数量	备注
龙舟	标准	18+2=20 条	按 6 航道配置
备用划桨	标准	200 把	按 18 条船配置
鼓、锤、舵、水瓢	标准	各 25 个/支	按 18 条船配置
龙舟上的航道牌	白、红、黄	20 块	尺寸、规格按规则执行
裁判工作艇	消浪艇	6 条	按 6 航道配置
救生艇	标准	8 条	按 1000 米配置
备用艇	坐 10 人	2 条	颁奖和接送人员
电子计时设备	标准	1 套	同步显示和回放仲裁功能

二、竞赛系统

龙舟赛场竞赛系统包括信息设施系统和专用设施系统两个部分。

(一) 信息设施系统

信息设施系统是龙舟赛场建设智能化系统的分系统之一。该系统通过为场地内外信息的传输提供网络平台,以支持语音、数据、图像、控制信号的多媒体信息的接收、存贮、处理、交换、传送、播放,从而满足龙舟场地举办龙舟赛事、多功能应用的日常管理对各种信息的通信和广播的要求。包括综合布线、语言通信、信息网络、有线及卫星电视、公共广播、电子会议等子系统。

1. 综合布线系统

综合布线系统应满足场地内信息通信的要求,支持语音、数据、图像等信息传输的要求。应根据场地的等级,并结合场地近期的使用和中远期发展的需要,合理进行综合布线系统建设。综合布线系统应满足开放性、灵活性、可扩展性、实用性、安全性、可靠性、经济性的要求。综合布线系统设计应充分考虑场地赛事期间、赛后利用、多功能应用以及智能化系统增加、改造等要求。应为不同的通信运营商预留不同的拉入管道及设备安装空间,还需为当地的公安、交通管理部门、赛事主办单位等当地体育管理部门预留相应的通信管道及设备安装空间。

2. 语音通信系统

语音通信系统应能满足场地举办龙舟赛期间对通信的需求,为观众和组委会提供方便、快捷、高效、可靠的通信服务。语音通信系统应能同时满足场地内各种通信设备的不同技术要求。语音通信系统可分为有线通信系统、移动通信覆盖系统、卫星通信系统和无线对讲系统(图10-5)。

图 10-5　龙舟赛无线对讲系统

3. 信息网络系统

信息网络系统应能为场地的运营管理者及场地的各种使用者提供高速、可靠、安全、有效的信息服务。信息网络系统应能将分散在场地内的计算机、信息终端、数字监控设备、工作站、服务器等设备通过网络设备通信设备和通信线路互相连接起来，在网络通信协议和网络操作管理软件控制下，实现互相通信、资源共享和分布处理的目的。

4. 有线电视系统

有线电视系统应符合质量优良、技术先进、经济合理、可升级扩展的原则，并应与当地广播电视事业规划相适应。场地内应设置有线电视系统，并根据需求设置卫星电视接收系统（图10-6）。

图10-6 龙舟赛电视直播设备

5. 公共广播系统

应在比赛场地、观众看台区以外的公共区域等设公共广播系统。公共广播系统应为场地的竞赛信息广播应急服务。公共广播系统除起到宣传、通知、寻人、紧急情况下的疏散等作用外，还可以用来播放背景音乐、体育展示。公共广播系统与场地扩声系统在系统设置上应互相独立，但系统之间应实现互联，也可以在需要时实现同步播音。

6. 电子会议系统

应根据需要在场地内的各种重要会议室、新闻发布厅设置电子会议系统。电子会议系统一般包含会议发言及表决系统、同声传译系统、会议扩声系统、视频系统等。

（二）专用设施系统

专用设施系统是区别于普通建筑智能化系统的，是龙舟赛特有的、为满足龙舟比赛举行、观看比赛、报道的转播比赛所必需的智能化系统。包括信息显示及控制、场地扩声控制、计时及现场成绩处理、竞赛技术统计、现场影像采集及回放、售检票、电视转播和现场评论（体育展示）、标准时钟、升旗控制、比赛设备集成管理等子系统。

1. 信息显示及控制系统

信息显示及控制系统可按照龙舟场地使用特点分为以下两类：

（1）比赛信息显示系统：场内各种比赛信息成绩显示栏、显示屏的显示及其传输、控制系统。

（2）彩色视频显示系统：场地内既可以显示龙舟赛事图像，又可以显示龙舟赛事信息和成绩的显示屏及控制系统。彩色视频显示屏应具有动画、文字显示、放映连续的视频图像及播放电视和录像画面的能力。

场地至少应设置满足举办龙舟赛事信息显示系统，并根据比赛的级别、项目特点，确定是否需要设置彩色视频显示屏系统。信息显示及控制系统应与计时及现场成绩处理系统、有线电视系统、电视转播系统、现场影像采集及回放系统、综合布线系统、信息网络系统及场地扩声系统等相连。

2. 场地扩声系统

比赛场地、观众台区应设置独立的语言兼音乐扩音系统。场地扩声系统应满足举办龙舟赛时体育展示、播放竞赛信息、安全保障信息和音乐等不同播放内容的需要。场地扩声控制系统应为场地信息显示系统、公共广播系统设置足够的音频接口，满足视频播放及公共广播系统对音频的要求。在出现其他紧急突发事件时，消防控制室和公安应急处理中心必须具有强制切换扩声系统广播的能力。场地扩声系统应保证比赛场地、观众区有足够的声压级，声音应清晰、声场应均匀。场地扩声系统应包括：观众区扩声系统、比赛场地扩声系统、运动员区和竞赛管理区竞赛信息广播系统。

3. 计时及现场成绩处理系统

计时及现场成绩处理系统是举办龙舟赛事时为比赛成绩的采集、处理、存储、传输和显示提供技术手段和支持平台的系统。计时系统除应具备完整的数据计时体系，还应具备将其采集的数据通过技术接口传送给现场成绩处理系统的功能。计时系统应把从比赛现场获得各种竞赛信息，传送到技术代表、总裁判长、计时分机房、现场成绩处理机房、电视转播机房、信息显示系统控制机房。现场成绩处理系统应满足龙舟竞赛规则的要求，具备对比赛过程产生的成绩及各种环境因素进行监视、测量、量化处理、显示公布的能力。现场成绩处理系统应具备快速、准确地进行数据处理的能力，同时具备与其他系统进行数据交换的能力。

4. 竞赛技术统计系统

竞赛技术统计系统应能通过自动录入接口或人工录入的方法将运动员（队）在龙舟比赛过程中不同时刻的技术状况数据记录下来，在对数据进行处理后产生统计结果。竞赛技术统计的主要服务对象应为专业科研人员、运动队、运动员、裁判员、文字记者、电视转播及现场评论（体育展示）系统、大屏显示系统、比赛设备集成管理系统等。计时系统中的裁判员统计数据宜作为竞赛技术统计的内容。竞赛技术统计的原始数据应由竞赛现场的技术统计专业人员（ITO、NTO）提供，现场专门进行技术统计的处理机负责实时完成数据录入和统计工作。在同一日期多项目的赛事中，竞赛技术统计系统应具备场地之间数据互传，集中和分布相结合的统计处理能力。竞赛技术统计系统在赛事期间的处理精度应达到100%。技术系统结果经过确认后，应随时传送到信息查询和发布系统。

5. 现场影像采集及回放系统

现场影像采集及回放系统在比赛和训练期间，应能为裁判员、运动员和教练员提供即点即播的比赛录像或与其相关的视频信息，同时还可以作为一种技术手段为仲裁服务（图10-7）。现场影像采集及回放应能为龙舟场地内的信息显示及控制系统、有线电视系统提供现场视频信号。现场影像采集及回放系统应具备视频采集、存储、视频图像的加工、处理和制作功能。

图 10-7　终点影像采集及回放系统

6. 电视转播和现场评论（体育展示）系统

为满足龙舟赛场电视转播的需要，场地应具备现场电视转播条件。对举办大型综合性运动会龙舟赛场地，应在场地内部或场外设置临时性电视转播机房，机房的面积和环境应满足电视转播机构的要求（图 10-8）。为保证电视转播的顺利进行，场地应为电视转播提供可靠的足够容量的配电。

图 10-8　龙舟赛体育展示用电子屏幕

7. 标准时钟系统

标准时钟系统应为龙舟赛场工作人员、运动员、观众提供准确、标准的时间，同时也可以为智能化系统提供标准的时间源。标准时钟系统应具备以下能力：把母时钟产生的时钟信号，经过校时，通过时码分配器传输给分布在场地中的各个子钟，并按子钟的时间显示方式显示出标准时间。龙舟场地智能化系统可以通过场地计算机网络，获取标准时钟系统数据库服务器中的标准时间，用于同步智能化系统中各子系统的工作。

8. 升旗控制系统

升旗控制系统为龙舟赛事组织者提供用于龙舟赛事的开、闭幕仪式及颁奖仪式时的国旗同步自动升降控制功能及标杆、临时灯光、音响、吊杆等的控制功能。升旗控制系统应保证升旗启动时，系统具备同步的音频输出、输出国歌的播放时间和国旗上升到旗杆顶部的时间一致的功能。

9. 比赛设备集成管理系统

龙舟比赛设备集成管理系统应能在赛事期间，为龙舟赛事组织者和场地运行人员提供一个为比赛服务的集成管理及控制平台。比赛设备集成管理系统通过系统集成平台，利用场地信息网络和控制网络系统，实现对信息显示及控制系统、扩声系统、现场影像采集及回放系统、计时及现场成绩处理系统、竞赛技术统计系统、售检票系统、标准时钟系统和升旗控制系统的集中监视和控制。龙舟比赛设备集成管理系统可通过浏览器、邮件、短信等方式为赛事组织者、场地运行者实时提供和比赛相关的赛程、成绩、人员及各子系统信息。

三、龙舟赛场地及周边地区交通组织要求

龙舟场地及周边地区应合理规划设计停车系统，并与外围交通形成良好连接，体现构筑"畅达、和谐"的现代综合交通体系的要求，更好地满足龙舟场地布局和赛事安排需要。

畅达：龙舟赛事期间保障整体交通网络的通畅性，为参加龙舟赛的运动员、大家庭等各类人员创造内外通达、进出方便的交通条件和服务，并注重各种交通方式的衔接和转换。

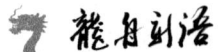

和谐：本着公平原则，营造法治有序、安全可靠，友善的出行，为参加龙舟赛大家庭提供便捷、顺畅、人性化优质服务，使各类人员可分享各种交通资源，实现和谐交通、文明出行。

四、龙舟赛安全保卫系统要求

安全保卫系统分"长期使用"和"临时使用"两类。"长期使用"是指：龙舟赛期间为安保指挥部门专用。无赛事时，由龙舟场地运行者使用。"临时使用"是指：龙舟赛事期间由安保部门使用，赛后撤除。

（一）安全保卫指挥系统

安全保卫指挥系统设备设施供龙舟赛现场安保部门用于接受和传达龙舟赛安保总指挥部的命令、联络协调、指挥调度、现场监控以及召开各种会议。包括安保指挥室、监控室、安保指挥通信设备间和武警指挥室等。

（二）安全保卫专用设施

安全保卫专用设施供龙舟赛现场安保部门用于维持比赛现场治安秩序、处理突发事件、提供安全服务以及要人警卫。包括现场安保值勤岗亭、现场安保观察室、治安处理点、突发事件处置人员备勤室、物品临时寄存处、现场警卫机动力量备勤室、主席台周边安全隔离设施、人员分类入口通道、外围隔离设施、要人停车场、售票处隔离设施、失物招领处、安保后备用房等。

（三）安全防范系统

安全防范系统是通过各种高科技手段加强龙舟场地的安全防护。包括电视监控系统、入侵报警系统、安检系统和电子巡更系统。

（四）反恐防暴系统

反恐防暴系统供现场安保部派驻反恐防暴警力，放置反恐装备，随时准备应急处置各种恐怖事件和暴力犯罪。

(五) 交通管理系统

交通管理系统用于交通管理部门了解掌握龙舟场地周边的交通情况，并对场地周边的交通情况进行指挥和管理控制。

(六) 消防系统

消防系统供安保部门实时观察各部位消防安全情况，及时处理现场出现的各种火情。

第四节　裁判工作职责与设备用具

一、裁判员纪律

（1）拥护中国共产党，热爱社会主义祖国，热爱体育事业，热心体育竞赛裁判工作；

（2）裁判员须遵守国家体育总局颁布的《裁判员守则》和《中国龙舟协会龙舟竞赛裁判员管理办法》，在执裁中做到严肃认真，公正准确，谦虚谨慎，团结协作；

（3）裁判员须遵守赛区各项管理规定，服从赛会安排，廉洁自律、公正执法、恪尽职守，为比赛创造公平竞争的环境。比赛期间不得饮酒，在比赛现场严禁吸烟，比赛及学习期间必须着统一配发的裁判服；

（4）严守比赛纪律，不得向有关的运动队透露对比赛有争议事宜的处理情况，主动回避与各代表队非公务性接触；

（5）裁判队伍要求团结协作，互相尊重、互相支持、加强团结，遵守文明礼貌的各项要求，在和运动队交流时要尽量注意方式方法，耐心说明，不得与运动员、教练员、领导及其他工作人员发生争吵，更不允许裁判员之间发生争执；

（6）讲原则，遵守工作程序要求，对无法处理的事件必须向上报告，并拿出初步处理建议，不得将未做出最终裁决的事情向外界透露，更不允许裁判员对比赛纠纷的处理结果提出质疑和指责；

（7）裁判员须认真钻研竞赛规则、竞赛规程和裁判法，精通业务，熟悉各项管理规定。接受临场任务后，裁判员应认真充分地做好准备工作，要有工作预案，顾全大局，确保赛事安全、圆满、顺利完成；

（8）裁判员未经同意不得擅自发布关于比赛的言论，不得接受非比赛特约记者的采访；

（9）遵守作息时间，服从指挥，努力完成本职工作；

（10）裁判员如玩忽职守，违反裁判职业道德，不秉公执法，故意偏袒，参与各比赛队间的"君子协定"，经查属实，立即取消执裁资格，并报中国龙舟协会，由中国龙舟协会做出严肃处理。

二、岗位工作职责

所有裁判人员必须按最新规则与比赛规程的要求和执裁程序积极开展裁判工作，做到严肃认真、公正准确、谦虚谨慎、团结协作。根据赛事的实际情况对裁判长工作职责进行具体说明。

（一）总裁判长

（1）按照规程和规则的要求，全面负责整个赛事的裁判工作，协调和解决赛事中的疑难问题，解决突发事件。

（2）制定裁判长工作手册。

（3）对裁判长进行合理分工，组织全体裁判员赛前学习、实习，讲解竞赛流程，协调好各裁判组的工作，统一判罚尺度。

（4）参加领队，教练联席会议，就有关赛事中技术事宜进行发言，对在比赛中涉及规程、规则、赛事组织等事项提出具体要求和详细说明，解答各队提出来的技术问题。

（5）协助电视转播媒体，配合组委会、竞赛部和大会各部门的工作。

（6）在领队、教练联席会上负责预赛分组抽签工作。

【工作重点】

（1）确保比赛公平、公正、公开，安全、圆满、顺利完成赛事。

(2) 配合协调电视媒体做好直播工作。
(3) 比赛结束后及时将赛事总结报中国龙舟协会。

(二) 副总裁判长一

(1) 履行副总裁判长的职责，协助总裁对全体裁判学习、培训、实习等方面的常规管理，落实裁判纪律的执行情况。
(2) 协助总裁判长管理起点和途中的裁判组的工作。
【工作重点】
侧重检录裁判组的管理工作，主持预赛分组抽签。

(三) 副总裁判长二

(1) 负责检录、器材裁判工作。
(2) 协助大会做好开、闭幕式工作。
【工作重点】
侧重运动员的检录与登舟工作，按照大会要求耐心、细致地做好运动员的工作，按照时间节点进行检录、登舟，保证比赛顺利进行。

(四) 编排裁判长

(1) 负责编排裁判组的工作，提供编排裁判所需器材（工具）清单并落实到位，制定编排裁判的工作流程。
(2) 按规程、规则要求，组织本部门裁判员分工、学习。
(3) 编排好各赛次的竞赛时间、组别并及时通知裁判有关部门。
(4) 及时将比赛成绩填写在成绩公告栏上进行公示。
(5) 赛后提供总成绩册，及时交给总裁判长宣读并送达组委会相关岗位。
(6) 做好本组裁判的工作小结。
【工作重点】
(1) 快速准确地向总裁判长提供颁奖的成绩信息，赛后及时编写、整理成绩册，按大会要求及时发放给有关人员。
(2) 各赛次的分组要快速、准确并用对讲机及时通知检录裁判组，各项成绩审核后准确无误地予以公示在成绩公告栏上。

(五) 检录裁判长

(1) 负责检录裁判组的工作，提供检录裁判所需器材（工具）清单并落实到位，制定检录裁判的工作流程。
(2) 按规程、规则要求，组织本部门裁判员分工、学习。
(3) 做好裁判工作器材的领取、发放、回收工作。
(4) 积极与器材裁判沟通，加强检录工作并按时间组织运动员有序登舟。
(5) 按大会要求组织运动队参加开幕式和颁奖仪式。
(6) 做好本组裁判的工作小结。

【工作重点】
(1) 注重资格审核和检录节奏，确保比赛按时进行。
(2) 耐心细致地做好运动员的工作，完成预赛到复赛、半决赛到决赛之间的检录工作。
(3) 重点协助大会开幕式、颁奖仪式工作。

(六) 器材裁判长

(1) 负责器材裁判组的工作，提供器材裁判所需器材（工具）清单并落实到位，制定器材裁判的工作流程。
(2) 按规程、规则要求，组织本部门裁判员分工、学习。
(3) 制定比赛器材管理方案，发放、回收大会提供的龙舟附属器材。
(4) 主动与检录裁判联系，有序地组织登舟、离开码头。每组比赛结束后，及时指挥龙舟按指定码头停靠，指挥运动员有序上岸。
(5) 了解赛中器材损坏情况，及时处理，确保比赛正常进行。
(6) 做好本组裁判的工作小结。

【工作重点】
(1) 每场比赛前后检查龙舟等器材，特别是固定装置和舵及自备划桨规格是否符合规则要求。
(2) 确保登舟码头的安全、流畅。

(3) 加强与维修人员的联系，及时修缮损坏的器材。

（七）起点裁判长

(1) 负责起点裁判组的工作，提供起点裁判所需器材（工具）清单并落实到位，制定起点裁判的工作流程。
(2) 按规程、规则要求，组织本部门裁判员分工、学习，特别是起点裁判员的工作程序要交代清楚。
(3) 熟悉发令器材，严格规范操作，注意安全，确保起点工作按质量完成。
(4) 配合电视转播媒体，按照时间节点，完成每一赛事。
(5) 做好本组裁判的工作小结。

【工作重点】
(1) 组织好每组的起航，控制发令节奏，处理好"鸣枪"前的抢航现象，争取做到零抢航。
(2) 观察和掌握龙舟在水域的情况，确保整个比赛的流畅。
(3) 配合电视媒体的现场直播工作。

（八）途中裁判长

(1) 负责途中裁判组的工作，提供途中裁判所需器材（工具）清单并落实到位，制定途中裁判的工作流程。
(2) 组织本部门裁判员分工、学习。
(3) 赛前加强与大会有关部门、人员沟通，确保摩托艇按要求为裁判工作服务，熟悉途中艇在赛道的行驶路线（固定在一个航道），观察比赛中的任何情况，尤其在水域中有可能给比赛造成影响的任何船只进行提前制止，确保比赛安全。
(4) 点睛仪式前为龙舟引导并负责在主席台点睛台处将龙舟控制好。
(5) 做好本组裁判的工作小结。

【工作重点】
(1) 认真观察赛道情况，确保运动员人身安全，确保比赛不受外来的影响。
(2) 赛前、赛中、赛后做好裁判的接送工作。

（九）终点裁判长

（1）负责终点、计时裁判工作，提供终点裁判所需器材（工具）清单并落实到位，制定终点裁判的工作流程。

（2）按规程、规则要求，组织本部门裁判员分工、学习。

（3）观察终点的犯规情况，解决和处理好终点出现的各种问题。及时整理好每组成绩，准确及时地通知编排裁判组。

（4）做好本组裁判的工作小结。

（5）负责与电动计时系统的人员节点与调试；负责手动计时的裁判工作。

【工作重点】

适时地将每一组的成绩准确无误地报编排裁判组。

（十）宣告员

按照赛事程序做好大会宣告工作。

三、裁判工作设备与用具

详见表10-3。

表10-3 裁判员设备与用具配备目录（例）

器材名称	型号	数量	备注
扩音器	功率：100米听见	2套	检录一套（单独），起点一套，起点每航道配一个扩音器
手提扩音器		14个	和大会联系一起用
摄像机	回放功能	2台	起点一台、终点一台
划桨的卡模	标准	2个	验桨用
合格标志	标准	根据人数定	防水
大挂钟	标准	2个	检录
检录夹板	标准	10个	检录
终点夹板	标准	8个	终点

续表 10-3

器材名称	型号	数量	备注
起航信号喇叭	专用	1 支	起点（电子计时联接）
秒表	多功能	15 块	途中、终点
警告、取消资格牌	黄、红	1～6号一套，共3套	起点、途中、起点
红、白手旗	0.50 米×0.60 米	6 套	起点、途中、起点
终点垂线		1 根	终点
标志杆		5 块	场地布置安装
引导牌	和龙舟牌相同	1～6号6套	检录
码头标志	按场地要求	4 个	场地布置安装
抽签用具		1 套	检录、编排
队长标志	标准	根据队数配置	检录
裁判工作表格		若干	竞赛组
成绩公布栏	2 米×1 米	1 个	编排
竞赛编排工具	电脑、打印机、复印机、配套用品纸张文具	若干	编排
桌子、椅子		根据人数配置	检录、编排、起点、终点
裁判服装、雨具及遮荫用具，太阳伞		根据人数配备	
技术工人	维修	2 名	器材
对讲机	大功率	20 台	技术官员与裁判

第五节　竞赛保障与服务

一、交通

（1）抵离交通服务。

比赛期间，为运动员及随队官员提供抵离口岸至居住地班车服务。

（2）比赛交通服务。

按照竞赛日程，为参加比赛的运动员及随队官员提供车辆服务。

(3) 训练交通服务。

按照训练日程，为参加训练的运动员及随队官员提供酒店至训练场地的班车服务。

(4) 开、闭幕式交通服务。

在龙舟赛开幕式、闭幕式当天，为参加开幕式、闭幕式运动员及随队官员提供酒店至开幕式、闭幕式场地的班车服务。

(5) 随行行李运输服务。

运动员及随队官员的随行行李原则上通过所乘车辆的空间（空余座位、行李仓）随车运输；如所乘车辆空间不足，则安排行李车运输。

(6) 裁判工作人员等交通服务。

为参加比赛的裁判工作人员提供交通服务。

(7) 龙舟比赛期间所使用的车辆应保持内、外饰整洁，空调等功能良好。

二、住宿

比赛期间为各省、市运动员和随队官员以及为参加比赛工作的裁判员和工作人员提供住宿酒店。

三、媒体采访

（一）混合区

比赛场地设立混合区，以方便运动员和各类媒体之间的接触。运动员在比赛结束后必须经过混合区，但没有义务必须回答媒体记者的提问。每位记者将在1分钟内完成采访。龙舟比赛组委会和竞赛部门将提供必要的配合和帮助，保证运动员在比赛结束后顺畅地通过混合区。

（二）新闻发布会

原则上每场决赛结束后，组织赛后新闻发布会，获奖前三名运动队的教练和领队出席新闻发布会，运动员可视情况参加。参加新闻发布会的人员将由组委会组织引导入场。

四、医疗服务

竞赛场地和酒店设置运动员医疗站,由专职医护人员组成服务团队,并配有急救车现场待命,在竞赛场和训练场地正式开放期间为所有呼救人员提供现场医疗急救服务。对急诊病人提供24小时急救服务,现场急救车将提供急救转运支持,任何需要进一步明确治疗的人员将被转运至龙舟赛事承办方定点医院。

五、气象服务

举办方提供比赛期间的气象信息。

参考文献

[1] 罗二虎. 龙与中国文化 [M]. 海口：海口三环出版社，1990.

[2] 李瑞岐，杨培春. 中华龙舟文化研究 [C]. 贵阳：贵州民主出版社，1991.

[3] 郭泮溪. 中国民间游戏与竞技 [M]. 上海：三联书店，1996.

[4] 胡新生. 中国古代巫术 [M]. 济南：山东人民出版社，1998.

[5] 宋蜀华，陈克进. 中国民族概论 [M]. 北京：中央民族出版社，2001.

[6] 石钟健. 民族研究文集 [M]. 北京：民族出版社，1996.

[7] 杨罗生. 历代龙舟竞渡文学作品评注. [C]. 北京：中国文联出版社，2003.

[8] 宋颖. 端午节研究：传统、国家与文化表达 [D]. 北京：中央民族大学，2007.

[9] 方桢，杨津津. 比较我国汉、苗、傣族龙舟竞渡文化之异同 [J]. 北京体育大学学报，2002，25（1）19-21.

[10] 赵慕峰，彭则鹏，等. 潜龙出海 [M]. 沈阳：辽宁民族出版社，2012.4

[11] 黄海燕. 体育赛事管理 [M]. 北京：人民体育出版社，2014.2

[12] 杨则宜. 运动营养师培训教程 [M]. 北京：人民体育出版社，2007.

[13] 袁海平. 运动营养学 [M]. 上海体育学院自编教材，2004.7

[14] 乔志源，等. 医务监督 [M]. 北京体育大学自编教材，1994.

[15] 中国龙舟竞赛规则与裁判法 [M]. 中国龙舟协会，2014.4

[16] 中国龙舟公开赛赛事指南 [M]. 中国龙舟协会，2014.4

[17] 徐菊生. 现代皮划艇运动 [M]. 武汉：长江出版社，2007.9.

图书在版编目(CIP)数据

龙舟新语 / 孔庆涛，吕少群主编. – 北京：人民体育出版社，2015

ISBN 978-7-5009-4801-8

Ⅰ.①龙… Ⅱ.①孔… ②吕… Ⅲ.①龙舟竞赛-体育事业-概况-中国 Ⅳ.①G852.9

中国版本图书馆 CIP 数据核字(2015)第 068029 号

*

人 民 体 育 出 版 社 出 版 发 行
北京京华虎彩印刷有限公司印刷
新 华 书 店 经 销

*

787×1092　16 开本　17.25 印张　300 千字
2015 年 6 月第 1 版　2015 年 6 月第 1 次印刷
印数：1—1,000 册

*

ISBN 978-7-5009-4801-8
定价：48.00 元

社址：北京市东城区体育馆路 8 号（天坛公园东门）
电话：67151482（发行部）　　　邮编：100061
传真：67151483　　　　　　　　邮购：67118491
网址：www.sportspublish.com
（购买本社图书，如遇有缺损页可与邮购部联系）